高校辅导员心理助人
理论与实务

浙江省高校心理咨询工作联盟 ◎编

ZHEJIANG UNIVERSITY PRESS
浙江大学出版社

图书在版编目(CIP)数据

高校辅导员心理助人理论与实务 / 浙江省高校心理
咨询工作联盟编. —杭州：浙江大学出版社，2021.8(2023.8 重印)

ISBN 978-7-308-21601-2

Ⅰ. ①高… Ⅱ. ①浙… Ⅲ. ①大学生－心理健康－健
康教育－研究 Ⅳ. ①G444

中国版本图书馆 CIP 数据核字(2021)第 144814 号

高校辅导员心理助人理论与实务

浙江省高校心理咨询工作联盟 编

责任编辑	汪荣丽
责任校对	马海城
封面设计	春天书装
出版发行	浙江大学出版社
	（杭州市天目山路 148 号　邮政编码 310007）
	（网址：http://www.zjupress.com）
排　　版	杭州朝曦图文设计有限公司
印　　刷	浙江省邮电印刷股份有限公司
开　　本	787mm×1092mm　1/16
印　　张	13.5
字　　数	295 千
版 印 次	2021 年 8 月第 1 版　2023 年 8 月第 6 次印刷
书　　号	ISBN 978-7-308-21601-2
定　　价	49.80 元

《高校辅导员心理助人理论与实务》
编委会名单

主　编　朱婉儿　郭文刚

副主编　潘贤林　梁社红　叶　星

编　委（按姓氏笔画排列）

王晓刚　车淼洁　史　琼　吕信恩　汪小明

陈华莲　陈南菲　李　娟　邱晓雯　杨雪龙

祝一虹　郭洪芹　傅素芬　赛燕燕

序

　　浙江省高校心理咨询工作联盟(以下简称"联盟")组织编写的《高校辅导员心理助人理论与实务》一书即将出版,这是自2016年联盟成立以来的一项重要成果,是一件十分可喜的事情。

　　习近平总书记在全国高校思想政治工作会议上指出:"要坚持不懈促进高校和谐稳定,培育理性平和的健康心态,加强人文关怀和心理疏导,把高校建设成为安定团结的模范之地。"《高等学校学生心理健康教育指导纲要》指出,心理健康教育是高校人才培养体系的重要组成部分,也是高校思想政治工作的重要内容。坚持育心与育德相统一,促进学生心理健康素质与思想道德素质、科学文化素质协调发展,是高校思想政治工作面临的重要任务。辅导员作为大学生思想政治教育的骨干力量,在大学生心理健康教育中扮演着十分重要的角色。《普通高校辅导员队伍建设规定》明确指出"心理健康教育与咨询工作"是辅导员的九项主要工作职责之一。因此,学习和掌握必要的心理健康知识与技能,是辅导员做好大学生思想政治工作的重要基础。而开展辅导员心理助人能力的研究与培训,是辅导员队伍职业化专业化建设的一项十分必要和有益的工作。

　　浙江大学是全国高校心理健康教育的先行者,早在1987年就开设了"心理咨询中心",2001年设立了"学生心理健康教育指导委员会",2010年组建了专职化的心理咨询师队伍,成立了"心理健康教育与咨询中心"。近年来,浙江大学以习近平新时代中国特色社会主义思想为指导,按照《高等学校学生心理健康教育指导纲要》等有关文件要求,坚持"更高质量、更加卓越、更受尊敬、更有梦想"的战略导向,实施"知识宽厚、能力卓越、素质全面、人格健全"四位一体的KAQ2.0育人理念,始终围绕大学生心理发展特点,把握大学生身心健康成长规律,注重心理健康教育的系统性与联动性、科学性与时代性,在大学生心理健康教育和辅导员心理助人能力培训方面开展了扎实和有效的探索。

　　2016年,在浙江省教育厅宣教处的大力支持下,由浙江大学发起成立了浙江省高校心理咨询工作联盟,联盟会长单位设在浙江大学,副会长单位有中国美术学院、浙江工业大学、浙江师范大学、宁波大学、浙江理工大学、浙江工商大学、中国计量大学、温州医科大学、嘉兴学院、浙江旅游职业学院等高校。由此,浙江省高校心理健康工作迎来了新的发展契机。在浙江省内各大高校心理健康工作队伍的共同努力下,联盟扎实推进了多项卓有成效的工作,"浙江省新任辅导员心理助人能力培训项目"便是其中一项十分重要的工作。为加强浙江省高校思想政治工作体系建设,提升辅导员队伍专业化职业化水平,浙江省教育厅宣教处于 2018 年 2 月开始筹办"浙江省新任辅导员心理助人能力培训项目",其中,联盟承担了师资培训和《高校辅导员心理助人能力提升培训教程》(以下简称《教程》)编写的任务。在大量访谈、研讨和编辑工作的基础上,《教程》初稿于 2018 年底形成。此后两年多来,《教程》编委会不断吸收培训中的意见建议,结合新的形势和工作实际,对《教程》进行了持续的修订和完善,经过前后三年多的努力,《教程》最终定名为《高校辅导员心理助人理论与实务》,即将付梓。

《高校辅导员心理助人理论与实务》聚焦于辅导员心理助人能力,着眼于解决实际问题,回答了辅导员在心理助人中的角色定位、伦理规范、主要任务、方法技巧等关键问题,还结合互联网等新手段增加了"非现场沟通"的有关章节,构建了相对完整的辅导员心理助人理论和实践体系。本书萌发于辅导员培训项目,经历了从理论到实践再到理论的不断蜕变,吸收了近三年培训辅导员的最新经验,凝聚了联盟和《教程》编委会全体成员的辛勤劳动,是一本在实践中淬炼出来的著作。

《高校辅导员心理助人理论与实务》全书深入浅出、案例丰富、可读性高、可操作性强,是一本兼具理论性、科学性和实用性的著作。本书源自辅导员、面向辅导员、服务辅导员,不仅可以作为专兼职辅导员的培训和工作指导用书,也可以作为班主任、导师以及其他高校学生工作者的普及性读物,将为高校加强辅导员职业化专业化建设、提升大学生心理健康教育水平提供有力的支撑。

浙江大学党委副书记 邬小撑

2021 年 8 月

前　言

记得那是 2017 年初冬的一天,丁晓老师来紫金港参加浙江省高校心理咨询工作联盟(以下简称"联盟")会议。会后,我和她一起漫步在启真湖畔,看着身边匆匆骑行而过的学生,感慨着大学对于这些年轻学生的意义以及他们在大学时期有可能碰到的种种困境,想象着如果离他们最近的人都具备一定的心理助人能力,在他们需要时能及时提供最有效的帮助那该有多好啊!于是,一个大胆的计划——以联盟为平台,对全省高校辅导员进行系统的培训,来提升他们的心理助人能力,就这样诞生了!

真的非常敬佩丁晓老师的投入和执行力,也非常感恩有这么一群志同道合的盟友,这个想法很快得到了大家的支持。于是,2018 年 2 月,联盟就组建了《高校辅导员心理助人能力提升培训教程》(以下简称《教程》)编委会,明确《教程》的定位,讨论并确定《教程》大纲。为了让《教程》更切合实际,3—6 月,编委会组织 12 位资深心理咨询师对省内18 所高校 45 位一线辅导员开展了一对一的访谈工作,对所有访谈资料进行分析,探索辅导员心理助人工作的胜任力要求,明确辅导员参加心理助人培训的需求。在此基础上,由来自 9 所高校的资深心理咨询师开展《教程》的编写工作,于 2018 年底,初稿撰写完成。

2019 年 3—6 月,结合《教程》内容,开发了针对新任辅导员的心理助人能力培训课程。为了保证授课质量,联盟组织召开了为期两天的师资培训会,来自全省高校的 50多位资深心理教师参加了培训。8 月,经过 1 年多时间筹备的"首届浙江省高校新任辅导员心理助人能力培训项目"正式启动。培训项目分为网络学习课程和面授课程。网络学习课程主要包括普通心理学、发展心理学、社会心理学、心理测量学等心理助人相关的基础知识。面授课程共三天半的时间,分团体心理辅导、角色认同、谈话技能、障碍识别与沟通、危机干预与预防、压力管理团辅 6 个模块。来自全省的 600 多名辅导员参加了培训,获得一致好评。

2020 年 6 月,受新冠肺炎疫情影响,网络学习课程照旧,面授课程采用线上直播(1天)和线下面授(1 天)相结合的形式,主要内容包括辅导员角色认同、精神障碍的识别及谈话技能、心理危机的预防干预和家校沟通技能。在总结第一期师资培训经验的基础上,组织召开了第二期师资培训会,来自全省高校的 40 位资深心理教师参加了培训。7—8 月,组织实施"第二届浙江省高校新任辅导员心理助人能力培训项目",来自全省的800 多名新任辅导员参加了培训。培训项目受到一线辅导员及各高校领导的一致好评。11 月,联盟第二届理事会成立,再次组织召开《教程》编委会会议。在以往培训工作经验的基础上，进一步修订编写大纲，增补编写人员，提出出版计划。2020年12月至2021年4月，广泛征求一线辅导员的阅读意见后，对《教程》内容做进一步的修改。2021年5月，经过多层次调研、综合各种因素，对该项目进行了优化，设计为"线上和线下"混合培训模式，邀请全省资深心理教师拍摄完成线上课程32学时、1200分钟，内容包括普通心理学、发展心理学、社会心理学（含心理测量）、心理助人技能等基础知识和技能。线下课程为3天，其中2天为心理助人实务操作技能演练，1天为资深辅导员案例交流。7月，组织召开第三期师资培训会，来自全省的60多位资深心理教师参加了培训。这本由《教程》优化而成的《高校辅导员心理助人理论与实务》将在"第三届浙江省高校新任辅导员心理助人能力培训项目"中亮相。

《高校辅导员心理助人理论与实务》共七章，内容分别是：辅导员心理助人工作角色、辅导员心理助人工作中的宣传教育、大学生一般心理问题与心理助人谈话技能、大学生常见精神障碍的识别与应对、大学生心理危机干预及预防、辅导员如何开展非现场沟通、大学生团体心理辅导设计。本书案例均为化名，案情均经过处理，符合伦理要求。书中的助人者包括辅导员和心理咨询师，当事人指助人者的服务对象。书中涉及咨询师的语句，统一用"心理咨询师"，涉及学校心理健康教育机构的（除引用文件规定外），统一用"学校心理中心"。

《高校辅导员心理助人理论与实务》酝酿于2017年的冬，初稿完成于2018年底，自酝酿到编写，到反复修改完善，再到正式提交出版，历时三年多。期间遇到了很多的变化，既有全球范围的新冠肺炎疫情的影响，也有联盟相关成员、编写人员以及授课师资的变动，但唯一不变的是大家要把这事做好的信心和努力。回忆过去，一次又一次的编委会议，编委们排除万难从全省各地来到杭州，进行认真又投入的讨论场景都还历历在目。这是一本集学生工作管理者和专业人员智慧于一体的书籍，既是辅导员心理助人能力培训的配套教材，也可以作为相关人员提升自身心理助人能力的普及读物。

虽然全体编委带着美好的愿望和巨大的热情做了很大的努力，但这不足以弥补我们的才疏学浅，书中难免存在各种缺陷或错误，恳请各位同行专家和广大读者批评指正。

本书即将出版之际，既有郑州"7·20"特大暴雨，又有台风"烟花"的影响，还有因为疫情推迟到现在才召开的2020年东京奥运会……真是有些魔幻！是啊，人生会遭遇诸多的不确定，但无论碰到什么，只要彼此间能互相信任，既能接受对方善意的帮助，又能提供给对方有效的帮助，一起努力，永不放弃，最困难的过程也定会收获无数的美好！

朱婉儿

2021年夏　于杭州

目　录

第一章

辅导员心理助人工作角色

第一节　辅导员心理助人工作的角色认知

【案例导入1-1】

大三女生余菲失恋后无法面对独自一人的生活,时不时地跟踪前男友。一日她跟踪前男友时被发现,两人激烈争吵之后,该女生爬上高楼,准备跳楼,前男友赶紧联系辅导员。辅导员接到电话一下子慌了神,虽然入职培训时有危机干预的内容,但此时仍然心跳加速,双腿发软。在迅速稳定情绪之后,辅导员马上通知保安,上报领导,并在惊慌不安中前往现场……事后,辅导员发现原来自己在心理助人工作中承担着如此重要的角色,面对学生的生命安危,顿感压力"山"大! 那么,在处理类似危机事件的过程中,辅导员的角色认知到底该是怎样的? 哪些该做? 哪些不该做?

【关键词】

心理助人工作;角色认知;队伍体系;角色失调;角色认同

【要点解析】

一、什么是心理助人工作

顾名思义,心理助人工作就是在心理层面上给予帮助、助人成长的专业工作。这种专业工作需要有专门的知识和技能,通过一定方法的训练,促使心理助人目标的达成。在国外,这项工作是由具有专业资质、经过严格训练的人员完成的,这些工作人员被称为"专业助人者"(professional helper),如社会心理咨询师(social counselor)、学校心理学家(school psychologist)等。在国内,心理咨询师于 2001 年被正式列入《中国职业大典》。2002 年 7 月,心理咨询师国家职业资格项目正式启动,2017 年,心理咨询师资格证考试认定取消,已获证者仍有效。目前,国内尚未明确心理咨询师的执业资格认证单位。可以说,心理咨询师从事的是一种专业的心理助人工作。它与"社会工作者""法律援助者"等助人工作提供的服务内容和方式不同,前者更多的是一种心理层面的帮助,后者更多涉及物质、法律等社会现实方面的援助。

二、辅导员心理助人工作的缘起和需求

根据辅导员队伍建设的政策要求,结合近十几年教育部发布的一系列文件,可以看出,对辅导员参与心理健康教育工作从一开始的认知不清晰、定位不明确,到 2014 年教育部出台了《高等学校辅导员职业能力标准(暂行)》(教思政〔2014〕2 号)后,基本明确了"心理健康教育与咨询"是辅导员九大职业功能的一个重要组成部分。该文件开篇指出:辅导员是高校学生日常思想政治教育和管理工作的组织者、实施者和指导者。辅导员应当努力成为学生的人生导师和知心朋友。该文件不仅表明了心理健康教育与咨询工作已成为专职辅导员的重要工作任务,而且还规定了专职辅导员在心理健康教育与咨询工作上的具体任务与能力要求。2017 年颁布的《普通高等学校辅导员队伍建设规定》(教育部令第 43 号)对辅导员的主要工作职责做了进一步的明确规定,包括:思想理论教育和价值引领、党团和班级建设、学风建设、学生日常事务管理、心理健康教育与咨询工作、网络思想政治教育、校园危机事件应对、职业规划与就业创业指导、理论和实践研究等九个方面的内容。由此可见,辅导员参与心理健康教育与咨询工作的角色要求已非常清晰。

辅导员的主要工作是对大学生进行思想政治教育,而心理健康教育与咨询工作其实是可以为思想政治教育工作服务的。辅导员通过心理健康教育的工作理念与心理咨询的工作方式,逐步渗透学生的思想政治教育工作,在充分倾听、共情的基础上,逐步实现价值引领的指导思想,或许能达到事半功倍的效果。因此,辅导员开展心理健康教育与咨询工作,可以拓展辅导员开展思想政治教育工作的方式和渠道。

从心理助人工作的任职要求而言,辅导员开展大学生心理健康教育与咨询工作,就要求辅导员采用一定方法引导大学生采取有效的行动来解决困扰自己的心理问题。因此,辅导员相对于学校心理咨询人员这一专业助人群体而言,属于准专业助人者(paraprofessional helper)。这一角色要求,需要辅导员接受心理健康教育相关知识和技能的培训,在专业人员的督导下开展心理健康教育与咨询工作。

从现实的学生心理健康维护需求来说,高校学生作为一个特殊的青年群体,近年来呈现的心理问题纷繁复杂,高校发生的学生心理危机事件屡见不鲜,这都对辅导员的心理健康教育能力提出了更高的要求。随着"00 后"成为高校学生的主力军,高校心理健康教育的方式、方法也受到了新的挑战。由于"00 后"大学生有着不同于以往时代大学生的心理特征与需求,因此,如何正确把握新时代大学生的心理健康成长规律,如何满足新时代大学生的心理健康发展需求,如何提升辅导员对新时代大学生的心理助人能力就显得非常重要。

三、辅导员心理助人工作的任务要求

依据教思政〔2014〕2 号文件,辅导员的"心理健康教育与咨询"这一职业能力标准分

别对初级（1～3 年）、中级（4～8 年）、高级（8 年以上）三个级别辅导员的工作内容、能力要求及知识储备进行了明确规定，具体见表 1-1。

表 1-1　高校辅导员职业能力标准

级别	工作内容	能力要求	相关理论和知识要求
初级	1. 协助学校心理健康教育机构开展心理筛查 2. 对学生进行初步心理问题排查和疏导 3. 组织开展心理健康教育宣传活动	1. 能协助心理健康教育机构完成心理筛查的组织实施，能了解大学生的心理特点，熟悉大学生常见的发展性心理问题，掌握倾听、共情、尊重等沟通技能，能够与大学生建立积极有效的师生关系，帮助学生调适一般的心理困扰 2. 能组织开展形式多样的心理健康教育宣传活动，如举办讲座、设计宣传展板等；能组织学生参加陶冶情操、磨炼意志的课外文体活动，提高学生心理健康水平	1. 心理咨询的方法、技巧 2. 心理异常的判断标准、原则
中级	1. 心理问题严重程度的识别与严重个案的转介 2. 心理测验的实施 3. 有效开展学生心理疏导工作 4. 初步开展心理危机的识别与干预 5. 相对系统地组织开展心理健康教育活动	1. 具备三级心理咨询师资质或具有心理健康教育相关专业硕士学位 2. 能对一般心理问题、心理障碍和精神疾病进行初步识别，了解转介到心理咨询中心或精神卫生医院的适用条件和相关程序 3. 能根据工作需要，正确实施各种心理测验量表、问卷，并能在专业人士指导下对结果进行正确解读和反馈 4. 能与求助学生建立良好的信任关系，有效开展心理疏导工作，帮助学生调节情绪 5. 能识别大学生心理危机的症状并进行初步评估，能协助专家开展相关的危机干预工作 6. 能通过培养心理委员、宿舍长、班干部等方法，培养学生自我管理、自我救助和朋辈互助的能力；能有效设计相对系统的院系心理健康教育整体方案，并能指导学生社团开展形式多样的心理健康教育活动	1. 心理问题、神经症、精神病识别知识 2. 各类测验的功能与使用范围，施测手段 3. 教育心理学基础知识
高级	总结凝练实践工作经验，深入研究把握心理健康教育的规律，成为心理健康教育专家	1. 具备二级心理咨询师资质 2. 能进行危机评估、实施干预、妥善预后及跟踪回访 3. 能够为学生提供心理咨询服务 4. 在具有影响力的学术期刊以第一作者身份发表 5 篇以上心理健康教育相关领域学术论文 5. 能够熟练利用理论和实际经验指导辅导员开展心理健康教育工作 6. 能够为高校辅导员提供有效的心理健康教育培训 7. 能讲授心理健康教育公共选修课	1. 心理学相关理论 2. 应用心理学相关理论 3. 思想政治教育心理学相关理论

如表 1-1 所示，初级辅导员的任务主要是协助学校心理健康教育机构做好心理筛查、心理问题初步排查和疏导，开展宣传教育活动，做到一级预防；中级辅导员的任务主要是识别与转介严重个案，做好一般问题学生的心理疏导，能协助进行危机干预，能系统开展宣传教育工作，做到二级预防；高级辅导员的任务主要是总结凝练经验，研究把握规律，成为较具影响力的心理健康教育专家。完成不同级别的工作任务，需要满足相

应的能力要求,具有相应的知识储备。短时间内学习补充专业知识相对容易,但开展学生心理健康教育与咨询工作的相关技能则需要在实践中不断磨炼与提升。

关于心理健康的三级预防:一级预防是指导正常人健康地生活,克服种种危机,预防各种心理障碍和行为变态的发生。二级预防是针对有轻度心理异常的人,如问题行为、不良习惯、人际关系问题、学习适应问题、感情问题等。三级预防的对象是指严重的心理异常者。辅导员开展心理助人工作更多的是在一级、二级预防层面。

四、辅导员心理助人工作的角色认知

角色认知是指依据社会对角色的规范而发出的一种对角色的认知活动。它包括:对角色规范的认知、对他人所扮演角色的认知和对自己所扮演角色的认知。那么,辅导员开展心理助人工作的角色规范和角色定位是什么? 如何构建辅导员心理助人工作队伍体系?

(一)辅导员开展心理助人工作的角色规范

首先,高校辅导员归属高校教师,需要遵守《高等学校教师职业道德规范》。该规范规定:高校教师必须维护社会稳定和校园和谐,不得损害学生和学校的合法权益。尤其是对存在心理困扰的学生,辅导员要特别关注,以预防心理危机事件的发生。

其次,心理助人工作是一项专业性的工作,需要遵守专业伦理。目前,国内咨询领域专业人员以《中国心理学会临床与咨询心理学工作伦理守则(第二版)》(以下简称《伦理守则》)为行业规范,该规范特别强调:善行、责任、诚信、公正、尊重五大总则。因此,辅导员在开展心理助人工作遭遇决策难题时,也需要遵循《伦理守则》,方能找到更好的解决方案。

最后,辅导员开展心理助人工作还需要遵守我国相关的法律法规,主要涉及《中华人民共和国精神卫生法》《学生伤害事故处理办法》。辅导员需要具备法律意识,在法律框架下开展心理助人工作(详见本章第三节)。

(二)辅导员开展心理助人工作的角色定位

在《中华人民共和国精神卫生法》的指导框架下,辅导员开展心理助人工作的角色定位涉及两大部分:一是学生心理健康的宣传者和教育者,普及心理健康基础知识,培育学生积极的心理品质,促使大多数学生健康成长、快乐成才;二是学生心理问题的识别者和处理者,参照心理异常判断的三原则——主观世界与客观世界的统一性原则、心理活动的内在协调性原则、人格的相对稳定性原则(详见第三章第一节),能够识别一般心理问题、严重心理问题和各类精神障碍,并给予及时处理或转介,协助推动学生矫治心理问题,具体见图1-1。

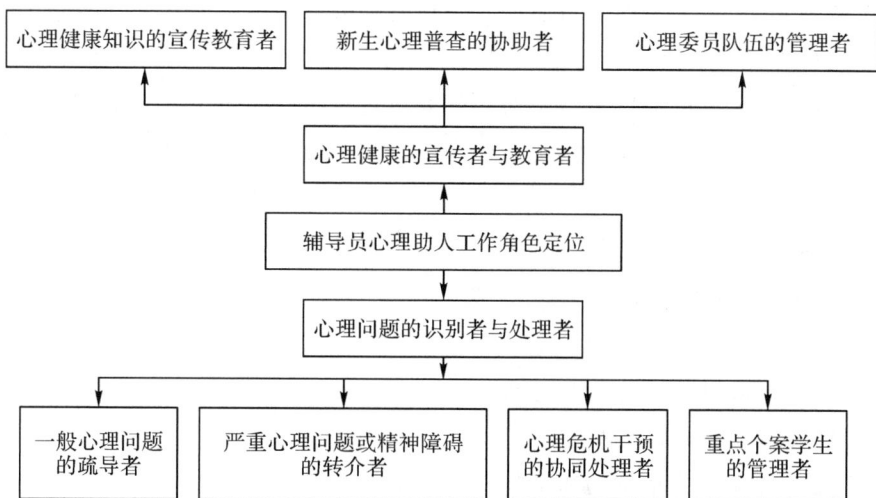

图 1-1　辅导员心理助人工作角色定位

1. 学生心理健康的宣传者与教育者

（1）心理健康知识的宣传教育者

教育部一直都很重视高校心理健康的宣传教育工作，尤其强调，以"5·25"大学生心理健康节为重点，于 5 月集中开展全国大学生心理健康教育活动（具体宣传教育工作将在第二章重点介绍）。

（2）新生心理普查的协助者

为更有针对性地开展心理健康教育工作，更好地预防学生心理问题的产生，更好地帮助有心理问题的学生渡过心理难关，教育部要求高校针对大学新生开展心理普查工作。心理普查工作一般在新生入学后的前两个月内开展，通常采取网络测试的方式。

新生心理普查一般分三步走：第一步，测试前，辅导员要告知学生积极参与，心理测试是帮助学生更好地了解自我、发现自我是否存在心理问题的一个"心理体检"。测试结果不会与学生的奖惩挂钩，即使发现心理问题比较严重的学生，也不会予以退学，而是早发现、早治疗、早康复，帮助其顺利度过困难期。第二步，辅导员要配合学校心理中心做好心理普查工作，确保学生自愿、积极地参与测试，真实地填写问卷。第三，针对心理普查数据异常者，辅导员需要进一步按照学校心理中心的工作要求，协助安排一对一访谈工作，并做好需要关注学生的后续管理工作。访谈老师一般为接受过专业培训的人士（如校内专兼职心理咨询师、校外精神科医生或签约心理咨询师），也有学校会根据学生测试结果进行分层，由辅导员或班主任进行访谈，通过访谈，以更好地识别有心理问题的学生，并帮助其更好地应对或预防心理问题。

（3）心理委员队伍的管理者

心理委员是学校心理健康教育工作的一支重要的基层支撑队伍。那么，如何选拔心理委员？如何确保心理委员能够胜任工作？如何对这支队伍进行有效管理？通常，心理委员由院系负责遴选，根据"学生志愿、单位推荐"的原则，由各单位确定推荐名单，一般一个班级1～2名。心理委员应接受学校心理健康教育机构的培训和督导,以掌握必要的心理学知识和心理辅导技能。接受培训并达标的心理委员将获得学生朋辈心理辅导员资格证书,各单位辅导员负责对心理委员进行工作指导和考核,以确保心理委员发挥其应有的作用。一般建议各学院尽可能让每个班级的心理委员人员保持稳定,以保证培训的有效性。当然,这里所说的只是一些学校的常规做法,也有学校开设朋辈心理辅导员的通识课程,通过课程可以更好地培育朋辈心理辅导员。

2. 学生心理问题的识别者与处理者

(1)一般心理问题的疏导者

针对一般心理问题者,辅导员要能够运用心理学基础知识和谈话技能帮助学生应对心理困扰,对学生进行心理辅导。

(2)严重心理问题或精神障碍的转介者

针对严重心理问题者,辅导员要能够运用咨询心理学知识和谈话技能说服学生求助于学校心理中心的心理咨询师,明确自身与学校心理咨询师的差异,不必过度卷入学生的个人情感困扰,避免和学生产生特殊、复杂的多重关系,应将学生及时转介学校心理咨询师。如果学生有特殊需要,则建议其寻求社会专业咨询也是可取的。

针对疑似精神障碍者,辅导员要能够运用咨询心理学知识和谈话技能进行识别,并说服学生去学校心理中心找心理咨询师进行咨询(咨询中发现心理问题严重的也必须建议学生去医疗机构做诊断)或直接去医疗机构进行诊断,然后结合医疗机构的诊断结果,确定学生的后续管理工作。

(3)心理危机干预的协同处理者

如遇紧急、危机事件,辅导员需要介入危机干预工作吗?答案一定是:要!辅导员必须介入心理危机干预工作,协同学院或学校危机干预小组开展相关工作。就案例导入1-1而言,辅导员在接到相关危机信息后,一定要第一时间上报领导,同时联络学校安保部门,确保第一时间有专业部门来实施救人。由主管领导迅速成立危机干预小组,辅导员在危机干预小组的指导下开展工作,具体危机干预中辅导员所承担的角色任务详见第五章。因此,在遇到危机事件时,辅导员一定要知道:你不是一个人在战斗,而是会有一个组织与你并肩作战。

(4)重点个案学生的管理者

对于曾有精神障碍病史或发生过心理危机事件的学生,即使当下一切正常,也需要纳入重点个案学生库,辅导员需定期或不定期进行关注。于是,重点个案学生的管理也就相应地成了辅导员心理助人工作的又一重要角色任务。

由此可见,辅导员既是学生一般心理问题的疏导者、严重心理问题或精神障碍的转介者,也是学生心理危机干预的协同处理者、重点个案学生的管理者。集如此多的心理助人角色于一身,而且该工作也仅是辅导员九大职业职能之一,这无疑会给辅导员群体带来极大的工作压力和挑战!

(三)构建辅导员心理助人工作队伍体系

构建强有力的心理助人工作队伍体系将会帮助辅导员更好地开展心理助人工作,并减轻心理助人工作带给辅导员的压力(见图1-2)。

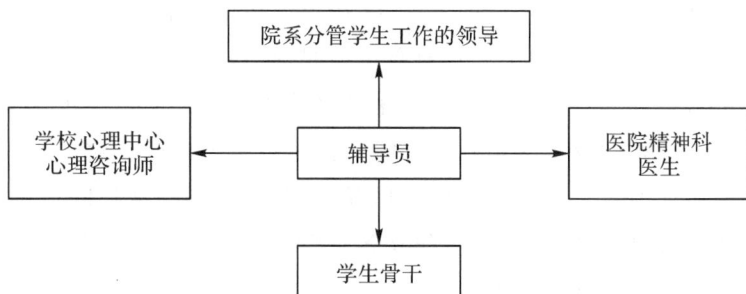

图 1-2　辅导员心理助人工作队伍体系

辅导员的直接上级是院系分管学生工作的领导,这就意味着辅导员在院系开展心理健康教育工作要在分管领导的指导下进行,尤其是在处理突发危机事件时,要第一时间向分管领导汇报。

遇到心理问题严重的学生,辅导员需要及时联系学校心理中心或医院精神科进行评估或诊断。因此,学校心理中心的心理咨询师是辅导员可以及时求助的专业同盟。如遇紧急危机事件,直接送医院就诊将是最好的选择:一是从专业角度可以帮助学生早诊断、早治疗;二是从生命安全角度可以确保学生得到及时救助。

那么,学校心理咨询师开展的心理助人工作与辅导员开展的心理助人工作有什么联系和区别呢? 两者的联系是:目标都是一致的——预防心理危机,促进心理建设,确保学生心理健康、顺利成长。两者的区别是:角色身份不同,承担的角色任务也不同。心理咨询师承担着学校心理健康工作的顶层设计任务,统筹指导全校开展心理健康教育工作,而辅导员承担着本院系学生的心理健康工作,接受心理咨询师的专业指导;心理咨询师面对的是全校学生,而辅导员面对的是自己负责的院系学生;心理咨询师与来访学生是专业的咨访关系,而辅导员与学生是普通的师生关系。

此外,辅导员心理助人工作队伍体系的一个重要组成部分是学生骨干,包括班委、党团干部、寝室长等。尤其是心理委员和寝室长的作用要充分发挥出来,因为心理委员本身就承担着心理助人工作的角色责任,而寝室长和同寝室学生的起居生活密切相关,可更便捷地知晓学生的一手信息。这些学生骨干是辅导员开展心理健康教育工作的得力干将,他们不仅在院系心理健康教育宣传活动中发挥着重要的作用,而且在重点个案学生管理中也承担着重要的任务。因此,培养一支责任心强、有一定心理专业素养的学生骨干队伍显得尤为重要。

【应对策略】

五、辅导员如何应对心理助人工作中的角色失调现象，并逐步建立角色认同

角色失调是社会心理学中使用的术语，是指个体在扮演的社会角色中产生矛盾、障碍，甚至遭遇失败的情况。当一个人对自我角色职责的认知与社会、他人的角色期望相一致时，就能产生适当的角色行为，这时就表现为角色协调，并会逐步认同该角色。角色认同是指一个人的态度及行为与本人当时应扮演的角色保持一致。

结合辅导员心理助人工作的实际案例情况，分析以下三种常见的角色失调现象，尝试提出建设性意见，以促进辅导员逐步建立起对心理助人工作的角色认同，并促进辅导员朝心理助人工作的专业化方向发展。

（一）角色模糊

角色模糊即角色不清，是指角色执行者对某一角色的行为标准含糊不清，不知道自己拥有什么权利、应尽什么义务，也不知道该做什么和怎样做，尤其是对于新任辅导员来讲，涉及心理助人工作时，往往会对自己承担的角色行为产生困惑……

【案例 1-1】辅导员王老师入职半年，遇上一个学生疑似有严重心理问题。该生曾因家庭关系困扰休学半年，返校后由母亲陪读。最近一个多月来，该生情绪极不稳定，注意力无法集中，经常感到恐慌、害怕，而且和母亲关系极差，很少与母亲沟通。此时，该生母亲前来求助于王老师，王老师在尚未直接找学生沟通、了解状况，也未向学校心理咨询师告知情况的前提下，就直接将心理咨询师的电话告知学生家长，由学生家长直接联系心理咨询师来处理该生的问题。辅导员的这种行为显然是对自我的角色认识不清，对学校心理咨询师承担的角色不明，对学校跨部门沟通、家校沟通的流程也不清晰。

分析案例 1-1 的情况，导致辅导员心理助人工作角色不清的原因是什么呢？

一是学校（心理中心或院系）缺乏辅导员心理助人工作的岗位说明书，即心理健康教育作为辅导员的一大重要职业职能，具体到各学校或院系，很少有细化的规章制度或工作流程供辅导员学习使用，很多都是遇到问题后再来找"领导"或"过来人"询问处理流程。

二是即使有规章制度，也形同虚设，没有严格执行，导致问题产生后各级权限不清，相互扯皮，很容易让辅导员感到无所适从。

分析案例 1-1 的情况，又该如何化解辅导员"角色不清"的困境呢？

一是要制定科学的、可操作的规章制度。明确辅导员心理助人工作的职责、权限和任务，明确处理不同心理问题学生的操作流程，明确心理助人工作体系中院系领导、辅导员以及学校心理中心心理咨询师应该承担的责任和义务。如果学校没有规范的制度，那么辅导员可以向学校相关部门提出有关建议。

二是新任辅导员必须接受岗前培训。通过培训让辅导员清晰知晓该岗位所应承担

的职责和任务。安排资深辅导员和新任辅导员进行座谈,资深辅导员可分享一些经典案例及解决方案,让新任辅导员心有所依、行有所参。

就案例 1-1 而言,辅导员直接把学校心理咨询师的电话告知学生家长妥当吗?

从专业咨询角度来讲,学生家长和心理咨询师先沟通,心理咨询师不可避免地会先入为主,影响后期对学生的咨询判断,同时在未征求学生同意的情况下,学生家长已与心理咨询师建立了咨询联盟,也会影响学生的进一步求助动力。很多心理问题学生的背后就是家庭的问题、家长的问题,一旦把心理咨询师的电话告知家长,如果家长边界不清,一遇到事情就给心理咨询师打电话,那么心理咨询师的工作、生活也会受到影响。所以,辅导员和心理咨询师需要建立工作联盟,明确各自的职责、任务和边界,从而形成有效合力,共同面对心理问题学生及其家长。

分析案例 1-1 的情况,辅导员应该怎么做呢?

首先,辅导员接到学生家长反映的问题后,需要第一时间联系学生,了解学生的现实情况,以核实其母亲反映的情况是否属实。其次,如果情况属实,辅导员需要说服学生向学校心理咨询师求助,或直接去医疗机构进行诊断。如果学生比较抵触,辅导员可以直接联系学校心理咨询师,一起讨论如何处理该生的问题,以及如何做好家长的工作。在这里,辅导员的职责是找学生谈话,了解情况,进一步判断是否需要转介。如果需要转介,可以直接联系学校心理咨询师,同时把处理方案告知家长。心理咨询师的职责是面对学生开展咨询(不是面对学生家长开展咨询),发现严重的个案要及时转介,或者进行危机干预。在学生咨询的过程中,心理咨询师如果觉得有必要让家长参与进来,在充分尊重学生且与学生沟通一致的前提下,再联系家长。

(二)角色冲突

角色冲突是指在社会角色扮演过程中,不同角色之间或角色内部出现了矛盾,从而使正常的角色扮演发生困难的现象。它的表现形式如:同一个体扮演的不同角色之间的冲突(如同一时期的多个角色或新旧角色的变化)和单一角色面对外界不同的角色期待时产生的内部冲突或个体对理想角色的认识与其实际角色行为的认识发生矛盾而产生的冲突。

新任辅导员常常要经历新旧角色的变化,如从学生角色或其他岗位角色转换为辅导员角色,需要有一段时间的适应期。这段时期也容易产生理想自我和现实自我的差距,同时也会面临领导、学生及其家长对辅导员的不同角色期待等,从而产生角色冲突。

资深辅导员也常常因为工作的繁忙,会面临辅导员角色、父母或子女角色、伴侣角色等多重角色的压力,甚至产生职业发展的困扰。在感知角色超载或角色发展不明时,也经常会导致角色冲突,从而产生无力感。如不能很好地进行角色调适,就极有可能无法胜任辅导员工作,长此以往,还会影响辅导员的身心健康。

【案例 1-2】辅导员李老师已工作两年,拥有三级心理咨询师资格证书,但并未正式接待处理过学生咨询个案。一日,李老师被领导叫去办公室,领导介绍了学院的一个学生,让李老师重点关注。李老师立刻找来该生面谈,发现该生确实存在一些心理问题,如脑子里经常会冒出一些鬼魂等稀奇古怪的想法,看到血很害怕,一个人住宿很恐慌等,但这些情况该生又不想让家人及院系其他老师知道,所以恳请李老师一定要为其保密,否则就再也不会相信老师了。为此,李老师很是为难,考虑到当时是节假日,李老师只好陪同该生在校内宾馆住宿,想着找到合适机会后再上报领导,告知家长。殊不知,就在当晚,李老师的孩子生病住院了,因为放不下这个学生,导致无法去照顾自己的孩子,内心十分愧疚,而且其丈夫对此也不理解,觉得她就是一个工作狂,别人家的孩子比自己的孩子还重要……陪伴该生住宿一晚后,该生仍不同意老师告知家长。最后在院系领导的坚持下,李老师突破了与学生的保密约定直接联系家长。家长过来后,该生情绪崩溃,怒目直视李老师,屏蔽了李老师的微信。李老师深感不安和愧疚,感觉要妥善处理学生的心理问题真是太难了……

案例 1-2 中既有角色间的冲突,也有角色内的冲突,面对孩子生病需要陪伴的需求,面对丈夫对自己工作的不理解,面对学生需要老师保密的约定,面对领导需要上报并通知家长的要求,一时间让李老师感觉压力倍增,无力应对。

针对案例 1-2 的情况,该如何化解辅导员"角色冲突"的困境?分析角色冲突的原因:既有角色间的冲突,也有角色内的冲突;既有他人不合理期待的冲突,也有自我期待不合理的冲突;既有个体时间精力不足的冲突,又有能力水平不够的冲突。

面对角色冲突,辅导员能够做的有以下几点:

第一,将角色冲突普遍化。明确在不同的人生发展阶段,产生一定的角色冲突是很正常的事情,要以平和的心态接纳它。

第二,按轻重缓急处理事情。在特定的阶段,要能够区分事情的性质,能够把握轻重缓急,提高时间利用率。

第三,明白自我角色的局限性。要了解一个人的时间精力有限,能够承担的工作也有限,必要时要寻求多方资源,确保达成最佳效果。

第四,建立角色认同。接受角色规范的要求,树立正确的自我角色期待,缩小"理想我"与"现实我"的差距,必要时进行自我角色的澄清,以获取他人的理解与支持。

第五,面对各种角色要求,要努力学习与实践,提升角色应对能力,学会在冲突中成长,在压力中提升。

就案例 1-2 而言,李老师了解学生的情况后,首先需要判断该生是属于什么性质的问题,如果是涉及生命安危的问题,则需要立刻上报领导,讨论应对方案;如果不是危机问题,而是属于严重心理问题范畴,则需要温暖而坚定地告诉学生,她需要寻求学校心理咨询师或医院精神科医生的帮助,为她安排转介,让她相信专业的力量。如果无法说服学生,则需要提升谈话技巧与能力,同时可以联系学校心理咨询师,一起商讨对策。案例 1-2 中的学生看其主诉是特别恐惧,并未涉及生命安危,所以,李老师为学生安排转介更为妥当。如果李老师无法判断此案例是否属于危机个案,则更应该上报院系领导,并联合学校心理咨询师的力量来处理该个案。李老师此刻要明白个人角色的局限性及能力的局限性,分清轻重缓急,寻求更多的支持,这样可以避免让自己陷入角色冲突中。当角色冲突不可避免时,需要在调适角色压力、接纳自我的同时,寻求家人更多的理解与支持。

(三)角色失败

角色失败是指在角色扮演过程中,由于种种原因,角色扮演者遇到严重挫折和困难,致使角色扮演无法进行,最后不得不中途退出角色,或者虽然尚未终止角色行为,但在角色执行过程中困难重重,已难以履行其职责。角色失败是最严重的角色失调,角色扮演者不得不退出舞台,放弃原有的角色。

【案例 1-3】辅导员蔡老师入职已有三年,各方面工作做得都很不错,可是,半年前发生的一次危机事件,几乎让蔡老师无法继续正常工作。那是半年前的某天凌晨,蔡老师接到宿管人员的电话,告知五号楼发生学生坠楼事件,让蔡老师去确认一下是不是她的学生。听到此,蔡老师虽十分恐慌,但身为辅导员,必须得去。在坠落现场,蔡老师一看到那个情形就胸口发闷、不停地出汗……而且,说实话,蔡老师负责的学生有 200 多人,很难立刻就认出来是谁。后经宿舍学生认定,蔡老师开始了一系列善后工作,并参与学校危机事件的处理。事后,蔡老师因自己负责的学生发生了危机事件,导致各种优秀评比被一票否决。蔡老师很是难过,本来自己在处理危机事件中所遭遇的创伤还未平复,不料职业发展还受到影响,觉得很不公平,很委屈,后来严重失眠,时而烦躁不安,时而抑郁无语,和以前比像换了一个人。最后,蔡老师感觉自己无法胜任辅导员工作,也对工作发展失去信心,辞职而去。

分析案例 1-3 的情况,该如何化解辅导员"角色失败"的困境呢?每一种角色对于个体成长来说都是一种体验,如果有辅导员体验了该角色之后,发现无论如何调适都不能很好地适应或胜任,那么选择退出该职业也是情理之中的事情。但是,如果因为是政策支持不够、学校管理不当或辅导员自身缺乏自我调适方法而选择退出辅导员岗位,那么对国家发展、对学校建设、对辅导员自身而言都是有百害而无一利的。

为此,面对辅导员体验到的"角色失败",可尝试以下几点:

第一,明白辅导员心理助人角色的局限性,突发危机事件的处理往往需要突破常规方法,很多时候并非辅导员工作的失误,而是多方面因素共同作用的结果,甚至有些时候辅导员也是爱莫能助,防不胜防。

第二,针对危机事件的处理过程,虽然需要追究一定的责任,但一定要防止过于追责,甚至忽略辅导员一开始的"助人初心"或"助人动机",所以学校制定的规章制度一定要合情合理,不能以结果来决定一切,挫伤辅导员的工作积极性。

第三,辅导员在参与危机事件处理的过程中或之后一段时间,如果存在一定的情绪困扰或精神创伤,学校(院系领导或心理中心心理咨询师)要给予工作上和生活上的关心,必要时给予安排心理辅导。当然,辅导员也可根据自身情况,主动提出需要心理咨询或辅导,学校或上级相关机构要给予支持,帮助辅导员渡过难关。

就案例 1-3 而言,蔡老师一定要明确这个危机事件的发生绝不是自己的错,在处理危机事件中,蔡老师所体验到的躯体症状(胸口发闷、不停地出汗)及心理感受(恐慌等)都是正常现象,是每一个人在遭遇突发危机事件时都会做出的正常反应,出现这种反应后,需要得到理解与支持,需要进行自我关照。如果学校处理危机事件的规章制度失之偏颇,缺乏人性关怀,那么,辅导员在学校内部无法得到理解与支持的前提下,一定要寻求外界的专业人员,帮助自己处理参与危机事件带来的创伤后应激反应。面对学校不合理的规章制度,辅导员可以在专业咨询师的帮助下释放自己压抑的情绪,表达自己的诉求。同时,鼓励辅导员向上级管理部门反映情况,维护自我的正当诉求,保护自我的合法权益。最后,呼吁学校建立危机事件处理工作联盟,一旦有危机事件发生,就能有更多力量支持、帮助辅导员更专业地处理危机事件,更快地恢复正常生活。

【本节小结】

辅导员开展心理助人工作既是国家政策文件的要求,也是大学生全面发展的需求。在《中华人民共和国精神卫生法》的框架下,辅导员开展心理助人工作有两大角色定位:一是心理健康的宣传者与教育者(包括心理健康知识的宣传教育者、新生心理普查的协助者、心理委员队伍的管理者);二是心理问题的识别者与处理者(包括一般心理问题的疏导者、严重心理问题或精神障碍的转介者、心理危机干预的协同处理者、重点个案学生的管理者)。这就要求辅导员在角色定位清晰的情况下,一是要做好助人工作队伍体系建设;二是要掌握心理助人专业知识和技能;三是要在发生角色失调时,能够明确工作边界,及时寻求专业支持,做好角色调适,逐步建立对心理助人工作的角色认同。

第二节 辅导员心理助人工作的胜任力要求

【案例导入 1-2】

辅导员马老师刚入职半年,暑假里,通过一个学生发来的 QQ 聊天记录,得知自己的另一个学生已经三天三夜没吃饭且有轻生的念头。于是他迅速跑到该生宿舍,想了解该生的实际情况。出乎意料的是,该生并不愿意和马老师交流,只是简单敷衍,告知一切都正常。于是,马老师一无所获地离开了。无法判断学生发来的 QQ 信息是否属实,也不知道接下来该怎么办,马老师顿时感觉开展心理助人工作困难重重,不知该如何提升该工作的胜任力。

【关键词】

心理助人工作;胜任力;三级胜任力要求;胜任力提升方式

【要点解析】

一、什么是胜任力

胜任力的概念最初运用在教育领域中,以1973年美国社会心理学家戴维·麦克利兰(David C. McClelland)发表的《测量胜任力而非智力》一文为标志,随即成为当代心理学、管理学、教育学等领域的研究热点。对于胜任力的定义,目前比较一致的观点是:"能将某一工作(或组织、文化)中有卓越成就者与表现平平者区分开来的个人的深层次特征,它可以是动机、特质、自我形象、态度或价值观、某领域知识、认知或行为技能——任何可以被可靠测量或计数的并且能显著区分优秀与一般绩效的个体的特征。"图1-3清晰地表达了胜任力的概念,其中最外层的知识和技能是易于培养和评价的,里层的个性/动机、态度、价值观、自我形象、社会角色等是难以评价与后天习得的。

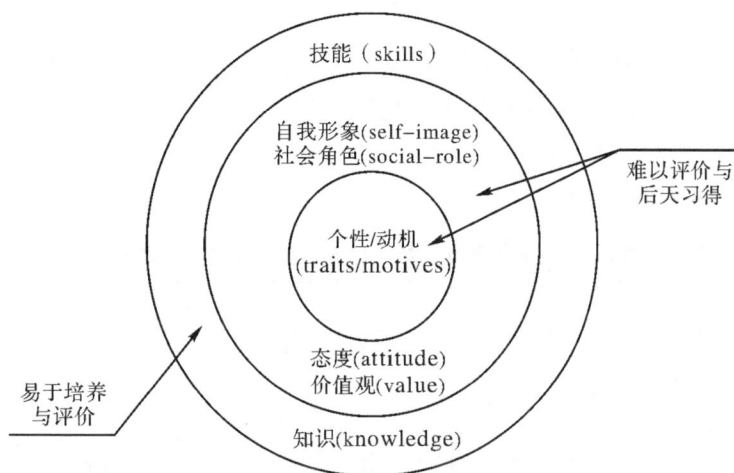

图1-3 胜任力示意图

二、辅导员心理助人工作的胜任力要求

基于胜任力的概念,依据辅导员心理助人工作的任务要求,结合浙江省高校心理咨询工作联盟开展的"辅导员心理助人工作胜任力"的调查研究,对辅导员开展不同级别的心理助人工作的胜任力要求做进一步的分析。

第一,就培养级别来说,辅导员心理健康教育职能定位为三个级别:初级、中级和高级。初级一般是指辅导员入职1~3年,处于对辅导员角色的认知与熟悉的过程之中;中级一般是指辅导员入职4~8年,在经历了初级辅导员的相关培训及考核之后,进入中级阶段的培养;高级一般是指辅导员入职8年以上,在经历了中级辅导员的相关培训及考核之后,进入高级阶段的培养。通常,辅导员经过8年及更长时间的系统培养及考核,就完成了一名心理健康教育专家型辅导员的培养。

第二,就培养目标来说,初级辅导员是学校心理健康教育工作的新手,通过培养能在学校心理中心或院系资深辅导员的指导下,协助开展院系心理健康教育与心理辅导工作。中级辅导员是学校心理健康教育工作的骨干,能够独立开展院系心理健康教育与心理辅导工作。高级辅导员是心理健康教育工作的专家,不仅能够全面处理学校心理健康教育与咨询工作,而且还能从理论高度进行实践总结,开展科学研究,把握高校心理健康教育与咨询工作的规律,成为高校心理健康教育领域中颇有影响力的专家型人才。这也是辅导员职业化、专业化发展的一条重要途径。

第三,就胜任力要求来说,对不同级别辅导员在知识、技能和素质层面的具体要求是不同的。《高等学校辅导员职业能力标准(暂行)》(教思政〔2014〕2 号)明确规定了不同级别辅导员的培养目标和知识要求,结合浙江省高校心理咨询工作联盟对 18 所高校45 位辅导员的访谈结果进行研究,归纳出的知识技能和素质要求详见表 1-2。高一级别的胜任力要求覆盖低一级别的要求,因此,三个级别的知识、技能和素质要求是逐步提升的,需要有针对性地进行培养才能满足各级别的胜任力要求,尤其是涉及障碍识别与危机学生的处理,辅导员需具备法律意识。

就广大辅导员群体而言,初级和中级的胜任力要求是属于普及的必修课阶段,高级是选修课阶段,供有意向心理健康教育专家发展的辅导员进一步提升能力之用。因此,就本书的内容设计及培训对象而言,属于初、中级别,供广大辅导员普及心理健康知识、提升心理助人专项技能使用。

表 1-2　不同级别辅导员心理助人工作的胜任力要求

级别	基于工作内容的培养目标	胜任力要求		
		知识要求	技能要求	素质要求
初级	1.协助学校心理中心开展心理问题筛查、排查工作 2.协助开展院系心理健康教育宣传活动 3.帮助学生调适一般心理困扰	1.心理咨询的方法、技巧 2.心理异常的判断标准、原则	1.宣传教育技能 2.基本谈话技能 3.关系建立技能	1.助人动机 2.责任心 3.爱心 4.亲和力 5.学习力
中级	1.能够处理学生严重情绪困扰 2.能够识别心理障碍及危机学生,能及时转介,或协助干预 3.能够系统设计并组织实施心理健康教育宣传整体方案 4.能够为学生骨干提供心理健康知识培训	1.心理问题、神经症、精神病识别知识 2.各类测验的功能与使用范围,施测手段 3.教育心理学基础知识	1.个别辅导技能 2.团体辅导技能 3.识别转介技能 4.个案管理技能	1.法律意识 2.情绪稳定性 3.心理感受力 4.自我调节力 5.信息搜集力
高级	1.能提供心理咨询服务 2.能处理重点危机个案 3.能给大学生讲授心理健康通识课 4.能为初级、中级辅导员提供心理健康专题培训 5.能开展研究工作,并发表学术论文	1.心理学相关理论 2.应用心理学相关理论 3.思想政治教育心理学相关理论	1.个体咨询技能 2.危机干预技能 3.教学培训技能 4.科学研究技能	1.伦理意识 2.危机应对力 3.系统思维观 4.自我发展观

【应对策略】

三、如何提升辅导员心理助人工作的胜任力

（一）知识层面，系统学习是基础

对于非心理学、教育学、医学等相关专业毕业，未接受过心理咨询专业的系统教育和训练的辅导员来说，系统学习心理学、教育学等学科的相关知识，了解心理咨询的相关理论和技术是开展好心理助人工作的基础。自学专业教材、学习网络课程、参加系统培训班、获取专业资格证书等都是可行的补充知识的方式。

（二）技能层面，实践训练是关键

拥有基本的理论知识后，进行实践训练是开展心理助人工作必不可少的环节，辅导员可以在资深辅导员或心理咨询师的指导下开展心理助人工作。辅导员需要阶段性地对案例进行分析、对工作进行总结，从实践中提升技能，不断积累经验，提高专业胜任力。就案例导入1-2而言，辅导员马老师的助人动机很明确，有责任心和爱心，做了宣传教育工作，也有学生为其提供危机学生信息，但没有掌握有效的谈话技能和关系建立技能，这就需要马老师在实践中不断加强训练，提升这两方面的能力。

（三）素质层面，觉察评估是前提

拥有基本理论知识和专业技能之后，辅导员已能基本胜任心理助人工作了。但自己究竟是否要朝心理健康教育专家型辅导员方向发展，自己到底能否成为心理健康教育专家？这就需要去觉察、评估自我深层次的素质特征，哪些特征是天生的，哪些特征是通过后天训练可以改善的？自己在这些方面的特征到底如何？必要时可寻求专业心理测评专家进行评估或指导，然后，再决定自己的辅导员专业发展方向（见案例1-4）。

【案例1-4】谢老师做辅导员已有六年，拥有国家二级心理咨询师职业资格证书，负责学院整体心理健康教育工作，主要包括心理健康教育宣传活动的开展、心理委员的选拔与培养、重点个案关注及危机事件处理、对心理问题学生进行谈心谈话、发现心理问题严重的个案及时转介等。谢老师还担任了学校心理中心的兼职心理咨询师，开展心理咨询工作。六年的辅导员和三年的兼职心理咨询师担任下来，谢老师一边开展实务工作，一边接受校外的专业培训与案例督导，专业知识相对扎实，专业能力稳步提升。至此，谢老师已明确向心理健康教育专家型辅导员发展的职业化路径，进一步加强和学校心理中心心理咨询师的联系：（1）成为学校心理健康通识课程的助教，努力成为主讲教师；（2）和学校心理咨询师协同组织团体辅导活动，并在院系独立开展团体辅导活动；（3）定期接受学校心理咨询师为其提供的个案督导，稳步提升咨询水平；（4）及时处理学院危机个案，必要时寻求专业帮助；（5）结合院系特点深入开展大学生心理健康研究，探

索院系心理健康教育新模式;(6)在学校层面辅导员心理健康教育培训体系下,为新任辅导员开展专项培训工作,让他们能更快适应心理健康教育工作。由此可见,谢老师已基本达到心理健康教育方向中级辅导员的胜任力,正朝着心理健康教育高级辅导员的胜任要求努力,行进在心理健康教育专家型辅导员的职业化发展道路上!

【本节小结】

不同级别的辅导员开展心理助人工作所承担的任务职责和胜任力要求是不同的,拥有助人动机是基础,掌握专业助人知识、提升专业助人技能是关键。就初级辅导员而言,拥有宣传教育技能、基本谈话技能、关系建立技能是基础;就中级辅导员而言,掌握个体和团体辅导技能、识别转介技能和个案管理技能是重点;就高级辅导员而言,个体咨询技能、危机干预技能、教学研究技能则是心理健康教育专家型辅导员的必备技能。本节就是紧密围绕胜任初、中级辅导员所需要的重要技能来展开论述的,辅导员需要在一边学习一边实践应用的基础上,逐步把知识转化为技能,提升心理助人工作的胜任力。

第三节　辅导员心理助人工作的法律框架

【案例导入 1-3】

情境 1　在新生心理健康状况普查中,某生的大学生人格问卷(university personality inventory,UPI)测试结果显示有自杀行为倾向。然而,辅导员并没有引起重视。不料,数日后该生自杀身亡。试分析,学校对该生的自杀是否应承担法律责任?

情境 2　某高校辅导员具有国家二级心理咨询师职业资格证书,他发现一学生精神状况异常,并判定其处于精神分裂症早期。于是,他用自己所学的技能对其进行治疗,希望帮助该生康复。试分析,该辅导员的心理助人行为是否妥当?

情境 3　某大学生在校学习生活期间被发现有疑似精神障碍,辅导员将该生情况告知学生家长,希望家长带其去医院诊治,但家长不配合,应该怎么办?

【关键词】

心理助人工作;精神卫生法;法律责任

【要点解析】

辅导员开展心理助人工作需要具备法律意识,尤其是有些涉及学生心理相关的问题如果处理不当,有可能需要承担相关的法律责任。所以,本节侧重介绍与学生工作相关的《中华人民共和国精神卫生法》(以下简称《精神卫生法》),让辅导员在开展心理助人工作时做到有法可依。

一、《精神卫生法》的颁布及其意义

第十一届全国人民代表大会常务委员会第二十九次会议通过了《精神卫生法》,并于 2013 年 5 月 1 日起施行,填补了精神卫生领域的法律空白。最新版本是根据 2018 年 4 月 27 日第十三届全国人民代表大会常务委员会第二次会议《关于修改〈中华人民共和国国境卫生检疫法〉等六部法律的决定》修正。

《精神卫生法》第二条明确规定:"在中华人民共和国境内开展维护和增进公民心理健康、预防和治疗精神障碍、促进精神障碍患者康复的活动,适用本法。"《精神卫生法》的颁布与实施,对于发展我国精神卫生事业、规范各类精神卫生服务、维护精神障碍患者的合法权益具有重要意义,也为高校心理健康教育工作提供了法律依据。

二、《精神卫生法》明确了心理助人的法律责任

《精神卫生法》中与高校心理健康教育工作相关、辅导员应该了解和掌握的内容,大致可以概括为以下三个方面。

(一)保障精神障碍患者权益

《精神卫生法》第四条规定:"精神障碍患者的人格尊严、人身和财产安全不受侵犯。精神障碍患者的教育、劳动、医疗以及从国家和社会获得物质帮助等方面的合法权益受法律保护。有关单位和个人应当对精神障碍患者的姓名、肖像、住址、工作单位、病历资料以及其他可能推断出其身份的信息予以保密;但是,依法履行职责需要公开的除外。"第五条强调:"全社会应当尊重、理解、关爱精神障碍患者。任何组织或者个人不得歧视、侮辱、虐待精神障碍患者,不得非法限制精神障碍患者的人身自由。新闻报道和文学艺术作品等不得含有歧视、侮辱精神障碍患者的内容。"

(二)规范学校心理健康教育

《精神卫生法》对学校的心理健康教育工作提出了明确和具体的要求。

1.落实心理健康教育

《精神卫生法》第十六条明确了学校的心理健康教育之责,具体有五个方面:一是应当对学生进行精神卫生知识教育;二是应当配备或者聘请心理健康教育教师、辅导人员,并可以设立心理健康辅导室,对学生进行心理健康教育;三是发生自然灾害、意外伤害、公共安全事件等可能影响学生心理健康的事件,学校应当及时组织专业人员对学生进行心理援助;四是教师应当学习和了解相关精神卫生知识,关注学生心理健康状况,正确引导、激励学生;五是学校和教师应当与学生父母或其他监护人、近亲属沟通学生心理健康情况。

2.规范心理咨询工作

《精神卫生法》要求心理咨询人员提高业务素质、遵守执业规范、提供专业化的心理

咨询服务。《精神卫生法》第二十三条规定,"心理咨询人员不得从事心理治疗或者精神障碍的诊断、治疗","发现接受咨询的人员可能患有精神障碍的,应当建议其到符合本法规定的医疗机构就诊",要"尊重接受咨询人员的隐私,并为其保守秘密"。第五十一条规定"心理治疗活动应当在医疗机构内开展",意味着在学校不得为学生进行心理治疗。

3. 转介疑似精神障碍的学生

学校发现学生有疑似精神障碍,应当建议其到符合《精神卫生法》规定的医疗机构就诊。《精神卫生法》第二十八条规定:"除个人自行到医疗机构进行精神障碍诊断外,疑似精神障碍患者的近亲属可以将其送往医疗机构进行精神障碍诊断""疑似精神障碍患者发生伤害自身、危害他人安全的行为,或者有伤害自身、危害他人安全的危险的,其近亲属、所在单位、当地公安机关应当立即采取措施予以制止,并将其送往医疗机构进行精神障碍诊断。"

4. 助力精神障碍学生的治疗和康复

《精神卫生法》明确,如果学生被诊断为严重精神障碍,并且"已经发生危害他人安全的行为,或者有危害他人安全的危险"应当住院治疗,但"其监护人不办理住院手续的",则由精神障碍学生所在学校单位、村民委员会或者居民委员会办理住院手续;对于未住院治疗的精神障碍学生,学校应当依学生或者其监护人的请求,提供必要的帮助。

(三)规定监护人的法律责任

《精神卫生法》明确规定,监护人具有尊重关爱、医疗诊治、看护照顾精神障碍患者的责任。如果监护人不履行《精神卫生法》规定的责任,给精神障碍患者或者其他公民造成人身、财产或者其他损害的,则要依法承担赔偿责任。

1. 充分尊重关爱

《精神卫生法》第四条、第五条规定,精神障碍患者的人格尊严、人身和财产安全不受侵犯;全社会应当尊重、理解、关爱精神障碍患者。第九条规定,精神障碍患者的监护人应当履行监护职责,维护精神障碍患者的合法权益,禁止对精神障碍患者实施家庭暴力,禁止遗弃精神障碍患者。

2. 积极医疗诊治

《精神卫生法》第二十一条强调,家庭成员之间应当相互关爱,创造良好、和睦的家庭环境,提高精神障碍预防意识;发现家庭成员可能患有精神障碍的,应当帮助其及时就诊,照顾其生活,做好看护管理。

《精神卫生法》还详细规定,监护人对精神障碍子女负有根据诊断结论决定是否住院、出院和办理出、入院手续的责任。对于医疗诊断结论表明精神障碍患者应当住院治疗,但监护人拒绝,致使患者造成他人人身、财产损害或者患者有其他造成他人人身、财产损害情形的,监护人要依法承担民事责任。

3.悉心看护照顾

《精神卫生法》明确规定,监护人对精神障碍患者有照顾生活、督促治疗和协助康复的责任。监护人应当妥善看护未住院治疗的精神障碍患者,遵医嘱督促患者按时服药、接受随访或者治疗;协助精神障碍患者进行生活自理能力、社会适应能力等方面的康复训练。

【应对策略】

三、如何在《精神卫生法》框架下做好心理育人工作

学生心理健康教育是高校辅导员的工作职责之一。辅导员应该认真学习《精神卫生法》,了解和掌握与高校心理健康教育工作相关的法律规定,在学生日常教育、管理和心理健康教育工作中,掌握法律边界、遵守法律规定;同时,应当向学生和学生家长宣传《精神卫生法》,帮助他们知法守法。

以下结合案例导入 1-3,分析辅导员如何在法律框架下做好心理育人工作。

针对情境 1,要分析学校对该生自杀是否应承担法律责任,我们先来看看相关法律规定。《精神卫生法》第十六条明确规定,教师应当关注学生心理健康状况,应当与学生父母或者其他监护人、近亲属沟通学生心理健康情况。第二十八条要求,疑似精神障碍患者发生伤害自身、危害他人安全的行为,或者有伤害自身、危害他人安全的危险的,其近亲属、所在单位、当地公安机关应当立即采取措施予以制止,并将其送往医疗机构进行精神障碍诊断。教育部《学生伤害事故处理办法》(以下简称《处理办法》)第九条第(八)款规定:学生在校期间突发疾病或者受到伤害,学校发现,但未根据实际情况及时采取相应措施,导致不良后果加重的,学校应当依法承担相应的责任。《处理办法》第十二条明确,对于学生有特异体质、特定疾病或者异常心理状态,学校不知道或者难于知道的;学生自杀、自伤的,所造成的学生伤害事故,学校已履行了相应职责,行为并无不当的,无法律责任。情境 1 中,该生在学校心理普查中的 UPI 测试结果显示有自杀行为倾向,但辅导员并未引起重视,学校既没有告知学生家长、请家长带其子女到医院诊治,也没有采取必要的应对措施(如面谈评估、有效防范、及时转介),导致悲剧发生。因此,学校对该生自杀负有一定的法律责任。正确的做法是,对于 UPI 测试结果出现异常的学生,学校和辅导员都应该高度重视,宁可信其有不可信其无,应该及时由专业人员对该生心理状况做进一步的了解、分析和评估。评估发现确有疑似精神障碍或有自杀行为倾向的,应当立即对该生采取安全防范措施,有效阻止自杀行为发生,并迅速联系学生家长,由学生家长(或其他近亲属)、学校或当地公安机关将其送往医疗机构进行精神障碍诊断。情境 1 提示我们,学校在心理普查时,要尽可能缩短量表测试和面谈评估的间隔时间,对于测量结果显示有心理问题的,特别是测量结果显示有疑似精神障碍和安全风险的,要及时进行面谈评估和有效干预。

针对情境 2,要分析该辅导员的心理助人行为是否妥当,仍然要先了解相关法律规

定。《精神卫生法》第二十三条规定,心理咨询人员不得从事心理治疗或者精神障碍的诊断、治疗。该辅导员虽然有国家二级心理咨询师职业资格证书,但不论其是否具有精神障碍的诊断、治疗能力,都不应当对学生进行精神障碍的诊断和治疗;虽然其出发点是为了帮助学生,但这样的助人行为显然违反了法律规定。正确的做法是,该辅导员发现其班上有疑似精神障碍的学生,应该立即报告学校或学院相关部门进行评估,及时联系学生家长、及时转介医疗机构做诊断,并做好安全防范工作。

针对情境3,学生家长不配合通常有以下几种表现:第一,学校告知其子女有疑似精神障碍或自杀等安全风险,建议家长陪同其子女到医疗机构诊治,但家长不接受;第二,家长虽然带其子女去医疗机构做了诊断,医疗机构确诊其子女患有精神障碍或确认存在安全风险,但家长没有引起足够的重视,不遵医嘱给予积极治疗;第三,家长要求罹患精神障碍子女在校边学习边治疗,却不愿意履行监护人应尽的照顾生活、保障治疗、帮助康复的义务,把监护的责任推给学校。家长不配合,既有对精神障碍或安全风险缺乏认识、对严重后果缺乏了解或估计不足的原因,也有对法律规定的监护人责任不了解或不愿履行的原因。一些家长认为把子女送到学校读书,应该由学校负责管理和照料其子女的精神疾患;还有一些家长,客观上确实存在难以履行监护人责任的困难。家长不配合,成为学校心理健康教育、应对学生精神障碍或安全风险工作中最棘手的难题之一。遇到家长不配合的情况,学校和辅导员要尽到法律法规所规定的责任和义务,尽可能体现对学生的关心和爱护,使学生和家长充分感受到学校的诚意;同时,要主动向学生家长宣传心理健康和精神卫生知识,耐心分析精神障碍诊治的必要性和重要性,详细解释学校和家长所承担的法律责任和义务。学校既不能推卸自身应尽的职责,也不能包办家长应该承担的责任。对于已经住院治疗和休学回家治疗的精神障碍学生,学校和辅导员要经常与其保持联系,为其提供必要和力所能及的帮助,积极尽到关心之责;而对于在校继续学习的精神障碍学生,学校则应该按照法律法规和学校实际,与学生家长协商制订家校配合工作方案,落实有关学生心理健康教育和精神障碍诊治、学习生活照顾管理的详细内容,签订包含双方承诺内容的书面协议。在之后实施方案和履行协议过程中,学校和辅导员在切实承担起自身责任的同时,还应该与家长保持密切联系与合作,也提醒学生家长切实履行其义务。

【本节小结】

本节从保障精神障碍患者权益、规范学校心理健康教育、规定监护人的法律责任三个方面概述了《精神卫生法》所明确的心理助人工作的法律责任,并通过三个实际案例进一步阐明了相关责任和具体做法,为辅导员在法律框架下开展心理育人工作提供了基本指导。

第四节　辅导员心理助人工作的压力与自我心理保健

【案例导入 1-4】

黄老师是入职三年的辅导员,学校新生心理普查后,收到了学校心理中心发来的需要关注学生的名单,有十几位。黄老师需要逐一进行谈话,了解需要关注学生的情况,并在接下来的学习生活中给予他们关心和帮助。这些学生中有学业适应困难的,有人际适应困难的,有恋爱关系受挫的,还有亲子关系问题严重的,更有对自我个性不接纳、对当下生活不满意的。各种类别的心理问题,都需要黄老师有充足的知识储备、丰富的生活阅历和专业的谈话技巧,才能走进学生的内心,有针对性地给予指导与帮助。但是,黄老师一旦遇到一些自己不太了解的学生问题,就会特别紧张、焦虑,担心帮不上学生,也担心学生会恶向发展,感觉工作风险太大、责任太重、压力爆棚。渐渐地,黄老师变得郁郁寡欢,做什么都没动力,于是想着要调换工作……

【关键词】

心理助人工作;压力源;压力认知;压力应对方式

【要点解析】

一、正确认知心理助人工作压力

辅导员本身已承担着多重角色压力。但随着新时代大学生个性特点的不同、价值追求的异化等原因,大学生群体出现心理问题、心理疾病,甚至自杀或伤人等事件层出不穷。学生一旦出现危机事件,辅导员就势必承担着"救火队员"的角色,需要第一时间赶赴现场进行危机协同干预,这无疑会给大批年轻的辅导员带来很大的压力与挑战。

危机干预工作若做得到位,则能挽救生命,意义重大。若干预不到位,或前期预防不足,一旦发生危机事件,则会给辅导员带来严重的心理及行为影响。

俗话说,适度的工作压力会激发个体的潜能,提高工作效率,而过度的工作压力则会对个体的生理、心理造成一定的影响,严重的还会产生压力应激反应和心理疾病等问题。因此,正确认知心理助人工作带来的压力、学会与压力相处、逐步认同心理助人工作角色、实现自我心理成长至关重要。

二、辅导员心理助人工作的压力源与压力反应

压力是指压力源作用于个体后,在个体压力认知的作用下产生的压力反应。其中,压力源也称压力刺激,是指现实生活中要求人们去适应的事情;压力认知是指个体对压力源的信息加工;压力反应是指在压力认知加工后,由压力源引发的生理、心理反应。

辅导员心理助人工作的压力源主要是指要承担学生心理问题的疏导、对疑似精神障碍学生的初步识别与处理、对危机学生的现场协同干预及后续关注等工作。不同的压力源会产生不同的认知观念，从而带来不同的压力反应。结合心理助人工作的不同压力源，对常见的心理助人工作压力带来的不合理认知观念进行了梳理，具体内容见表1-3。由常见压力引发的身心反应主要分为生理反应、认知反应、情绪反应和行为反应等四种类型，具体见表1-4。

表1-3　压力源与压力认知分析

压力源	压力认知（不合理观念）
对心理问题学生的疏导	1.面对心理问题学生我根本不能彻底地帮到他们 2.有些心理问题学生根本就不想和我谈话，我无法走近他们 ……
对疑似精神障碍学生的初步识别与处理	1.我识别不出哪些学生有精神障碍，我很无能 2.精神障碍学生复学后，我不知该如何帮助他们 3.室友或同学排斥（或不想接触）有精神障碍的同学，该怎么办 ……
对危机学生的现场协同干预	1.第一次接触学生发生的危机事件，我该怎么办 2.我害怕学生发生危机事件，我无法应对危机现场 3.我无法面对危机学生的家长，与家长沟通很有压力 4.经历危机事件后，我整个人的生活都受到了影响 ……
对危机学生的后续关注	1.担心学生再出危机事件，于是战战兢兢，生怕什么事情刺激到学生 2.过度关注危机学生，感觉个人的很多时间都用于关注学生之中，影响了其他工作和家庭生活，无法做好平衡 ……

表1-4　常见的压力反应

生理反应	主要包括：头痛的频率和程度不断增加；肌肉紧张，特别是颈部、肩部、背部、头部的肌肉紧张；皮肤干燥、有斑点，或是刺痛；消化系统出现问题（如胃痛、腹泻）；心悸和胸部疼痛
认知反应	主要包括：注意力不集中，容易走神；优柔寡断，小事情也不敢做决定；记忆力衰退，经常忘记做事情；判断力变差，导致错误决定；对周围的环境持消极态度
情绪反应	主要包括：容易烦躁，或是喜怒无常；消沉和经常发愁，生活无乐趣；丧失信心和自暴自弃；精力枯竭，缺乏积极性
行为反应	主要包括：睡眠不好，失眠或睡眠时间过长；多梦或经常做噩梦；饮酒或抽烟频率比平时更高；性欲低，经常加重烦恼和忧虑；不愿和朋友或家庭成员交流；经常觉得累；坐立不安

如果辅导员有上述的一些压力反应，那么该如何判断自身目前的压力状态呢？是否需要进一步的压力调适？在这里，借用"樊氏压力检测量表"可以自测压力状态。樊氏压力检测量表从生理、认知、情绪、行为等四个角度对人的压力状态进行评估，可以让人更好地了解自身的压力状态，并采取相应的应对措施。如果你想测量一下自己的压力状态，请根据表1-5进行自测。做完自测后，依据分数结果，可进一步选取合适的方式进行自我调适。

表1-5 樊氏压力检测量表

请试着回想自己最近一个月所感受到的状况,依照此状况来填写下面的题目	不符合	有一点符合	有一半符合	完全符合
1.相较于过去,最近眼睛比以前更容易觉得酸、干涩、疲劳	0	1	2	3
2.相较于过去,最近觉得自己皮肤肤质或发质变差,如痘痘变多、皮肤干燥、白头发变多等	0	1	2	3
3.相较于过去,最近胸口发闷,好像被勒紧般发痛	0	1	2	3
4.相较于过去,最近有时会喘不过气,有缺氧的感觉	0	1	2	3
5.相较于过去,最近常觉得手脚冰冷,有麻麻的感觉	0	1	2	3
6.相较于过去,最近站起来会头晕,或是眼花站不稳	0	1	2	3
7.相较于过去,最近比以前更容易疲劳,而且疲倦好像不大能消除	0	1	2	3
8.相较于过去,最近稍微做点事就立刻感到疲惫	0	1	2	3
9.相较于过去,即便早上睡醒仍觉得前一天的疲劳没有完全消除	0	1	2	3
10.相较于过去,最近对工作或课业提不起劲,也难以集中注意力	0	1	2	3
11.相较于过去,最近觉得自己记忆力变差,容易忘记事情	0	1	2	3
12.相较于过去,最近自己极容易做出错误的决定	0	1	2	3
13.相较于过去,最近自己在判断问题上比较难静下心来思考	0	1	2	3
14.相较于过去,最近对人有些不想靠近的感觉	0	1	2	3
15.相较于过去,最近容易为小事情感到烦躁、生气	0	1	2	3
16.相较于过去,最近觉得有太多事情加在自己身上,感到力不从心	0	1	2	3
17.相较于过去,最近容易生气,对事情没有耐心、不耐烦、缺乏热情	0	1	2	3
18.相较于过去,最近即便吃饱了,还是会不断想吃东西	0	1	2	3
19.相较于过去,最近睡眠质量变差,半夜一两点会醒来,然后再也睡不着	0	1	2	3
20.相较于过去,最近经常做梦	0	1	2	3
21.相较于过去,最近在人际交往上比较退缩,和人接触或见面觉得麻烦	0	1	2	3

结果对照:

1.分量表 A(生理性质):1~6题

分数等于或高于5分,显示面对压力时,生理反应较常态偏高。分数越高,表示面对压力时生理反应越明显。通常显现在内分泌或是食欲等方面。

建议借由肢体活动,如按摩、吃东西、运动等,让压力有排解的去处,而不至于使压力影响体内健康。

2.分量表 B(认知反应):7～13 题

分数等于或高于 8 分,显示面对压力时,认知反应较常态偏高。分数越高,表示面对压力时认知反应越明显。通常显现在思考与对事物认知等方面。

建议借由改变思考方式来排解压力,如读书、讨论、交换思想、小组讨论、参加活动等,使思绪清晰、明快。

3.分量表 C(情绪状态):14～17 题

分数等于或高于 5 分,显示面对压力时,情绪状态较常态偏高。分数越高,表示面对压力时情绪状态越明显。通常显现在心情与感受等方面。

建议借由音乐、冥想来放松情绪,抒发排解压力,如谈心、完全接纳、鼓励、说话交流、哭泣、情绪发泄、放松训练等。

4.分量表 D(行为表现):18～21 题

分数等于或高于 4 分,显示面对压力时,行为表现较常态偏高。分数越高,表示面对压力时行为表现越明显。通常显现在人际交往与决策交往等方面。

建议借由觉察来了解并处理自己所承受的压力,如拼图、做模型、做木工、逛街买东西等。

【应对策略】

三、如何应对心理助人工作的压力,做好自我心理保健

面对心理助人工作带来的各种压力,辅导员有时会感到心力交瘁、疲惫不堪。为有效应对心理助人工作压力,辅导员应做好自我心理保健。下面将从学校组织层面和辅导员个体层面进行阐述,让辅导员能更好地应对压力,使心理助人工作更有意义、更具价值。

(一)组织层面

1.有力的领导支持

直接主管领导的有力支持是辅导员做好心理助人工作的重要保障。领导能勇于承担责任、充分支持下属对辅导员而言是重要的工作动力,尤其是在处理危机事件时,辅导员承担了很大的心理压力,如果有直接主管领导的支持,就会倍感温暖。在辅导员访谈工作中,也会发现个别院系领导不但不支持,反而还批评、指责辅导员,甚至在关键时刻推卸责任,这就会让辅导员感觉很委屈、很无助。可见,上级领导对辅导员心理助人工作角色的认同以及愿意和辅导员一起并肩作战,是对辅导员心理助人工作的最大支持!

2.有吸引力的激励政策

心理助人工作涉及生命安全,责任重、压力大,很多辅导员发现投入心理助人工作,

尤其是担任院系心理辅导员后，面对着学生的生命安全问题，职业发展充满风险。同样的时间和精力，如果投入其他职能发展，其成效显著，而对心理助人工作投入再多，也未必能看到显著效果，因为这是一份守住底线的工作，如果底线没守住，出了危机事件，那辅导员的整个职业发展就会蒙上一层阴影。因此，强有力的政策支持对辅导员投入心理助人工作是非常必要的。具体而言：

（1）提供物质奖励，如心理辅导员额外增加津贴报酬等。

（2）给予精神奖励，辅导员参与评比各项工作荣誉时，要优先考虑心理辅导员。

（3）提供职业发展机会，鼓励心理辅导员朝心理健康教育专家方向发展，在职称晋升或职务晋升时要优先考虑心理辅导员。

通过政策激励，让辅导员看到从事心理助人工作是有回报的，是可以朝心理健康教育专家方向发展的。因为有明确的投入产出及职业发展路径，也会进一步增强辅导员对心理助人工作的角色认同。

3. 专业的培训与督导

辅导员要做好心理助人工作，专业的培训与指导必不可少。具体而言：

（1）做好新任辅导员心理助人工作知识与技能的培训普及工作，是让辅导员认同心理助人工作的重要一步；

（2）制定辅导员"传、帮、带"制度，让资深辅导员一对一或一对多组成小团体，开展心理助人工作的"传、帮、带"；

（3）做好全体辅导员心理助人能力提升的分级培训与督导工作，专业培训和案例督导两者缺一不可；

（4）选拔适合成为心理健康教育专家的辅导员，要重点培养、制定职业发展方案，让更多的辅导员加入心理助人队伍，以弥补当前学生心理咨询需求大、心理咨询师无法满足的现状。

就案例导入1-4而言，当黄老师不能帮助学生解决他们的心理问题时，感到压力爆棚，甚至有辞职的想法。但经过同事的建议，他迅速改变了想法，主动向领导提出要外出培训学习。领导一开始没答应，后来学校发生危机事件，深刻感受到了心理助人工作的重要性，以后每年都拨出专门经费、留出时间让黄老师接受专业的培训与督导，并且在学校内部也形成了辅导员心理健康教育培训规章制度。几年过去了，黄老师渐渐成长为学校心理助人工作的骨干。所以，获取领导和政策层面的支持，持续加强专业培训，提升岗位胜任力是辅导员有效应对心理助人工作压力的重要渠道。

（二）个体层面

1. 减少压力源

心理助人工作任务重，压力大，很多工作无法推卸，减少压力源的有效办法就是要健全心理助人工作队伍体系，以缓解辅导员分身乏术的现象。具体操作如下：

（1）与领导有效沟通，获得领导的支持。通过提升自己的助人工作能力，结合院系

重点关注学生的情况,让领导明白该项工作的重要性与紧迫性,让领导不仅能从心理上,更能从资源上支持自己的工作;

(2)和学校心理中心的联系要密切,发现心理和行为出现异常的学生要及时沟通,发生危机事件要立刻通报,寻求专业人员的支持;

(3)抓好学生心理委员队伍,充分发挥心理委员的作用,定期或不定期收集学生心理与行为异常信息;

(4)抓好寝室长队伍,让寝室长定期或不定期汇报寝室学生的作息、饮食等日常生活异常信息;

(5)抓好班干部队伍,及时了解学生上课考勤及学业状况等信息。

结合以上几方面信息,及时进行信息研判,发现心理与行为异常的学生及时联系心理中心或直接送医评估,做好危机预防工作。

2. 调整认知观念

压力本身不一定会影响身心健康,对压力的想法或观念才会直接影响身心健康。一项研究表明,对压力持消极观念的人,身心健康一定受损。认为"压力就是动力,压力不会影响身心健康"的人,其身心健康状况良好。这就说明,改变对压力的认知观念至关重要。

不合理认知观念有三大特征:绝对化、以偏概全、糟糕至极。辅导员要学会辩驳不合理认知观念,建立积极、正向、合理的认知观念(见案例 1-5)。

辅导员承担心理助人工作,面对压力,应具备的合理认知观念有:

(1)从事这份助人工作意义重大,很有价值;

(2)承认自我的局限性,我不可能彻底地帮助所有人;

(3)在这份工作中,我已经尽力了;

(4)在自我成长的过程中,偶尔出一点错误是可以接受的;

(5)我不是十全十美的,我也不可能要求周围的人都十全十美;

(6)我很想帮助这个学生,但我知道我不是心理咨询师,我也不是学生的家长,我要把握好帮助的界限,适当学会放下;

(7)这份工作很辛苦,投入多、回收少,有些努力领导看不到,还有职业发展风险,这是我自己的选择,我无怨无悔;

(8)看到学生的变化与成长,我感到很欣慰、很快乐;

(9)助人工作的效果有时短期内看不到,我也不会着急,"只问耕耘,不问收获""但行好事,莫问前程"、相信"花开各有期"!

……

【案例 1-5】辅导员叶老师工作已有五年,对学生心理工作比较有经验,但最近一年遇到了这样一位学生,让叶老师感到烦恼与无力。该生一开始喜欢上一个女生,分手后跟踪该女生,妄想女生还暗恋自己,并出现了幻听,医院诊断该生为精神分裂症,建议休学半年。谁知复学后,该生的症状仍然存在,一次还想攻击叶老师,这让叶老师感觉很气愤、很没安全感。通知家长带他回家继续治疗,谁知家长不理会,无奈之中只能安排学生骨干做好该生的看护工作。该生还有半年就要毕业了,这半年之中,叶老师承受了很大的压力,尤其是担心他攻击伤害别人,久而久之失眠严重,直到这个学生毕业,叶老师才放下心来。

回顾整个案例,叶老师面临那么大的压力,是怎么挺过来的? 叶老师坦言,自己还算具有较强的自我调节能力,他心中有一个观念:自己尽力了就可以,要承认自己的能力有限,有时候"好心"也未必能办成"好事"。面对心理问题严重的学生,他还是会一如既往地去关心和帮助他们,不会因为该生的影响而放弃帮助其他需要帮助的学生,毕竟经过他的帮助,顺利毕业和就业的学生也有不少,还有学生若干年后还电话或短信联系他,感谢他当年的帮助,这就是叶老师一直从事这份工作的内在动力。

3.处理压力反应

首先,要觉察自我的身心反应,评估哪些是助人工作带来的身心反应,哪些是其他事情带来的身心反应,或许一些是交叉事件带来的身心反应;

其次,要区分哪些是助人工作压力带来的正常的反应,哪些是异常的反应;

再次,针对异常身心反应,要采取适合的应对方式去进行调节。

(1)常见的身体调节方式

规律性的运动,发展自我娱乐活动,想象性放松,正念冥想等,每周坚持训练 3～4 次,每次半小时以上,可以让自我放松。下面介绍两种常见的身体放松法:

①正念冥想法。正念可以有效地缓解焦虑情绪和不安全感受,使身体得到放松。正念强调有意识、有目的的关注,觉察当下的一切,将注意力集中于当下,而对当下的一切又不做任何的判断、分析和反应,只是单纯地觉察它、注意它。

②渐进式肌肉放松法。这是一种逐渐的、有序的、使肌肉先紧张后放松的训练方法。放松的顺序:手臂部→头部→躯干部→腿部。放松的 5 个步骤:集中注意→肌肉紧张→保持紧张→解除紧张→肌肉松弛。渐进式肌肉放松法主要作用于躯体,以生理放松带动心理放松。

(2)常见的心理调节方式

①坚定理想信念、建立职业认同。辅导员心理助人工作是一项神圣的工作,对青年学生的成长发挥着重要的作用。辅导员对心理助人工作的角色认同,将会让辅导员更有动力、更有热情的参与这项助人成长的有价值工作。

②调节不合理认知观念,建立正向、积极观念。辅导员应避免陷入认知偏差之中,能客观认知助人工作的压力与价值所在,无怨无悔地投入其中。

③掌握情绪管理的方法。辅导员要学会觉察情绪、表达情绪,学会接纳负面情绪、激发正面情绪,感受生活的美好。

(3)常见的行为调节方式

①学会关心自我,允许自我放松休息,可以阶段性休假或去度假。

②寻求心理咨询或辅导,尤其是参与危机干预事件后,可以寻求团体辅导或一对一

辅导,让自己更快地恢复正常生活。

③建立社会支持系统,压力过大时,一定要学会倾诉,要寻求家人的支持,寻求领导的支持。

【本节小结】

本节首先从态度层面提出了如何正确认知心理助人工作的压力,其次从理论层面分析了心理助人工作的压力源和压力反应(生理反应、认知反应、情绪反应和行为反应),最后从实务层面提出了如何使用"樊氏压力检测量表"来自我监测压力状态。结合案例提供了如何从组织层面(有力的领导支持、有吸引力的激励政策、专业的培训与督导)和个体层面(减少压力源、调整认知观念、处理压力反应)来缓解辅导员心理助人工作的压力,并做好自我心理保健。

参考文献:

[1] Spencer, L. M., Spencer, S. M. Competence at Work-Models for Superior Performance[M]. New York, NY: John Wiley & Sons, Inc., 1993.

[2] Tan, S. Y. The Role of the Psychologist in Paraprofessional Helping [J]. Professional Psychology: Research and Practice. 1997,28(4):368-372.

[3] 范亚乾.高校辅导员角色定位分析及对策研究[D].金华:浙江师范大学,2013.

[4] 黄倩.高校辅导员的角色冲突研究[D].成都:西南交通大学,2015.

[5] 莱德利,马克斯,汉姆伯格.认知行为疗法[M].李毅飞,孙凌,赵丽娜,等译.北京:中国轻工业出版社,2012.

[6] 马喜亭,刘立新.《精神卫生法》规制下的高校心理健康教育工作格局[J]. 思想理论教育,2017(12):107-110.

[7] 王守刚,王铭.基于职业能力发展的高校辅导员专业化发展路径研究[J]. 河北工程大学学报(社会科学版),2016,33(1):63-66.

[8] 谢钢,张曼曼.高校辅导员压力管理中的 EAP 实证研究[J].沈阳师范大学学报(社会科学版),2013,37(4):99-101.

[9] 心理空间.樊氏压力检测量表 [OE/OL]. (2014-02-17)http://www.psychspace.com/psych/action-blogdetail-uid-1-id-2485.html.

[10] 杨利梅.高校辅导员在心理健康教育工作中的角色定位分析[J]. 科教导刊(下旬),2017,36:69-70.

[11] 赵美森.高校辅导员心理和谐的建设研究[D].大连:大连理工大学,2008.

[12] 中共教育部党组.关于印发《普通高等学校辅导员培训规划(2013—2017 年)》的通知(教党〔2013〕9 号) [Z].2013.

[13] 中共中央国务院.关于进一步加强和改进大学生思想政治教育的意见(中发〔2004〕16 号)[Z].2004.

[14] 中华人民共和国教育部.关于加强高等学校辅导员班主任队伍建设的意见(教社

政〔2005〕2 号)[Z].2005.

[15] 中华人民共和国教育部.关于印发《高等学校辅导员职业能力标准(暂行)》的通知(教思政〔2014〕2 号)[Z].2014.

[16] 中华人民共和国教育部.普通高等学校辅导员队伍建设规定(教育部令第 43 号)[Z].2017.

[17] 中华人民共和国主席令第六号.中华人民共和国精神卫生法(2018 年修正)[Z].2018.

[18] 仲理峰,时勘.胜任特征研究的新进展[J].南开管理评论,2003,6(2):4-8.

第二章

辅导员心理助人工作中的宣传教育

第一节　辅导员开展心理健康宣传教育工作的概述

【案例导入 2-1】

辅导员王老师进入高校工作近一个月,各类工作纷至沓来,令他应接不暇,于是按照"四象限法则",他将有关向学校组织申报本年度心理健康宣传项目的工作安排到下一年度开展。而这一年来,王老师身边的学生们遇到了各类不同程度的心理困扰和情绪烦恼:小梦在大二时经常情绪波动很大,敏感易哭,这和以往乐观开朗的她截然不同,但是她也不知道自己怎么了;小真在考试周临近时总会陷入焦虑,觉得自己什么都做不好,他尝试在校内论坛上发帖询问看精神科类门诊会不会被当作"精神病",也很担心父母知道了替自己担心;小易在新冠肺炎疫情期间,居家学习了一段时间后突然与外界断绝联系,把自己反锁在房内,家长不得不替他办理休学。生活中各种压力扑面而来,由于不曾接受过相关的心理健康宣传教育,大学生们往往对随之而来的负面情绪和负能量感到无所适从,有人因为缺乏正确的认知,不愿寻求专业心理咨询师的帮助,哪怕是亲密的人也无法靠近。王老师开始陷入沉思,是不是应该开展形式多样的宣传教育活动让学生们了解更多的心理知识、走近心理健康呢?

【关键词】

心理健康宣传;心理健康教育;发展历程;心理健康宣传教育的功能

【要点解析】

一、高校心理健康宣传教育的内涵

世界卫生组织(WHO)对健康提出了全面而明确的定义:"健康不仅仅是没有疾病和虚弱,而且是身体上、心理上和社会适应能力的完好状态或完全安宁",这意味着健康不仅是生理上的良好状态,而且是心理、社会行为等各方面的相辅相成。

（一）大学生心理健康教育的概念

大学生心理健康教育对心理健康教育开展的场域和面向的群体做了限定，将目标对象集中于高校学生群体。大学生正处于人生的重要发展阶段，在学习、社交、就业等多方面对心理健康教育都有较高的需求。高校心理健康教育的内涵就在于使大学生掌握心理健康教育相关科普知识，及时了解自身心理发展状况，提高自身心理健康水平，树立正确的人生观、世界观和价值观，形成良好的思想道德素质。

（二）高校心理健康宣传教育的概念

高校心理健康宣传教育是指学校通过各种合法有效的渠道向大学生传播心理健康知识，增强心理健康意识的活动。这是高校心理健康教育的重要内容，也是思想政治教育的重要组成部分。高校心理健康宣传教育要以立德树人为根本任务，聚焦大学生健全人格塑造，精准分析大学生心理健康发展趋势，充分发挥科学理论先导作用，践行全面育人理念，帮助大学生认识自我、发展自我、完善自我。通过形式多样的宣讲或启发引导，让大学生在耳濡目染下，科学有效地增强心理健康意识，关注他人和自身心理健康发展，掌握保持心理健康的有效方法，收获维持心理健康的内在驱动力。

二、高校心理健康宣传教育的发展历程

我国高校心理健康教育在借鉴西方高校先进经验的基础上，结合国内高校思想政治教育的特点，形成了一系列独特的心理健康宣传教育模式。其发展历程主要分为四个阶段：萌芽阶段、起步阶段、普及发展阶段和专业化发展阶段。具体如下：

（一）萌芽阶段（20世纪初—1977年）

中国现代心理卫生工作始于20世纪30年代，从20世纪30年代初至1937年抗日战争全面爆发，我国心理卫生工作发展迅速，针对照搬国外理论、脱离中国社会实际的问题，出现了学术中国化思潮，心理学家丁瓒提出了"心理卫生中国化"。在心理卫生知识的宣传方面，丁瓒主张采用国内的个案材料扩大心理卫生宣传。通俗又科学地宣传心理健康知识，是在中国社会背景下探索实施心理健康教育途径的可贵尝试。我国青年心理研究本土化起源于20世纪二三十年代，心理学家沈履编写的《青年期心理学》，探究了青年期的特征和成长规律，是中国第一本从生理、心理、人格、道德等角度阐述青年期成长特性的专著。

1937年，丁祖荫、丁瓒翻译了美国布鲁克斯编写的《青年心理学》，成为国内首部引入的国外优秀研究成果，随后不断引入的国外学术专著构成了早期大学生心理健康宣传教育的基本内容。新中国成立后，潘菽、朱智贤等我国老一辈心理学家贯彻马克思主义思想理论体系，深入钻研青年心理发展问题，并在大学课堂不断宣传大学生心理健康教育，奠定了我国早期心理健康宣传教育的发展基础。

(二)起步阶段(1978—2000年)

改革开放后,随着政治经济面貌的焕然一新,我国大学生心理健康宣传教育也出现了大发展,高校心理系成为建设心理健康宣传教育的主要阵地。1978年,北京大学率先恢复建设心理学,设立新中国成立以来首个心理学系。此后,北京师范大学、杭州大学(1998年并入浙江大学)等高校纷纷建立心理学系。由此,一系列心理学著作的出版为高校心理健康宣传教育提供了理论支撑。

随着理论研究的深入,宣传教育也不断开拓新的领域,一些心理学期刊在宣传心理健康教育上发挥了至关重要的作用,如《心理发展与教育》(1985年创办)、《社会心理科学》(1985年创办)、《中国心理卫生杂志》(1987年创办)等都为心理健康理论宣传教育提供了学术交流阵地。此外,各地相应学术机构地建立和相关活动地开展也成了心理健康宣传教育的重要组成部分。陕西、北京、湖北、浙江、上海等省市先后成立了省级高校心理健康教育研究会(专业委员会)。研究会开展的培训、宣传、研讨活动极大地促进了大学生心理健康教育的普及。

(三)普及发展阶段(2001—2010年)

进入21世纪,大学生心理健康教育的地位继续提升。党和国家积极支持、推动高校开展心理健康教育工作,高校大学生心理健康教育工作开始进入普及发展阶段。2001年,《教育部关于加强普通高等学校大学生心理健康教育工作的意见》指出,高等学校大学生心理健康教育工作的主要内容是:宣传普及心理健康知识,使大学生认识自身,了解心理健康对成才的重要意义,树立心理健康意识;介绍增进心理健康的途径,使大学生掌握科学、有效的学习方法。2002年,教育部办公厅印发了《普通高等学校大学生心理健康教育工作实施纲要(试行)》提出,大学生心理健康教育工作是一项系统工程,要以课堂教学、课外教育指导为主要渠道和基本环节,同时要充分利用高等学校广播、电视、计算机网络、校刊、校报、橱窗、墙报等宣传媒体,多渠道、多形式地正面宣传、普及心理健康知识。2003年,《教育部办公厅关于进一步加强高校学生管理工作和心理健康教育工作的通知》指出,可通过举办心理健康知识讲座、团体训练、学习辅导、个别咨询等方式,为学生提供心理健康指导与服务,同时组织编写大学生心理健康读本,加强大学生心理健康科普教育。2004年,《中共中央国务院关于进一步加强和改进大学生思想政治教育的意见》指出,将心理健康教育视为思想政治教育的重要组成部分。2005年,《教育部 卫生部 共青团中央关于进一步加强和改进大学生心理健康教育的意见》指出,加强和改进大学生心理健康教育、做好心理咨询工作的主要任务是:宣传普及心理健康知识、介绍增进心理健康的方法和途径、解析心理现象,以及传授心理调适的方法;同时,教育部成立了全国大学生心理健康教育专家指导委员会,通过每年举办全国大学生心理健康教育工作会议的方式,大大推动了心理健康教育的发展和心理健康宣传教育的普及发展。

(四)专业化发展阶段(2011年至今)

2011年,《教育部办公厅关于印发〈普通高等学校学生心理健康教育工作基本建设标准(试行)〉的通知》提出,要重视心理健康知识的普及,充分发挥心理健康教育工作网络的作用。2016年,国家卫生计生委、中宣部、中央综治办、民政部等22个部门共同印发了《关于加强心理健康服务的指导意见》提出,心理健康服务是运用心理学及医学的理论和方法,预防或减少各类心理行为问题,促进心理健康,提高生活质量,主要包括心理健康宣传教育、心理咨询、心理疾病治疗、心理危机干预等。2017年,中共中央、国务院印发了《关于加强和改进新形势下高校思想政治工作的若干意见》提出,要加强人文关怀和心理疏导,促进大学生身心和人格健康发展;同年,教育部关于印发《普通高等学校健康教育指导纲要》的通知提出,要营造良好环境,各地各高校要充分利用报刊、广播、电视、网络等手段和途径,加强高校健康教育工作宣传力度,总结交流典型经验和有效做法,传播科学的健康观,营造全社会关心、重视和支持高校健康教育的良好氛围。2018年,中共教育部党组关于印发《高等学校学生心理健康教育指导纲要》的通知提出,加强宣传普及,通过举办心理健康教育月、"5·25"大学生心理健康节等形式多样的主题教育活动,组织开展各种有益于大学生身心健康的文体娱乐活动和心理素质拓展活动,不断增强心理健康教育吸引力和感染力。创新宣传方式,主动占领网络心理健康教育新阵地,建设好融思想性、知识性、趣味性、服务性于一体的心理健康教育网站、网页和新媒体平台,广泛运用门户网站、微信、微博、手机客户端等媒介,宣传心理健康知识,倡导健康生活方式,提高心理保健能力。

三、高校心理健康宣传教育工作的功能

学生健康成长是高校一切工作的出发点和落脚点,而心理健康是高校学生健康成长不可或缺的条件和基础。作为心理健康教育的重要一环,心理健康宣传教育对于大学生的全面发展、高校人才培养工作的开展具有重要的促进作用。

(一)有利于宣传心理健康知识,帮助大学生树立心理健康意识

随着社会经济的发展和生活水平的提高,人们的健康意识,早已从单一的生物模式向生理与心理综合的社会医学模式发展。因此,目前高校健康教育的重中之重是心理健康教育。常态化的宣传教育是高校心理健康教育的常见手段,通过各种形式的宣传教育,让大学生意识到,健康不仅仅是没有生理上的病痛,更是心理上正确的自我认知与认同。

高校宣传普及心理健康教育知识,可以通过传递科学的心理健康知识,更科学有力地鼓励学生在学习中保持良好的心态,教会学生在恋爱中正确处理亲密关系,帮助学生在生活中确立适合自身的发展目标,处理好与同学、老师的社交关系,最终让学生树立正确的心理健康观念,提升学生适应环境和融入社会的能力,在不断地走向心智成熟的过程中实现自己的人生价值。

(二)有利于培养学生良好的心理素质,提高学生心理调节能力

大学生正处于人生的重要阶段,虽然在学校人际关系相对简单、生活压力相对较小,但同期面临学习、恋爱、人际交往、生涯发展等各种重要的人生选择,受到来自个人、同学、家长、老师、学校、社会等由点到面的各式压力,是一个机遇与挑战并存,充斥着脆弱、敏感、迷茫的时期。与此同时,学生的抗压能力相对较弱,很容易产生紧张、恐惧、焦虑、抑郁等情绪。高校通过心理健康宣传教育,促使学生对自身心理状况有深入的了解、正确的认知,更有助于学生积极地自我调节,主动地排遣心理压力与困扰,全面提高抗压能力,充分发掘自身潜力,更好地投入学习和生活。

(三)有利于传播健康理念,全面提高学生综合素质

心理健康宣传教育的良性开展不仅有利于学生良好的心理素质的形成,而且有利于学生综合素质的提升。人的身心是一个相互影响的有机统一体,心理的变化会导致身体的变化。当人处于积极的心理状态时,身体状况表现为健康强健;而当人的心理状态较为萎靡和压抑时,身体便也相应虚弱或产生一些病状。中医经典《黄帝内经》中有"怒伤肝、喜伤心、思伤脾、忧伤肺、恐伤肾",可以说,健康的身体素质离不开积极的心理素质,心理健康对身体健康有紧密的促进作用。这种影响也表现在学习过程中,当一个人的心理状态失去平衡时,学习积极性必然受挫,学习效率低下,个人的专注力、记忆力、判断力等要素也相应下降,学习成绩自然受到影响。此外,一个心理发展不健康的人,无法形成健全的同理心、责任心、感恩心和意志力,在性格品质方面容易有所缺失,三观与方法论容易出现偏差。心理健康在人的发展中处于基础地位,影响着其他素质的发展,良好的心理健康宣传教育在提升学生心理健康素质的同时,也在全面提升学生的综合素质。

(四)有利于开展高校思想政治教育工作,形成积极的校园氛围

心理健康宣传教育是高校开展思想政治教育的有效方式和工作载体,对思想政治教育工作的开展具有良好的支撑作用。通过良好的宣传和舆论的正面引导,可以让学生有意识地加强对自我心理健康状态的关注,让更多的人认识到心理健康的重要性,思想政治教育工作开展便能够更有针对性。学生和老师基于充分的心理健康宣传教育,对思想政治教育工作中出现的一些具体问题能够及时做出自我判断、自我调整和精确指导,思想政治教育工作开展由此变得更加精准高效。

除此之外,一个学生拥有正确的自我认知,坚强的意志,乐观的性格,科学的世界观、人生观、价值观,其思想道德素质才能不断提高。高校经常通过常态化的、形式多样的心理健康宣传教育,让学生有意识地深入感知自己的想法,了解自己的心理健康状态,同时对身边同学的心理和行为给予更多科学合理的关注和理解,有利于学生之间相互促进,形成青春阳光、不断拼搏的校园文化氛围。

【应对策略】

四、如何促进高校心理健康宣传教育工作与思想政治教育工作的有效结合

(一)明确思想政治教育与心理健康宣传教育的意义是统一的

人才培养是高校工作的重中之重,高等教育对全面发展高素质人才的培养离不开高校心理健康宣传教育。2012年,《教育部关于全面提高高等教育质量的若干意见》(教高〔2012〕4号)指出,高等教育要"牢固确立人才培养的中心地位""全面实施素质教育,把促进人的全面发展和适应社会需要作为衡量人才培养水平的根本标准",随后,《教育部关于印发〈高等教育专题规划〉的通知》(教高〔2012〕5号)再次强调,学生健康成长在教育工作中的突出地位,提出"坚持把促进学生健康成长作为高等学校一切工作的出发点和落脚点,把促进人的全面发展和适应社会需要作为衡量人才培养水平的根本标准"。2018年,《教育部关于加快建设高水平本科教育全面提高人才培养能力的意见》(教高〔2018〕2号)强调,建设高水平本科教育要紧抓"坚持学生中心,全面发展"。2019年,中共中央、国务院印发《中国教育现代化2035》,提出了推进教育现代化的八大基本理念,其中一条便是强调学生的全面发展。青年是国家的未来、民族的希望,高等教育培养全面发展高素质人才离不开高校心理健康宣传教育。心理健康宣传教育是提高大学生心理素质、促进其身心健康和谐发展的教育,是高校人才培养体系的重要组成部分。

心理健康宣传教育的发展对高校思想政治教育的质量提升起到关键作用。2017年,《中共教育部党组关于印发〈高校思想政治工作质量提升工程实施纲要〉的通知》(教党〔2017〕62号)指出,高校思想政治工作质量提升的关键是要健全心理育人质量提升体系,"坚持育心与育德相结合,加强人文关怀和心理疏导,深入构建教育教学、实践活动、咨询服务、预防干预、平台保障'五位一体'的心理健康教育工作格局""大力促进心理育人,加强知识教育,把心理健康教育课程纳入学校整体教学计划,组织编写大学生心理健康教育示范教材,开发建设《大学生心理健康》等在线课程,实现心理健康知识教育全覆盖"。2020年,《教育部等八部门关于加快构建高校思想政治工作体系的意见》指出,高校思想政治工作要不断促进学生心理健康,"把心理健康教育课程纳入整体教学计划"。可以看到,高校思想政治教育与心理健康宣传教育两者紧密联系,相辅相成。高校思想政治教育和心理健康宣传教育,都是为了立德树人,促进大学生的全面发展和健康成长,都是为了培养符合社会主义建设要旨的高素质的综合人才。因此,思想政治教育和心理健康宣传教育的意义是统一的。

(二)了解思想政治教育与心理健康宣传教育的角色主体是统一的

思想政治教育与心理健康宣传教育是高校辅导员的两项工作职责。2017年修订的《普通高等学校辅导员队伍建设规定》指出,"辅导员是开展大学生思想政治教育的骨干

力量,是高等学校学生日常思想政治教育和管理工作的组织者、实施者、指导者。辅导员应当努力成为学生成长成才的人生导师和健康生活的知心朋友"。在高校思想政治教育工作中,辅导员需要通过开展思想政治教育和价值引导的工作,不断提高学生思想水平、政治觉悟、道德品质、文化素养,帮助学生不断坚定中国特色社会主义道路自信、理论自信、制度自信、文化自信,牢固树立正确的世界观、人生观、价值观。

同时,辅导员需协助学校心理健康教育机构开展心理健康教育,组织开展心理健康知识普及宣传活动,培育学生理性平和、乐观向上的健康心态。大学生在校期间与辅导员的接触时间较多。在与学生频繁接触的过程中,辅导员可以第一时间了解学生的心理状态和动向,对心理状况出现问题的学生及时采取措施,通过谈心谈话、团体辅导等方式帮助他们解决相应的心理问题。而对于心理健康问题较为严重的学生,辅导员可以作为媒介,建议学生积极寻求专业的心理健康咨询师的帮助,给予学生充分的支持与指导。因此,辅导员不仅是高校思想政治教育的战斗主力军,也是高校开展心理健康宣传教育不可或缺的力量。

(三)知晓思想政治教育与心理健康宣传教育的内容是统一的

高校思想政治教育与心理健康宣传教育在内容上相互补充、互为前提和保证。2014年,教育部关于印发《高等学校辅导员职业能力标准(暂行)》对高校辅导员需要掌握的知识做了规定,文件指出高校辅导员需要具备宽广的知识储备,了解马克思主义理论、哲学、政治学、教育学、心理学等学科的基本原理和基础知识,同时需要掌握思想政治教育、心理学和心理健康教育相关知识与技能。心理健康宣传教育以引导学生形成良好的世界观、人生观、价值观和思想道德素质为前提,而学生积极健康的心理状态是学校一切教育教学事项开展的前提条件。因此,帮助学生解决心理问题,改正心理偏差,走出心理困境,形成健康的心理,是提高思想政治教育实效性和针对性的有效措施,同时可以达到让思想政治教育的内容更加贴近学生的思想、学习和生活,培养学生健全人格的目的。

【本节小结】

高校心理健康宣传教育工作是学校通过各种合法有效的渠道向大学生普及心理健康知识,提高心理健康意识的宣传教育活动。这是高校心理健康教育的重要内容,也是思想政治教育的重要组成部分。高校心理健康宣传教育的发展与思想政治教育工作息息相关,两者的工作意义、主体角色和教育内容都相统一,在帮助学生树立心理健康意识、培养学生良好的心理素质、提升学生的抗压能力、全面提高学生的综合素质、形成积极活跃的校园氛围等方面具有重要作用。

第二节　辅导员如何有效开展心理健康宣传教育工作

【案例导入 2-2】

宗华刚入职成为一名辅导员。根据寝室长反馈,同学小任很长时间没去上课了,也看不到他出门或出去吃饭。宗华有点担心小任,几次约他见面都没有约上,最后在宿舍见到了他,可是面对一言不发的小任,宗华不知该如何让他打开心扉。考试周将近,很多学生压力倍增,每天都坐在教室里自习,时间很长效率却不高,宗华看在眼里,打算举办一次压力疏导的讲座,但是没有多少学生报名参加。经过一段时间的尝试,宗华发现线下举办的讲座参加的人数实在太少,效果不佳,有同事建议可以开展线上讲座,但是如何确定主题、录制视频、运营平台对她来说充满了挑战,她再次陷入困境。高校辅导员的专业背景相对多元,面对诱因复杂、表现形式多样的大学生心理问题,存在着一个循序渐进的过程,如何快速掌握心理健康宣传教育工作开展的常规方法变得十分重要。

【关键词】

把握规律;关键节点;主题内容;活动形式;方案设计

【要点解析】

一、高校心理健康宣传教育工作的开展原则

(一)遵循学生成长和心理工作规律

新时代下,高校教育系统经历着各种各样的"连环考",教育改革发展面临新形势新任务,高校心理健康宣传教育工作要提高对规律的深刻认识,善于用规律来解决问题。

首先,高校学生工作有规律。学生工作规律是教育发展规律、人才培养规律、社会发展规律的时代写照。目前"00后"正成为高校学生的主体,他们一般具备良好的心理素质,但普遍容易受外界的影响;有较强的学习能力,但自控能力一般,不易明确个人目标;有自我提升的意识,但过于依赖网络,缺乏法律意识。因此,高校学生工作要坚持正确的价值导向,遵循学生认知规律,充分考虑学生随着年龄增长由浅入深、从感性到理性的认知发展特点,努力贴近学生生活、学习、思想实际。辅导员要确定大学不同阶段的学生工作教育目标以及教育内容、载体形式,区分层次,突出重点。

其次,高校思想政治教育工作有规律。独特的文化传统、独特的历史命运、独特的中国国情,决定了我国高校思想政治教育工作的独特规律。高校思想政治教育工作既要坚持社会主义高校办学的基本原则,又要懂得借鉴世界教育发展的有益成果;既要根植于中华民族崇文重教的优良传统,又要体现新时代建设教育强国、服务民族复兴的历

史使命;既要抓牢传统教育阵地,将课程思政融入教育教学全环节,又要攻克网络教育新阵地,在大学生熟悉的领域开展"润物无声"的思想政治教育。高校思想政治教育工作与心理健康宣传教育工作既有联系又有区别,主要体现在根本任务、工作目标和工作内容的统一性,以及理论基础、具体任务、工作动机和方法、对工作人员的要求和与工作对象的关系之间的差异性。

最后,高校心理健康宣传教育工作有规律。将学生工作规律、思想政治教育工作规律转化为对心理健康宣传教育规律的深刻把握,使得心理健康宣传教育工作有法可依、有章可循。心理健康教育不能单纯混同于德育,重诊治、轻预防,重障碍咨询、轻发展咨询,新时代高校心理健康宣传教育工作要深度整合学生工作、思想政治教育资源,促进课内课外、校内校外、线上线下有机融合,加强高校心理健康教育与德智体美劳五育结合,将心理健康宣传教育工作贯穿高校教育、管理、服务全过程。

(二)把握季节更迭和学年更替的发展

心理健康教育宣传活动可以根据季节更迭来设置心理活动的主题,每年的三月至四月,因为季节交替,大学生心理容易产生波动,日常的学业和科研压力在这一时间段更容易凸显。所以,这个时期的心理健康宣传教育活动一般侧重大学生情绪管理指导、人际交往指导等主题,引导学生做好情绪管理,缓解学业和科研压力,积极构建和谐的人际关系。

五月至六月时,适逢毕业季,学生忙于社团组织的换届、毕业前的答辩、就业前的准备,心情正是五味杂陈的时候。这个时期的心理健康宣传教育活动可以围绕压力管理与生涯指导等主题,帮助学生释放压力,调适心理,积极规划生涯发展。

九月至十月时,一方面一批刚刚结束高考的"萌新"离开家庭进入大学;另一方面在校老生正经历着一年一度的评奖评优。因而,这个时期的心理健康宣传教育活动应当相应地聚焦于新生适应与自我成长、引导老生形成良好的价值观,传递正能量,建立新的目标和努力方向,正视自己的短板,提升学生的抗挫力和综合心理素质等。

十一至十二月时,学生或多或少面临着考试压力,本科毕业生进入考研冲刺阶段,其他年级学生为即将到来的考试周埋头准备,朋辈的压力在无形之中积累。这个阶段的心理健康宣传教育活动可以着眼于学业指导、生涯指导与生命教育等主题,引导学生学习调适学业压力,感受生命魅力。通过开展系列活动,坚持育德与育心相统一,培养学生的健全人格。

(三)关注重大节日与纪念日效应

心理学中有"纪念日现象",也叫作纪念日反应,往往是指人们在一些重大事件的周年纪念日前后出现一些独特的情感。在不同主题的时间节点有所侧重地开展大学生心理健康教育活动,有利于加强人文关怀和心理疏导,培育学生自尊自信、理性平和、积极向上的健康心态,促进大学生心理健康素质与思想道德素质、科学文化素质协调发展。

1.传统节日类

妇女节是纪念各国妇女争取平等发展权利的节日。近些年来,"女生节""女神节"等占据了大众视野。这个重要的国际节日,也是开展大学生心理健康教育活动的重要节点。例如,引导大学生正视女性为争取和平与发展所付出的一切,鼓励女大学生全面提升自我、主动自我发声,在各领域自信、大方地展现风采,同时也为女性创造更好的学习、交流、工作与生活的环境氛围。

清明节是我国重要的传统节日,同时也是祭扫宗亲和播种农忙的重要节点。死生交替中可窥生命的轻弱与敬重,温故"固知一死生为虚诞,齐彭殇为妄作"的生死观。"死亡教育"的缺失,可能是导致大学生放浪形骸,虚晃度日或采取过激行为,走上偏激道路的一个重要因素。因此,清明节正是一个开展生命教育的恰当时间节点,有助于大学生形成对生命的敬畏,理解如何珍惜自己和他人的时间与生命。

七夕节现已成为中国的情人节。《鹊桥仙》中"柔情似水,佳期如梦,忍顾鹊桥归路!两情若是久长时,又岂在朝朝暮暮",非常符合大学生在体验美好爱情的同时要保持自我独立健康人格的现实意义。以七夕节为契机,开展心理健康教育活动,联系传统文化内涵,挖掘传统与现实的传承与发展,引导大学生正视校园恋爱,有利于培养大学生健康、忠诚、积极的爱情观。

中秋节是大多数大一新生第一次真正意义上离开家乡独立生活的情感发生转变的重要时间节点。"每逢佳节倍思亲",新生刚刚步入大学,对校园的归属感、认同感尚未稳固,以此为契机,开展家庭教育和适应性教育,对大学生适应高校校园、社区和课堂等场域中全新的群体生活有着重大意义。

2.重要纪念日类

3月21日世界睡眠日。3月是春季的开端,季节的周期性变换和睡眠的昼夜交替规律都与人们的日常生活息息相关。这个日子旨在唤起人们对睡眠重要性和睡眠质量的关注。可以通过相关宣传教育活动鼓励大学生畅谈失眠的苦恼,交流、分享提高睡眠质量的方式,坦然面对睡眠问题以及相关心理问题。

4月7日世界卫生日。"当今世界精神疾患和精神卫生""善待生命——预防意外伤亡和暴力"等均被世界卫生组织列入世界卫生日的宣传主题。在这一天开展心理健康宣传教育活动,有利于大学生正确认识精神卫生,拥抱精神健康。

5月8日世界微笑。此节日旨在引导公众放缓脚步,静观周围美好的事物,让微笑在脸上绽放,并以此促进人类身心健康,增进社会和谐。在这一天开展相关心理健康宣传教育活动,有助于在校园中营造和谐、友善的良好氛围。

5月15日国际家庭日。近年来"原生家庭"的问题愈发受到关注,政府和公众对于家庭问题的认识也在逐步提高。以此为契机开展家校联动活动,鼓励家长与学生互相敞开心扉,有助于帮助大学生建立完备的社会支持。

5月25日中国大学生心理健康日。首届大学生心理健康日于2000年开幕,自2004年起每年5月,高校都会组织开展一系列心理健康宣传教育活动。"5·25"与"我爱我"谐音,表明了心理健康日珍爱自我的永恒主题,倡导大学生珍爱自己的生命,把握自己的机会,为自己开创更好的成才之路,同时由珍爱自己发展到关爱他人。

8月8日中国全民健身日。自2009年起,每年的8月8日为全民健身日,倡导健康、文明、快乐的生活方式。真正的健康不仅是指没有身体的缺陷与疾病,也包括拥有完整的心理状态和社会适应能力。鼓励大学生积极开展体育健身运动,也是帮助大学生形成强健心灵的有效渠道。

9月10日世界预防自杀日和中国教师节。自2003年确立以来,9月10日被世界卫生组织定为"世界预防自杀日",主题涵盖"援救生命,重建希望""预防自杀是每一个人的事情"等,旨在增强公众对预防自杀以及降低自杀率的意识。面对愈发激烈的社会竞争和快节奏的生活状态,每个人都有可能因承受不了现状而出现自杀行为。以此为契机可以引导大学生与压力和解,悦纳自己,珍爱生命。同时,这一天也是中国教师节,是为在全社会形成尊师重道的良好氛围而设立的节日。大学里尤其是研究生教育中,导师对学生的言传身教、学术指导、成长引领贯穿研究生生涯发展的全过程,导学关系也逐渐成为研究生阶段核心的社会关系。教师节正是一个促进教学相长、师生相宜、师生关系和谐发展的良好契机。

10月10日世界精神卫生日。世界精神病学协会在1992年发起的"世界精神卫生日",旨在激发每个人都能够认识到自身潜力,能够适应正常的生活压力,能够有成效地工作。以此为契机,开展心理健康宣传教育科普活动,一方面可以提高公众对精神卫生的认识;另一方面也可以引导公众深入了解精神卫生,不至于谈"精神疾病"而色变。

11月16日国际宽容日。在联合国教科文组织的倡议下,联合国大会于1993年决定将1995年定为"国际宽容年",同年还形成了每年11月16日为"国际宽容日"的提案。宽容是一种积极而正确的态度,是基于了解且尊重他人自由和权利而获得的,倡导用关心取代冷漠与轻视,用了解取代盲目、无知和歧视。通过在多元化社会里普及宽容方面的教育,使人们和谐、和平地生活在一起。

12月3日国际残疾人日。1992年第47届联合国大会通过决议,宣布其后每年12月3日为"国际残疾人日"。高校中的残疾人往往是少数群体,他们身有残疾,但身残志坚,凭借顽强的意志和不屈的努力,实现自我人生价值。以国际残疾人日为契机,高校旨在促进大学生对残疾问题的理解和动员大学生支持维护残疾人的尊严、权利和幸福,开展大学生自强教育,同时大力弘扬志愿服务精神,有助于形成互助、友爱、和谐的校园文化氛围。

二、高校心理健康宣传教育的主题内容

心理育人是新形势下提升高校思想政治教育质量的重要内容,心理健康宣传教育活动作为心理育人的主要呈现方式,其形式与内容不断推陈出新,逐步形成多形态、全方位、立体化的心理健康宣传教育格局。如今,高校学生是伴随互联网一同成长的"网生代",具备强烈的个体意识,也面临激烈的竞争,宣传教育活动的主题须立足这一客观现实,围绕学习工作、择业就业、人际交往、亲密关系、情绪管理、压力调适等方面精心设

计，聚焦心理问题的普遍意义和现实价值，让心理健康宣传教育活动真正做到有厚度、有深度、有温度。高校心理健康宣传教育的主题有如下八类。

（一）新生适应类

新生心理适应指导、新生的角色认知与转换、如何构建自我的社会支持系统、新生专业/研究方向选择与适应等。

（二）关系管理类

自我认知与自我和谐、我爱我家——亲子关系处理、亲子沟通：从心开始、学生亲密关系经营、恋爱关系与内在模式、如何面对关系的破裂：断交或分手、导学关系与和谐相处等。

（三）生涯规划指导类

职业生涯规划与管理、生涯规划与学业规划的关系、人格心理学与生涯规划、认识自己的途径与方法、职业性格测评、就业心理指导、面试技巧与心理素质养成等。

（四）压力管理类

主要压力与应对、压力调适的理论与方法、积极心理学与压力管理、认知行为疗法与压力管理、放松训练、催眠与压力管理、冥想与压力管理等。

（五）情绪管理指导类

情商培养与成长、生活心情微故事、如何表达自我情绪、传递快乐情绪、做幸福快乐的人、负性情绪的意义与应对、如何培养积极情绪、焦虑情绪调适、抑郁情绪调适等。

（六）人际交往指导类

人际交往特点与关系经营、人际交往常见问题与指导、人际沟通能力训练、人际交往中的愤怒与冲突处理、性格类型与沟通障碍、沟通无效的原因及处理技巧等。

（七）学业指导类

学业规划与学习技巧指导、常见学业问题与心理调适、如何应对学业压力、如何进行时间管理、意志力与自我管理、团队协作能力训练、习惯养成与学习能力培养、职业生涯规划等。

（八）个体成长与生命教育类

成长困惑与解决之道、自我认知与心理测评、性格剖析与自我成长、抗逆力训练、人生理想与生涯规划、时间管理能力训练、情绪管理能力训练、价值取向与自我修炼、人生价值与自我实现、情感体验与爱的教育、健康管理与良好生活方式地养成、如何悦纳自我、如何积极面对人生、如何提升幸福感等。

三、高校心理健康宣传教育的活动形式

高校心理健康宣传教育的活动形式可分为三类：知识传播类、互动引领类、实践体验类。

(一)知识传播类

知识传播类心理健康宣传教育活动，面向全体大学生科学传播和全面普及心理健康知识，有效发挥心理健康教育教师、心理咨询师、具备专业资质水平的辅导员等专业力量的主导性作用，具体形式包含专业课程、专题讲座、论坛、展览、分发宣传折页、微信推文、知识教育网站等。

1.心理健康教育专业课程

心理健康教育的第一课堂是做好宣传教育的主阵地，高校积极健全心理健康教育课程体系，结合实际把心理健康教育课程纳入学校整体教学计划，规范课程设置，在创新心理健康教育教学手段、有效改进教学方法等方面激发大学生学习兴趣，提高课堂教学效果，不断推动心理健康教育和宣传的高质量发展。

2.心理健康专题讲座与论坛

心理健康工作从医院走入高校课堂，逐渐从针对少数个体转变为面向全员教育、以传播心理健康知识为目的的讲座或论坛，成为开展宣传教育的重要抓手。心理健康专题讲座是指由教师讲授心理健康知识，提升大学生心理健康意识的一种教学活动。论坛是以对话研讨形式呈现的公开课，两者共同的特点是全员、全域、全识，即规模要做到覆盖全体教育对象，主题需包含各类专题，目标在于扩大心理健康教育的覆盖面和受益面，旨在高校内建立"大学生身心健全是成长成才的前提基础"的普遍共识。

各高校已将心理健康专题讲座纳入新生始业教育环节，让心理育人融入新生适应性教育的全过程，与此同时，专题讲座也是在抓好高校的一支关键队伍——心理委员的教育培训中最基础和必要的环节，有助于心理委员搭建心理健康知识体系和理论框架，指导后续的实务培训和技能实践。除此以外，有必要开设面向新生家长的专题讲座，通过讲解心理健康知识及亲子沟通技巧，引导家长树立正确的教育观念，强化家校育人合力。

3.心理健康主题展览与分发宣传折页

心理健康主题展览是一种利用展板，将心理健康知识进行视觉化表达与传播的活动形式，通过直观化、形象化、符号化手段帮助受众理解知识，实现知识增量，其视觉化的特点也有利于激发受众思维的活跃性与创造性，提升知识普及和传播的效果。

展览中往往配合分发图文并茂的心理健康知识宣传折页，易于携带且方便查阅，有利于扩大心理健康知识在受众间传播的深度与广度。折页可以视为可移动的展览，两者内容往往配套相关，目标均服务于高校心理健康知识、宣传教育体系和心理咨询渠道

的传播,引导大学生增强心理健康意识,获取心理健康服务有关信息。

4.心理健康知识网站与推文专栏

高校学生是与互联网一同成长的青年一代,互联网和社交媒体已经融入他们的日常生活和行为实践中,网站和微信、微博、移动客户端("两微一端")已逐步成为开展心理健康教育的主阵地。根据《普通高等学校学生心理健康教育工作基本建设标准(试行)》要求,目前高校内已基本实现心理健康教育网络平台建设,开办了专题网站或网页,充分开发利用数字化宣传教育资源。进入智媒时代,大学生使用最多的上网终端变为智能手机,"两微一端"成为进行心理健康宣传教育的主要媒介平台。高校官方微博会不定期转发心理健康知识,如在新冠肺炎疫情期间科普疫情心理防护知识。部分高校依托已有的网站资源,整合校内宣传教育活动资源和服务渠道,探索开发集服务与宣传教育于一体的 APP 客户端。毋庸置疑,最常见的还是高校创建自身的心理健康公众号或在已有官方微信公众号上开设专栏,定期推送心理健康知识,依托微信公众平台积极开展心理健康宣传教育活动。

(二)互动引领类

互动引领类宣传教育活动是指通过某种特定的交流互动机制引导大学生形成正确、积极的自我认知,提升自我效能感,改善人际交往的活动形式,包含团体心理辅导、心理沙龙、心理知识竞赛与辩论赛、心理电影赏析与读书分享、心灵解忧书信等。

1.团体心理辅导

团体心理辅导是指在团体带领者的组织下,团队成员围绕某一共同关心的问题开展具体活动,通过人际互动,相互启发、引导形成团体共识与目标,进而改变成员的观念、态度和行为的活动形式。团体心理辅导深度融合团体力量和心理辅导技巧,有效发挥团体内人际互动作用,促使团队成员在交往中观察、学习、体验,有助于大学生形成积极的自我概念,学会认识并悦纳自我;调整人际关系,改善情感体验,建立健全人格;发展适应行为,促进身心健康成长(第七章有较为详细的介绍)。

2.心理沙龙

心理沙龙是一种围绕特定议题开展的集体交流形式,如圆桌讨论会就属于其范畴。心理沙龙旨在构建对话平台,引导参与者全身心投入,开展平等对话,实现个体的自我反思和情感分享。该形式的特点是:规模小,参与者能够快速融入进行充分交流;组织方便,对场地设备的要求不高;议题明确,时长可控,可操作性和推广性强。活动方案是:设置一名主持人,可以是专业心理工作人员,也可以是大学生朋辈,主持引导参与者相互熟悉、建立契约,基于此围绕特定议题自由发表见解,促进情感宣泄和自我表露。该模式之所以能在高校中得到成功实施和推广,原因在于营造了尊重、平等、和谐、温馨的交流氛围,形成了"投入—反馈"的互动机制,在互诉心声的过程中,体验经历、思考与成长,让参与的大学生有安全感、归属感的同时,拥有更多的获得感。

3.心理知识竞赛与辩论赛

心理知识竞赛通过组织大学生在知识问答中开展合作与竞争,宣传普及心理健康知识,一般分为书面作答和现场对抗竞赛两类。参与者在准备时期收集资料、深入学习,观摩者在解答进行时吸收、消化知识点,两者都能通过知识竞赛构建自身的心理健康知识图谱,以赛促学、以学促用。心理健康辩论赛是参赛双方就某一心理健康问题或现象展开辩论的一种竞赛活动,实际上是围绕心理健康知识,提高思维反应能力、语言表达能力的竞赛,也属于心理知识竞赛范畴。

4.心理电影赏析与读书分享

心理电影赏析是组织大学生观看经典心理学电影,深刻领会影片内涵,交流观影启示的活动形式。一方面,参与学生可通过分析电影中人物的心理活动与行为表征,融入个人体验解读与剖析叙事心理,在情节推进过程中深化自我认知;另一方面,教师从专业角度对电影内容在心理学层面呈现的常识和规律进行深度解析,促进大学生学习心理健康相关知识与原理的同时,提升审美意识。

读书分享是指大学生从书籍中获取心理健康知识后,开展分享与研讨的活动形式。通常选取经典心理学书籍和心理主题的文学小说,有助于大学生在阅读与分享的过程中提升心理健康知识增量以及文学鉴赏能力。

5.心灵解忧书信

心灵解忧书信是引导大学生在信纸上倾诉烦恼和困扰,通过书信投递邮箱的方式将自身心理问题和现实困境传递给心理健康专业教师或辅导员,由其帮助解答或解决的活动形式。书信形式易于大学生吐露心声,也有助于接收书信的心理健康专业人员掌握学生的心理动态,帮助其排解不良情绪。更重要的是,心理健康专业人员可梳理出书信背后普遍存在的学生心理现象和问题,从而有针对性地开展宣传教育活动。

(三)实践体验类

实践体验类宣传教育活动是一种由学生自由创作、自主体验、自我教育的活动形式,主要依托班集体、心理社团与学生组织等载体,组织开展心理情景剧、文学、音乐、书画、海报、微电影、短视频创作等实践活动,充分调动大学生的积极性、主动性、创造性,满足其自我成长的心理需要,有效发挥大学生在心理健康宣传教育中的主体作用。

1.心理情景剧

心理情景剧是受维也纳精神科医生莫雷诺于20世纪初所创建的心理剧启发应运而生,在心理剧理论基础上融入心理健康知识和心理学理论,将大学生在学习、情感、生活以及人际关系等方面普遍存在的心理问题和情感体验编成情景剧本,运用戏剧、小品等形式展示心理行为和现象,反映心理发展特点的活动形式。心理情景剧一般在教师指导下,通过学生自编、自导、自演的方式,让表演学生和受众学生共同学习相关心理健康知识和在现实中解决心理问题的方法,提高心理调适能力,促进心理健康发展。

中国心理学会心理危机干预工作委员会、全国高校心理委员研究协作组、中央电视台社会与法频道共同主办的全国高校心理情景剧大赛截至 2021 年已成功举办四届,吸引了全国多所高校参与。高校也逐渐把心理情景剧展演或竞赛作为重要的宣传教育手段。

2.心理文学艺术作品/微电影

心理健康主题的文学艺术作品包括四类:一是以故事、征文、诗歌等呈现的原创文学作品;二是以漫画、海报、书法、剪纸等呈现的视觉艺术作品;三是以说唱、阿卡贝拉(无伴奏合唱)等原创音乐和其他改编歌曲呈现的音乐作品;四是运用新媒体技术,以短视频、微电影等呈现的视频作品。以心理健康宣传教育为主题开展文学艺术作品创作,是推动校园文化与心理健康文化深度融合的一次有效探索,有利于丰富大学生的精神生活,增强心理健康宣传教育实效。

【应对策略】

四、辅导员如何设计高校心理健康宣传教育活动方案

心理健康宣传教育活动能否贴近学生、宣传学生、教育学生,真正把有意义的事情做得有意思,可以从该项活动主题是否鲜明、设计是否精心、内容是否丰富、宣传是否到位以及形式是否多样等维度着手。因此,一个相对完整的心理健康宣传教育活动可以分为以下几个模块。

(一)活动背景

该部分内容可以围绕本次活动的背景展开,可以是时间背景,如在"5·25"全国大学生心理健康日前后,举办心理健康系列活动;可以是主题背景,如在 3 月 21 日国际睡眠日当天,围绕睡眠主题开展相关活动;可以是社会背景,如某些社会现象、社会性事件发生时,举办相关的学习、讨论活动等。同时,该部分也可以包括活动开展的意义,即通过本次活动将要实现的目标、达到的效果等。

(二)活动主题

该部分内容应进一步聚焦本次活动开展的意义,凝练主题,以小见大,使主办方在活动开展过程中始终围绕其进行筹备,也使得参与方能够一目了然地掌握活动的内涵。

(三)主办单位

该部分内容用于明确主办单位,针对大型活动也可明确承办单位。这有助于各责任主体明晰职责,有利于整合各方资源,保证活动的顺利开展。

(四)面向对象

该部分内容用于明确活动对象,针对大型活动可能面向不同层次的对象,根据面向

对象的群体特征不同将其分类列举,有助于活动更加聚焦,从而提高活动的效度。

(五)活动时间

该部分内容用于明确活动时间,一般指活动正式开始的时间,不包含前期筹备和后期总结的时间。

(六)活动地点

该部分内容用于明确活动地点。随着网络媒体的发展,以及在新冠肺炎疫情常态化防控的背景下,许多活动开始尝试线上开展,也可以在该部分加以说明。

(七)活动流程

该部分内容可以看作议程的延伸,即明确正式活动开展时,各环节以及相应的执行人、负责人等,应做到简明扼要,一目了然,便于各分组之间沟通联络、明晰职责。

(八)宣传方式

该部分内容是整个活动能否成功开展的必要条件。好的宣传等于活动成功了一半,因此,针对大型活动可以围绕宣传单独形成策划方案,确保各宣传渠道切实起到宣传的效果。一般来讲,该部分可以包括宣传渠道、宣传周期、宣传文案、人员安排以及物料清单等内容。

1.宣传渠道

为保证宣传效果,一般可以分为线上和线下宣传两个部分。线上宣传可以选择网站、微信公众号、微博、抖音等平台作为载体,也可以从形式上创新,选择大学生喜闻乐见的新媒体形式,如漫画、音乐、短视频创作等;线下宣传一般是高校校园活动宣传的主渠道,海报、横幅、易拉宝、传单等都可以作为宣传内容的载体,在人员流动性大的时间段开展现场宣传,更能保障效果。

2.宣传周期

宣传作为活动正式开始的前奏,提前的时间应当适宜。提前过早容易造成人员流失,提前过晚则会难以保证活动正常开展的人数。因此,一般选在正式活动开始前的一周左右进行宣传为宜。同时,一个成功的活动也需要在活动结束后形成新闻稿、活动总结等,凝练成效,反思经验教训,为下一次活动开展提供参考。因此,活动的总结新闻稿一般宜早不宜迟,过晚地进行总结容易导致细节丢失,一般在活动结束后2~3天为宜。

3.宣传文案

宣传文案是活动开展的点睛之笔,好的文案除了要精准概括活动的特色亮点以外,还要能够起到夺人眼球、激起受众参与欲望的效果。因此,宣传文案一般要经过反复推敲,不宜过长,可以融入谐音、网络热词、众所周知的热梗等,拉近与学生的距离。

4.人员安排

宣传工作是一个集思广益的过程,因此,有必要形成专门的宣传团队,负责文案撰写的同时,也要跟进宣传物料的设计、审核以及制作。

5.物料清单

根据前期宣传需要,一般会相应产生各种类型的宣传物料,并且宣传受众的数量也会相应影响物料的制作,清晰明了的物料清单有助于合理调配资源。

(九)执行过程

该部分内容可以看作整个策划案的核心骨架,即将整个活动从酝酿阶段开始,到总结完成的每个时间节点、工作内容、物资准备、人员安排集中体现,一般以表格的形式展现,也可用作活动现场的执行手册。

(十)活动预算

该部分内容是一个活动策划必不可少的环节。基于活动前期宣传的效果和活动的规格,做好活动预算,保障活动顺利开展。因此,应尽量保持实际支出在合理范围内波动。

(十一)应急预案

活动需要充分考虑各种可控因素、不可控因素所带来的潜在影响。例如,参加人数低于预期或高于预期、活动物料没有及时到位、活动现场设备故障、室外活动当天天气恶劣等。充分考虑各种情况的潜在可能性和所能带来的后果,并为之提前谋划,有利于活动的顺利开展。

当然,根据活动的类型、受众、规模等差异,宣传活动的策划案可在上述相对通用的策划案基础上有不同模块的增减,更有利于实际活动的开展。

【本节小结】

高校心理健康宣传教育工作的开展要遵循学生成长和心理工作规律、把握季节更迭和学年更替的发展,注重在传统节日、重要纪念日等关键时间节点开展宣传教育活动。高校心理健康宣传教育的主题,可以分为新生适应类、关系管理类、生涯规划指导类、压力管理类、情绪管理指导类、人际交往指导类、学业指导类和个体成长与生命教育类等。运用高校心理健康宣传教育的各类活动形式,即知识传播类、互动引领类、实践体验类,开展形式多样、丰富多元的宣传教育活动。

第三节 高校心理健康宣传教育的品牌与创新

【案例导入 2-3】

新冠肺炎疫情期间,全国高校普遍开展线上教学,延缓学生返校,长时间缺乏社交活动、远离校园生活,导致很多大学生出现了不同程度的心理问题。辅导员陈老师近期想在网上为学生们举办一场关于解压的在线心理讲座,于是,他在网上搜集了各大高校关于网络心理健康教育工作的优秀做法,其中 P 大学成立了国内首家高校网络视频心理中心,让学生身在家中足不出户就能获得学校心理中心专、兼职心理咨询师的咨询服务;Q 大学开通了晚间咨询服务,24 小时在线开展心理咨询,有效缓解夜幕降临时学生心理容易出现波动和低潮的压力;F 大学心理健康教育中心打造"糖心旦"朋辈心理互助项目平台,选拔、培养了一批在院系层面能够协助开展心理辅导的志愿者队伍;T 大学组织开设了一系列在线课程,在学生们常用的视频平台发布,集中传授疫情下情绪管理的专业方法。辅导员陈老师从中受到了很多启发。

高校在传承积累品牌活动的基础上,要推陈出新,不断地更新宣传教育平台,寻找新颖的载体,选取更贴近学生真实需求的主题,开展学生喜闻乐见的心理健康宣传教育活动。

【关键词】

传统与创新;品牌建设;"健心、塑心、关心、同心";"向日葵山谷";"米兰花开";"五精合力"

【要点解析】

辅导员作为高校中开展大学生心理健康宣传教育工作的主力军,承担着普及心理健康知识与理念、实施心理素质教育、举办心理健康文体活动以及帮助学生解决实际心理问题等各方面的工作。但是由于专业背景不同、工作经验不一等,很多辅导员在实际心理健康宣传教育工作开展过程中也面临着很多困难与挑战,下面将从两大方面来阐述如何做好心理健康宣传教育工作的继承与创新。

一、有效开展心理健康宣教工作之思考提升篇

(一)传播有科学性的宣教理念

开展心理咨询和心理干预,是提高学生心理健康水平的重要方式。大多数辅导员不具备心理学专业的背景,难以专业地开展心理咨询,有必要进行有效渠道的转介。《中国大学生心理健康筛查量表》和"中国大学生心理健康测评系统"的推广应用,能帮

助学生了解自身心理健康水平,提高学生自助或求助的意识。宣传心理咨询服务渠道,主动关心心理方面存在问题的学生,及时向专业提供心理咨询或心理干预的机构求助,形成正视心理咨询的良好氛围。

(二)讲述有生活感的教育主题

实施积极取向的心理健康教育,是增强学生心理素质的重要手段。经过多年心理健康宣传教育工作的积累,通过专题讲座、工作坊、心理素质拓展训练等方式教导学生树立积极发展理念、学会正向思维方式已经相对成熟。新形势下高校学生学习生活存在着越来越多新涌现的负性环境,可以通过"战胜拖延""团队合作""提高专注"等朋辈成长互助心理团体,开展应对能力训练,提升学生心理素质,帮助学生学会自我激励、互助成长,另外,也可以将解决心理问题与解决现实问题相结合。对于经济困难的学生,在通过经济资助解决现实生活困难的同时,培养其自立、自强、感恩、诚信等积极品质;对于亲子关系困难的学生,在教导其正确对待家庭的同时,通过家长会、家校会谈、家庭亲子咨询等方式,引导家长正确教育孩子,发挥家庭正向支持作用等。

(三)打造有沉浸感的宣教载体

心理健康教育与体育、美育、劳育等结合,是强化学生积极情感和健康心态的重要途径;心理健康教育与诗词书画结合,依托中华优秀传统文化,通过诗词、绘画、书法等,沁润心灵,涵养品德;心理健康教育与文学或戏剧结合,通过心理情景剧演出、成长故事征文与演讲、阅读经典与感悟分享等,展现学生追求梦想、努力进取等精神;心理健康教育与音乐结合,通过举办歌曲创作与演唱等活动,鼓励大学生唱响心声、唱出梦想,展现自立自强、乐观向上的青春风采;心理健康教育与运动、劳动等结合,通过"心理运动会""舞动健心""种花种心情"等实践体验活动,帮助学生愉悦身心、激发活力。

(四)拓展有融入感的宣传渠道

普及现代心理健康知识和文明理念,是促进大学生心理健康的重要环节。在新媒体、自媒体蓬勃发展的今天,通过传统的广播、书刊、影视等渠道宣传心理健康知识,可能缺乏足够广泛的受众。可以通过网络微课、微视频、动漫、公益广告等文化创意作品,以及知识竞赛等,面向学生广泛传播心理健康科普知识,倡导健康生活方式和心理保健意识。通过网站、微信公众号、APP及海报、横幅、宣传册等方式,线上线下相结合,集中面向学生推送心理健康知识及教育作品,广泛传播自尊自信、理性平和的文明理念和乐观豁达、积极向上的生活态度。

二、有效开展心理健康宣传教育工作之继承传统篇

(一)健全大学生心理健康教育课程体系

2011 年,《教育部办公厅关于印发〈普通高等学校学生心理健康教育课程教学基本

要求〉的通知》提出："各高校要根据学生心理健康教育的需要,结合本校实际,制订科学、系统的教学大纲,组织实施相应的教育教学活动,保证学生在校期间普遍接受心理健康课程教育。"2018年,《中共教育部党组关于印发〈高等学校学生心理健康教育指导纲要〉的通知》指出:"把心理健康教育课程纳入学校整体教学计划,规范课程设置,对新生开设心理健康教育公共必修课,大力倡导面向全体学生开设心理健康教育选修和辅修课程,实现大学生心理健康教育全覆盖。"2020年,《教育部等八部门关于加快构建高校思想政治工作体系的意见》提出:"发挥心理健康教育教师、辅导员、班主任等育人主体的作用,规范发展心理健康教育与咨询服务。"大学生心理健康教育课程随着社会发展不断进行着深化改革。

高校学生心理健康教育课程是集知识传授、心理体验与行为训练于一体的公共课程。课程旨在使学生明确心理健康的标准及意义,增强自我心理保健意识和心理危机预防意识,掌握并应用心理健康知识,培养自我认知能力、人际沟通能力、自我调节能力,切实提高心理素质,促进学生全面发展。作为国内"大学生心理健康"课程的开创者,浙江大学马建青教授认为,高校心理健康教育课程有效地改进和加强了学校的德育工作,促进了心理教育与德育的有机结合,加强大学生心理教育将有助于优化学校德育,促进学生思想品德的全面提高。可以说,教育部发文要求各大高校开设大学生心理健康必修课,将高校学生心理健康教育推向了一个新的发展阶段,是高校心理健康教育走向专业化和规范化的必由之路。

通过把心理健康教育课程纳入学校整体教学计划,全国各大高校有力地构建了大学生心理健康教育课程,实现了心理健康知识教育全覆盖,大力促进了高校心理育人,加强了高校知识教育,不断提升心理育人质量,促进了师生心理健康素质与思想道德素质、科学文化素质协调发展。除此之外,组织开展心理健康知识普及宣传活动,培育学生理性平和、乐观向上的精神心态,是高校辅导员深化组织要求,提高专业技能,坚持立德树人的重要环节;是恪守育人为本、终身学习、为人师表的职业准则;是围绕学生、关爱学生、服务学生、把握学生成长规律,不断提高学生思想文化水平的必由之路。

(二)"5·25"心理健康教育主题活动月

"5·25"的谐音即"我爱我",意在"珍惜生命、关爱自己"。首届"5·25全国大学生心理健康节"于2000年在北京师范大学举行,此后每年的5月25日被定为全国大学生心理健康日。2018年,《中共教育部党组关于印发〈高等学校学生心理健康教育指导纲要〉的通知》提出,高校心理健康教育的总体目标是"心理健康教育工作格局基本形成,心理健康教育的覆盖面、受益面不断扩大,学生心理健康意识明显增强,心理健康素质普遍提升"。2019年,《教育部思想政治工作司关于举办"'5·25'大学生心理健康教育月"活动的通知》,要求进一步推进《高等学校学生心理健康教育指导纲要》落地落实,提升高校心理育人工作质量,提高大学生心理健康水平和心理健康素质,举办"'5·25'大学生心理健康教育月"活动。

"'5·25'大学生心理健康教育月"活动旨在加强人文关怀和心理疏导,培育学生自尊自信、理性平和、积极向上的健康心态,促进大学生心理健康素质与思想道德素质、科学文化素质协调发展。全国各高校积极创新举措,精心组织,广泛动员,创设了许多品牌活动。

【应对策略】

各大高校在开展心理健康宣传教育工作中积累了丰富的经验,形成了各具特色的宣传教育品牌。下面选取浙江省几所高校的特色品牌活动,为辅导员今后开展心理健康宣传教育活动开阔视野,提供参考。

三、浙江大学"健心、塑心、关心、同心"系列心理健康宣传教育活动品牌

浙江大学目前打造了包括体育"健心"计划、美育"塑心"计划、辅导"关心"计划、聚力"同心"计划在内的一系列心理健康宣传教育活动品牌,促进学生身心素质的提高。

(一)体育"健心"计划

浙江大学创新心理健康宣传教育思路,持续打造"快乐蜗牛"跑团的体育健心计划,将运动与心理完美结合,以朋辈团体辅导为切入点,通过前期开展姿势纠正、核心力量训练等专业跑步训练,鼓励学生从繁重的学习、科研压力中"走出来",充实课余生活、促进身心健康发展、丰富校园文化。在"快乐蜗牛"跑团,有各院系的小伙伴与你并肩前行,有和善友爱的朋友倾听你的声音。"快乐蜗牛"跑团活动跨越两周时间、集中在三个周末,让热爱跑步的种子破皮发芽,随风茁壮。当你开始奔跑时,放松肩膀、踩准步伐、平稳呼吸,世界正随着你的节拍而律动;当你定下训练计划时,见证自己的一点点进步,在自律中畅享挥汗燃脂的充盈快乐与自然精神合一的身心自由。"快乐蜗牛"跑团的跑友们一起奔跑、一起减压、一起分享陪伴的温暖,探索了朋辈心理互助的有效形式,在弘扬健康心理文化,提升学生心理素质,营造良好校园文化氛围方面起到了积极的作用,已经成为校园健身健心文化品牌。

(二)美育"塑心"计划

浙江大学成立了大学生美育中心,围绕"灵动、尽美、明德、尚礼"的育人内涵,将心理健康教育与美育教育相结合,以"掌握艺术技能,提高审美素养,激发情怀创造,促进人格完善"为目标,充分挖掘美育育人潜能,熏陶学生艺术修养、促进学生身心健康、服务学生全面成长成才,使学生经由美育抵达精神高地。学校坚持开展文体活动和文艺活动,包括《我和我的祖国》大合唱、姚剧历史剧《王阳明》、云南昭觉彝族文化专场演出、"美丽心世界"心理短剧大赛等。通过美育与健心结合,潜移默化影响学生的思想方式和行为方式,帮助学生形成正确的世界观、人生观和价值观。

(三)辅导"关心"计划

该计划以团体心理辅导为切入点,面向研究生举办团体心理辅导师训练营,面向本

科生心理委员举办全覆盖团体心理辅导培训。由辅导员心理健康工作室牵头组织、主办的"种花种草种心情""FREE HUG""我的情书"等系列工作坊,加深朋辈辅导体验、提升心理帮扶水平。"种花种草种心情"旨在通过活动礼赞生命,传递生活的美好。美丽的鲜花使人心情愉悦,插花过程使人心境平和,每一个作品又被作者赋予了独特的内涵,插一束鲜花,美一种心情。种草亦是如此,通过制作精美的微景观盆栽作品,感受植物所具有的艺术力与生命美。"FREE HUG"译为自由的、免费的拥抱,活动内涵在于用见微的关怀拒绝冷漠,传递人文关怀。学生们在拥抱中得到慰藉和释然,内心的压力得到了舒缓,也体会、领悟了怎样更好地认识和关爱自己和他人。"我的情书"活动则通过笔尖的滑动,让情绪自然流淌,在书写中悦纳自己、关心自我、拥抱生活。

(四)聚力"同心"计划

浙江大学不断探索网络微课、网络讲座、网络团体辅导等多样化心理服务路径,致力打造没有围墙的心理微课,将更多"00后"网络原住民吸引过来,邀请大学生参与微课录制全过程,一起当微课主角,为更多人提供心理支持。通过微信公众号等新媒体平台,由学生工作部门、心理健康教育与咨询中心、心理与行为科学系和大学生心理素养发展中心共同打造聚力"同心"系列心理微课,倾心推出"自我探索与自我悦纳""自我调节与自我管理""自我激励与积极成长"三大版块,普及心理健康知识与理念,实施心理素质教育,连续打造"素说心语"系列推文,其中包含23门心理微课,助力大学生心理健康素质与思想道德素质、科学文化素质协调发展,受到学生的一致好评。依托新媒体平台创新心理微课品牌,体现了高校既有理论高度,又接地气的改革思路。

四、浙江工业大学"向日葵山谷"心理健康宣传教育服务品牌

"向日葵山谷"心理服务是浙江工业大学面向全校学生推出的心理健康宣传教育品牌项目,也是学校心理育人工作的重要组成部分。浙江工业大学校园内的向日葵地曾被称为"杭城最美高校风景线",向日葵温暖又有力量的意象融入了无数工大人的美好记忆。"向日葵"寓意向阳而生,"山谷"具有静谧安宁之意。"向日葵山谷"既充分体现高校心理育人工作中的积极心理学取向,又凸显温暖、尊重、包容的心理工作原则,是浙江工业大学培育学生自尊自信、理性平和、积极向上的社会心态的重要载体。

(一)有重点、全过程的心理健康宣传教育实践活动

大学阶段是身心成长和社会角色转变的重要时期,浙江工业大学经过多年的探索,创新载体,系统设计,形成了以成长关键期教育实践活动和常态化教育实践活动相结合的心理健康宣传教育实践活动,既积极关注大学生全过程的心理发展,又高度重视大学生心理成长的几个关键期。

成长关键期教育实践活动以"两月两周"为主要活动形式,在大学生心理成长的多个关键期,设计了有针对性主题的心理教育活动,帮助学生更好地应对该阶段的心理发展任务。常态化教育实践活动不定期开展,如"成长行动"心理素质拓展活动、"播种计

划"系列团体辅导活动、"葵花讲堂"心理健康教育系列讲座等,维护和增进大学生心理健康,提升整体心理素质。

（二）全覆盖、重育人的心理课堂教学工作

浙江工业大学紧紧围绕立德树人的根本任务,高度重视发挥课堂主渠道的教育作用,将"心理健康教育类课程"单列并纳入全校通识必修课程,该类必修课程分为理论课程和实践课程两门,各 1 学分,面向本科新生全覆盖开设。学校成立"大学生心理健康教育教学研究中心"作为基层教学组织,开展教学研究,保证课程教学质量。课程将育心与育德相结合,强化"心理健康是个人需求,也是社会责任"的认知,传递心理健康知识,提高心理素质水平,促进自我成长,塑造正确的世界观、人生观和价值观,为"如何做一个自尊自信、理性平和、积极向上,担当时代大任的大学生"奠定良好的心理与行为基础。

（三）明方向、重实效的心理专业服务

心理专业服务的内容主要包括"三化四结合"发展性心理辅导模式、心理关注对象"五个一"分类管理机制,以及"一线多点"专业队伍建设体系。

心理辅导与心理咨询工作在坚持"规范化""专业化""精细化"的基础上,努力实现"育心与育德""个体与团体""他助与自助""学校与医院"相结合的工作范式,扩展服务对象,丰富工作内涵,提升工作质量;对于心理关注对象群体,实施"五个一"分类管理机制,即一类一库、一人一档、一月一报、一人一谈、一院一线,做好精细管理,最大程度保障学生生命安全和校园安全稳定;围绕"更好地帮助学生健康成长"这一主线,在如何开展谈心谈话、如何识别学生心理问题、如何提高家校互动质量等主题上,"一线多点",通过问心沙龙、督导学堂、主题培训等多种形式,不断提高队伍的专业化水平。

五、浙江师范大学"米兰花开,幸福成长"心理健康宣传教育活动品牌

浙江师范大学以"米兰花"(有爱,生命就会开花)为中心品牌形象符号,在提升学生心理健康素养的同时,初步建构起以学习力(learning ability)、社会情绪力(social-emotional competency)、沟通力（communication）、意志力（will-power）、领导力(leadership)和幸福力(happiness)为核心内容的积极心理品质宣传教育活动品牌(见图 2-1)。在品牌的实践过程中将"六力"一一落到实处,开展相关活动近 20 项,具体实践措施包括以下三个方面。

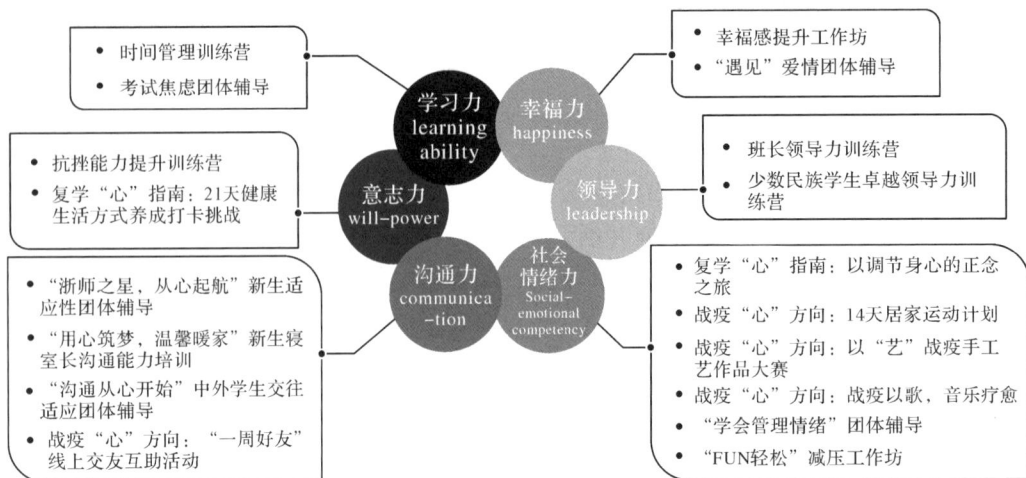

图 2-1 浙江师范大学"米兰花"宣传教育品牌

(一)第二课堂与心理辅导耦合,探索实践活动品牌化

学校以积极心理学为目标理念,将"六力"积极心理品质作为核心内容,从活动设计、活动对象、活动过程等方面构建形成积极体验、认知、行动的方法;创设了时间管理训练营、少数民族学生卓越领导力训练营、"FUN 轻松"减压工坊等十二大心理辅导活动品牌,每年开设 200 余场主题活动;连续多年举办全校性的心理知识大比拼、心理游园会等心理健康教育活动,每年参与学生 8000 余人次;5 年累计支持学院开展特色活动 80 余项;通过"情商训练营"暑期社会实践,连续三年服务浙江省多地中小学生 3000 余人次,将"六力"积极心理品质渗透学生们的课堂中、生活中、实践活动中,将这些品质真正落到实处,转化为积极向上的心理势能。

(二)显性与隐性和合,推动实践活动生活化

在寝室层面,将和谐寝室、最美寝室与文明寝室结合,开展和谐寝室 PK 赛、寝室心情气象站、最美寝室等活动,塑造学生"讲友善""重沟通"的群体心理氛围;"讲团结""重交流"的积极心理沟通态度;"讲礼貌""重文明"的积极行为习惯。在班级层面,通过心理文化浸润的形式,连续多年推动生活化心理主题班会的开展,引导学生做时间的"经营者"、心态的"主导者"、生活的"守望者"。在学校层面,通过心理健康教育文化节、《心海扬帆》报纸、新生心理健康读本、心理在线网等宣传教育平台,实现学生积极心理品质提升的自主自助和互动互助。

(三)线上与线下融合,凸显心理网络育人鲜活化

学校积极推动"米兰花"融媒体建设,革新传媒载体及其传播形式,将"六力"积极心理品质蕴涵于各类线上活动中,开展"抗疫心理文化作品征集""健康生活方式养成""线上心理知识大比拼"等线上活动。其中,"健康生活方式养成"活动微博点击量超过 600

万。原创心理微电影《风筝》获得 2 万多的阅读量,先后获得浙江省教育厅"教育之江"微信公众号、"全国学联"微信公众号、浙江新闻客户端等媒体的争相报道。

六、温州医科大学"五精合力"心理健康宣传教育活动品牌

温州医科大学利用学校医学学科优势,提出了以促进全体学生的"良好品质、健全人格、和谐心灵"为主要目标,构建了"课程建设、生命教育、素质拓展、主题教育、志愿服务"五位一体的发展性心理健康宣传教育新模式。

(一)精品课程,助力课堂教学

课程教学是大学生心理健康教育的主渠道。学校以精品课程建设为目标,构建立体多元的心理课程群体系,开设 1 门必修课程与近 20 门选修课程,实现心理课堂全覆盖。面向所有学生开设的"大学生心理健康教育"必修课程荣获浙江省首批精品在线开放课程、浙江省线上线下混合式一流课程,是首批认定的全省本科院校唯一一门心理学精品在线课程。辅导员及心理系教师自主开设"人际关系心理学""情绪急救""大学生生命教育"等选修课 20 门。

(二)精心搭建,立足生命教育

学校从医学人才培养的特殊要求和学校特色出发,加强医学生的生命教育,着力培养有温度、有情怀的医学人才。学校建有 1200 平方米、国内最大的人体科学馆,提供一个认识生命和理解生命的生动直观的平台,使学生体验对生命的敬畏和救死扶伤的责任担当。同时,学校通过"医学生誓言碑"、实验动物纪念碑等人文景观,深化生命教育内涵,营造关注生命、热爱生命的文化氛围。学校还先后成立温州市心理育人思政工作室、生命向阳辅导员工作室,开展"向生命鞠躬,奏梦想乐章"生命教育团日活动、"生如夏花"生命教育夏令营、"重走青川路——生命教育之旅"等活动,举办"大体老师感恩追思会",在大学生心理健康教育活动中渗透生命教育主题,使广大师生共同感悟生命价值,并以实际行动诠释对社会的责任。

(三)精诚助力,推动团队拓展

学校坚持"让教育回归生活"的理念,全程贯穿体验式活动方式,将室外素质拓展和室内团体辅导两大教育平台紧密结合,磨炼学生意志,培养学生团队协作精神,健全学生人格。占地 1000 多平方米的户外素质拓展基地面向大一新生全覆盖,面向学生团体开放预约,每年有 5000 多学生参加素质拓展。学校开展"爱的同心圆"团体辅导项目,有 10 余项专题辅导,每年有 1800 多学生参加。学校培养了一批初具专业水平的心理咨询师,以工作室的形式开展心理剧、音乐治疗、沙盘治疗、艺术治疗等多项团体心理辅导。

(四)精彩活动,强化主题教育

学校本着"关注心理健康、着力心理发展"的理念,以主题教育为抓手,普及心理健康知识,实现心理文化育人。学校已连续举办十八届大学生心理健康文化节和新生心理健康文化月,借助心理主题班会、心理微电影、心理情景剧、助人技能大赛、素质拓展挑战赛等多种活动形式,打造"一院一品"心理文化品牌;建设"一报一刊一微平台"等心理文化宣传载体,线上线下相结合,出版《心携》杂志、《心晴 sky》报纸、《新生适应手册》《师生心理抗疫》《战胜拖延》等心理健康系列读本,通过"温医心晴"微信公众号和网站开展全方位、多角度心理健康知识科普,着力为学生营造暖心的和谐校园氛围,引导学生树立正确的世界观、人生观和价值观。

(五)精准服务,开展志愿服务

学校坚持以"生命关爱"为工作主线,探索建立以学生、教师、医护人员志愿者为主体,以医疗服务为技术支撑,政府倡导、媒体助推、社会团体共同参与的红十字服务模式,搭建生命教育的公益活动平台,鼓励学生积极参与。学校先后培育了"生命之光"器官捐献宣传、生命相"髓"、血液银行、"搏时"急救、"特奥"志愿服务、"星海"孤独症家庭支持计划等一批志愿服务品牌。近年来,"'特奥'志愿服务""生命相'髓'"等慈善公益项目在全国产生了一定影响,获中华慈善奖"最具影响力慈善项目",全国红十字会、浙江省红十字会重点资助和立项等荣誉。每年参与人数达 1 万人次,学生在丰富多样的公益活动中体验生命历程、感悟生命价值、传递生命善意。

七、浙江金融职业学院以系列品牌活动促心理健康宣传教育

浙江金融职业学院形成了"运动嘉年华,快乐你我他"心理嘉年华趣味运动会、"大学故事·青春心灵"心理情景剧大赛、"我的心情故事"心理征文大赛、"525·我爱我"生命故事会等一批颇具影响力的品牌活动项目,助推心理健康宣传教育工作深入开展。

(一)心理嘉年华趣味运动会

"运动嘉年华,快乐你我他"心理嘉年华趣味运动会截至 2021 年已经开展了十四届,已成为学院心理健康教育的亮点活动。每届由各二级学院组队参加,每年都有五六百人参加,参与人数众多,活动影响面广,且各比赛项目均将体育竞技与趣味心理紧密接合,让学生们在放松身心、释放压力的同时,提高了团队合作精神与组织协调能力,从游戏中学到了许多愉快生活、积极面对人生的技巧。

(二)心理情景剧大赛

"大学故事·青春心灵"心理情景剧大赛截至 2021 年已经举办了九届。大赛结合学生心理特点,反映学生生活实际,抒发学生心理困惑和心理感想。由各二级学院推送并指导,心扉心理社团承办的心理情景剧大赛年年吸引大批学生参与和关注,也为营造

良好的校园心理氛围注入了力量。

(三)心理征文大赛

"我的心情故事"心理征文大赛截至 2018 年已经举办了七届。"我的成长心情""乐活、感恩""感谢你自己""情绪困顿中的一次自我救助""沟通有你·携爱同行"等,每一个主题都结合学生的成长特征和发展。最近几届征文活动,借助心理健康教育指导中心微博、微信公众号、网站等多方位宣传,进一步扩大了学生的关注面,也更好地将心理获奖征文分享给广大大学生,取得了较好效果。为了更好地鼓励学生积极参与心理征文大赛,组织者会把前两届心理征文大赛的获奖作品整合成一本设计精美的作品集,以此作为奖品发给各位积极参与比赛并获得奖项的学生。

(四)生命故事会

"525·我爱我"生命故事会活动截至 2021 年已经举办了四届。由各二级学院推选出生命故事的讲述者,在指导老师的带领下讲述者分享并拍摄属于他们自己的生命故事。通过聆听这些充满朝气、力量与希望的生命故事,学生们能从中感受到生命的精彩与力量,从而营造积极向上的校园氛围。

【本节小结】

高校辅导员应积极思考如何有效开展心理健康宣传教育工作,传播有科学性的宣传教育理念、讲述有生活感的教育主题、打造有沉浸感的宣传教育载体并拓展有融入感的宣传渠道。浙江大学推出体育"健心"计划、美育"塑心"计划、辅导"关心"计划、聚力"同心"计划系列心理健康宣传教育活动品牌;浙江工业大学打造"向日葵山谷"心理服务品牌;浙江师范大学形成"米兰花开,幸福成长"心理健康宣传教育活动品牌;温州医科大学推出"五精合力"学生心理健康宣传教育活动品牌;浙江金融职业学院形成了"运动嘉年华,快乐你我他"心理嘉年华趣味运动会、"大学故事·青春心灵"心理情景剧大赛和"我的心情故事"心理征文大赛等一批颇具影响力的品牌活动项目,助推心理健康宣传教育工作深入开展。

参考文献:

[1] 常保瑞,方建东.对于开展大学生心理沙龙的初步探索[J].社会心理科学,2010,25(4):86-89.

[2] 陈红.心理电影赏析:大学生心理健康教育的新途径[J].江苏经贸职业技术学院学报,2010(1):43-46.

[3] 段志忠,邹满丽,滕为兵.教育管理与学生心理健康[M].长春:吉林人民出版社,2017.

[4] 樊富珉.大学生心理健康与发展[M].北京:清华大学出版社,1997.

[5] 樊富珉.结构式团体辅导与咨询应用实例[M].北京:高等教育出版社,2015.

［6］范美香.高校学生心理健康教育与思想政治教育关系探究［J］.教育探索,2007(1)：104-106.

［7］范庭卫.丁瓒与抗战时期的心理健康教育［J］.海峡教育研究,2014(1):73-77.

［8］桂捷.高校德育与心理健康教育研究［M］.沈阳:东北大学出版社,2018.

［9］李志凯.大学生心理健康［M］.成都:电子科技大学出版社,2017.

［10］马建青,王东莉,金海燕.大学生心理卫生课程十年探索［J］.高等工程教育研究,1997(2):79-82.

［11］马建青.高校心理健康教育与思想政治教育结合30年的研究［M］.杭州:浙江大学出版社,2017.

［12］马建青.心理卫生学［M］.杭州:浙江大学出版社,1990.

［13］彭晓玲.高校心理健康教育的误区与对策思考［J］.西南师范大学学报:人文社会科学版,2002,28(4):21-25.

［14］王晓刚.大学生心理危机预防与干预标准化体系研究［M］.杭州:浙江工商大学出版社,2016.

［15］项传军.大学生心理情景剧的实践与探索［J］.广东工业大学学报(社会科学版),2009,9(4):83-86.

［16］张凯璇.“沙龙”形式下的朋辈心理辅导方式探析［J］.文化创新比较研究,2019,3(13):37-38.

［17］张义明,黄存良,袁书卷.大学生心理健康教育［M］.成都:西南交通大学出版社,2014.

［18］中华人民共和国教育部办公厅.关于印发《普通高等学校学生心理健康教育工作基本建设标准(试行)》的通知(教思政厅〔2011〕1号)［Z］.2011.

第三章

大学生一般心理问题与心理助人谈话技能

第一节 大学生一般心理问题

【案例导入 3-1】

　　辅导员张老师发现班干部小宇这几天状态不佳,情绪低落,学习热情也不高,于是约谈了小宇。原来小宇上周末刚跟女朋友分手,他很难过,觉得都是因为自己不够好,女朋友才提出分手的;而且小宇告诉张老师,他已经连续失眠了两个晚上,吃饭没胃口,上课也没精神,虽然也跟宿舍同学一起打打游戏,但一想到和女朋友分手了,内心就很难受。刚参加工作的张老师不清楚小宇由失恋造成的心理困扰是否严重,是否属于心理异常,她也不清楚接下来该怎么跟小宇交谈才能帮到他。

【关键词】

　　心理正常;心理异常;一般心理问题;心理助人谈话;教育管理谈话

【要点解析】

一、识别学生是心理正常还是心理异常

　　辅导员在日常工作中经常需要跟学生进行谈话。在面对一个学生时,辅导员首先需要区分该学生目前是心理正常还是心理异常。对于心理正常的学生,辅导员可通过心理助人谈话予以支持;对于心理异常的学生,辅导员需要对其进行转介处理。

（一）心理正常和心理异常的区分

　　一般来说,心理正常是指个体具有正常的心理活动,能实现正常人的三大功能:第一,能顺利地适应环境,健康地生存发展;第二,能正常地进行人际交往,在家庭、社会团体、机构中能正常地肩负起责任,使社会组织正常运行;第三,能正常地认识客观世界的本质及其规律性。

心理异常是指个体丧失或部分丧失上述三项正常功能的心理活动,以致无法保证人的正常生活,随时破坏人的身心健康。

一个人的心理活动及功能从正常到异常,从心理健康到精神障碍,是一个动态变化的过程。人的心理从正常到异常虽没有绝对的界线,但我们需要做一个大致的区分,如表 3-1 所示。

表 3-1　心理正常与心理异常的区分

心理正常				心理异常
	不健康(各类心理问题)			各类精神障碍
		一般心理问题	严重心理问题	
健康	刺激因素	由现实生活、工作压力等产生的内心冲突,引起的不良情绪反应	较强烈的、对个体威胁较大的现实刺激引起的痛苦情绪体验,冲突是现实性的或道德性的	焦虑障碍 强迫障碍 抑郁障碍 双相障碍 人格障碍 精神分裂症 进食障碍 睡眠障碍 成瘾障碍 ……
	持续时间	不间断持续 1 个月,间断持续 2 个月仍不能自行化解	不间断持续超过 2 个月,未超过半年,不能自行化解	
	严重程度	不良情绪反应在理智控制下,不失常态,基本能维持正常生活、社会交往,但效率下降	多数情况下,会短暂失去理智控制,难以解脱,对生活、工作和社会交往有一定程度的影响	
	是否泛化	情绪反应的内容没有泛化	情绪反应的内容已经泛化	

泛化是指引起个体目前不良心理和行为反应的刺激事件不再是最初的事件,而是同最初刺激事件相类似、相关联的事件(已经泛化),甚至是同最初刺激事件不同、无关联的事件(完全泛化)。

如果未出现泛化,那么无论心理问题持续时间多久、严重程度如何,通常都判断为一般心理问题;如果已经出现泛化,那么无论心理问题持续时间多久、严重程度如何,通常都判断为严重心理问题。

(二)判断心理异常的心理学原则

1. 主观世界与客观世界的统一性原则

因为心理是客观现实的反映,所以任何正常心理活动和行为,在形式和内容上必须与客观环境保持一致。

如果一个人坚信他看到了或听到了什么,而客观世界中当时并不存在引起他看到或听到的刺激物,那么我们可以认定他的心理活动不正常,他产生了幻觉;如果一个人的思维内容脱离现实,或思维逻辑背离客观事物的规律性,并且坚信不疑,那么我们可以认定他的心理活动不正常,他产生了妄想,如被害妄想、钟情妄想;如果一个人的心理冲突与实际环境不相符,并且长期坚持无法自拔,那么我们可以认定他的心理活动不正常,他产生了神经症性问题,如强迫性洗手。

这些都是我们观察和评价人的精神与行为的关键,我们又称它为统一性标准。在精神科临床上,常把有无"自知力",作为判断精神障碍的指标。所谓无"自知力"或"自知力不完整",是指患者对自身状态的错误反应,或者说是"自我认知"与"自我现实"统一性的丧失。在精神科临床上还把有无"现实检验能力",作为鉴别心理正常与异常的指标。

2.心理活动的内在协调性原则

虽然人类的心理活动,可以被分为知、情、意等部分,但是其自身是一个完整的统一体,各种心理活动过程之间具有协调一致的关系。例如,如果一个人遇到一件令人愉快的事情,就会产生愉快的情绪,欢快地向别人述说,我们就可以说他有正常的精神与行为;如果这个人用非常哀伤的语言向别人述说刚刚发生的非常开心的事,或者对痛苦的事做出了快乐的反应,我们就可以说他的心理过程失去了协调性,属于异常状态。

3.人格的相对稳定性原则

在长期的生活中,每个人都会形成自己独特的人格心理特征。这种人格心理特征一旦形成,便有相对稳定性,一般是不容易被改变的。如果在没有明显外部原因的情况下,一个人的人格稳定出现问题,那么,我们也要怀疑这个人的心理活动出现了异常。我们可以把人格的相对稳定性作为区分心理活动正常与异常的标准之一。比如,一个平时很节俭的人,突然挥金如土,或者一个待人接物很热情的人,突然变得很冷漠,如果在他的生活环境中找不到足以促使他发生改变的原因,那么,我们可以说他的精神活动已经偏离了正常轨道。

通常心理异常的人,会在上述心理活动和人格等方面的某一个或多个方面表现异常。心理出现异常,会造成个体自身的社会功能不完整,如不敢和人对视、不敢见人,不能坚持正常的学习、工作,甚至不能正常地生活等。除此之外,心理异常的人也可能影响他人的正常生活,如骚扰别人、做恶作剧等。

结合以上要点分析案例导入 3-1 中小宇属于正常心理还是异常心理:

首先,从刺激因素来看,失恋是大学生常见的心理问题,持续时间也只有几天;从严重程度上来看,虽然影响了情绪、睡眠、饮食,但还是会跟同学一起打游戏,有正常的社交,虽然低效,但仍然会去参与;目前也没有出现泛化。但如果小宇的这个状况持续时间变长,甚至严重影响了他的社会功能,那就有可能进入严重心理问题甚至精神障碍的范畴。

其次,根据判定心理异常的三原则,小宇目前不存在主客观不一致的状况,没有出现幻觉、妄想,也有正常的自知力;小宇在知、情、意的部分也是协调一致的,失恋导致了自己的伤心难过以及负面的自我评价;在人格稳定方面也没有出现明显的异常。

综上分析,小宇目前处于一般心理问题的状态,辅导员如果能够给予心理谈话疏导,就可以帮助小宇从目前的心理困扰中走出来。对于一般心理问题的学生,辅导员可以通过谈心谈话来帮助他们,而对于严重心理问题和精神障碍的学生,建议辅导员转介学校心理中心或医院进行专业咨询或治疗。

二、了解大学生常见的一般心理问题及指导的方向

辅导员在日常工作中,学生常见的一般心理问题主要有以下四大类。

(一)个性与人际关系问题

辅导员在工作过程中经常会遇到一些大学生,因自身个性与人际方面的问题而带来一些困扰,主要表现在以下几个方面:

1.因想改变性格而带来压力;

2.因过度自卑而自我封闭;

3.因过度自负而以自我为中心;

4.因自控力差而处处依赖;

5.因迷茫空虚而无幸福感;

6.因性格缺陷而人际相处困难;

7.因过度依赖网络社交而现实社交能力减弱。

辅导员针对上述困扰,可以从以下几个方向开展工作:

1.引导学生接纳自己的不完美;

2.根据学生性格特征因材施教;

3.发扬学生的性格优势,加强团队协作;

4.开发学生的兴趣和潜能,提高人生规划能力;

5.有针对性地开展团体辅导活动,提升人际交往技巧;

6.鼓励学生多参加活动,拓展交际圈。

(二)学业与职业发展问题

常见的大学生学业与职业发展方面的问题引发的心理困扰,主要有以下几类:

1.不喜欢就读学校或专业引发的心理困扰;

2.专业课程学习难度大引发的心理困扰;

3.学习动机、学习策略以及考试焦虑引发的心理困扰;

4.学习时间与其他事务时间规划不合理引发的心理困扰;

5.职业前景模糊、茫然引发的心理困扰;

6.深陷社交媒体与游戏的诱惑中不能自拔引发的心理困扰。

辅导员针对大学生学业与职业发展中的种种状况,可以从以下几个方向开展工作:

1.通过始业教育对大学生的学业适应进行相关指导;

2.通过营造良好的寝室、班级、院系学习氛围,来促进大学生的学业发展;

3.指导学生合理规划和安排大学的学习与生活;

4.通过职业生涯规划课程以及个人指导,帮助学生规划大学生活。

(三)恋爱与性方面的问题

近些年来,大学生在恋爱与性方面的问题主要有如下特点:

1.恋爱现象呈现低龄化趋势;

2.恋爱观念模糊且缺乏责任感;

3.恋爱行为开放且感情脆弱;

4.同性恋现象引起的压力事件增多。

辅导员针对大学生恋爱与性方面的问题,可以从以下几个方向开展工作:

1.提高爱与被爱的能力;

2.进行相关性教育指导;

3.提高应对失恋的能力。

(四)原生家庭与亲子关系问题

影响大学生身心健康的原生家庭与亲子关系问题有:

1.家庭经济状况问题;

2.离异或单亲、重组家庭问题;

3.留守或寄养经历;

4.家庭重大生活事件。

辅导员针对存在原生家庭与亲子关系问题的学生,在沟通的时候,需要把握以下几点:

1.加强对存在家庭问题学生的筛选与关注;

2.在日常学习与生活中传递关爱与支持;

3.带着尊重和耐心与家长进行沟通。

【应对策略】

三、学习使用心理助人谈话技能帮助学生解决一般心理问题

心理助人工作是一种在心理层面上给予他人帮助、助人成长的专业工作,心理助人工作的基本目标是"助人自助",意思是助人者通过谈话的方式,使受助者增强独立性,而非增强依赖性,使其在日后遇到类似的生活挫折和困难时,可以独立自主地解决问题。学校的助人者不仅仅包括心理中心的心理咨询师,还包括辅导员。

教育管理谈话不同于心理助人谈话,如表3-2所示。教育管理谈话的目的是通过谈话让学生接受社会或所在集体认可的价值观、理念和规则,并在行为上做出调整,采用的方法往往是思想政治教育,如批评、指导、建议、处分、激励等;心理助人谈话的目的是帮助学生合理地处理情绪问题、提高校园适应能力,内容常涉及恋爱问题的解决、人际关系的调整、学习效率的提高、心理问题的调适等。在心理谈话过程中,辅导员要保持价值观中立,不强行让学生认可任何既定的价值观,在内容上不干预对方的价值取向。

表 3-2　教育管理谈话与心理助人谈话的区别

	教育管理谈话	心理助人谈话
目的	让学生接受社会、校园集体认可的价值观,塑造学生的世界观、道德观	帮助学生合理处理情绪问题,提高校园适应能力,了解自我需求和个人选择的关系,达到个性的发展
内容	爱国主题教育、思想道德和纪律教育等	人际关系的调整、恋爱问题的解决、新生校园的适应、学习效率的提高、心理问题的调适等
方法	思政教育:批评、指导、建议、处分等	个体咨询或团体咨询,保持价值观中立

当学生因人际关系而困扰、因恋爱问题而出现旷课、因校园适应问题而导致学习效率下降时,比起教育管理谈话,心理助人谈话对学生来说可能更为有效。案例导入 3-1 中,张老师需要明确此刻的小宇正处于一般心理问题的状态,所以采用心理助人谈话对他的帮助最大。

【本节小结】

辅导员需要了解心理助人谈话的适用范围,要能够区分心理正常和心理异常的学生,对于心理正常的学生可以使用心理助人谈话,对于心理异常的学生需要及时转介。针对学生常见的四种一般心理问题,心理助人谈话就可以帮助到他们。在进行心理助人谈话前,辅导员要清楚心理助人谈话和教育管理谈话的区别,接下来的几节将会介绍如何进行心理助人谈话。

第二节　心理助人谈话的基本态度

【案例导入 3-2】

小飞连续几天英语课旷课,辅导员刘老师在与其沟通时发生了冲突。事情是这样的:刘老师发现小飞旷课后,就先通过 QQ 联系他,但小飞似乎对他不太理睬,上午发的消息,下午才回复,虽然答复会去上课,但第二天和第三天还是旷课。刘老师对小飞的行为感到非常生气,第四天上午打电话叫他 11 点半下课后立刻来办公室找他。冲突的一幕就发生在办公室谈话的过程中,刘老师告诉小飞,无论什么原因,上课都是作为一个学生最起码的要求,但小飞却跟老师顶起嘴来,说学不学习是自己的事情,有什么处罚自己会承担。两个人都明显带着情绪,沟通无法进行下去。

【关键词】

心理助人谈话的基本态度;尊重与接纳;未知与好奇;真诚与保密

【要点解析】

美国人本主义心理学家卡尔·兰塞姆·罗杰斯(Carl Ransom Rogers)认为只要给予足够的阳光和雨露,任何人都能够像植物一样茁壮成长,达到自我实现的目标。他相信,人具有一种保护自己心理健康和寻求恢复健康的驱动力。这一理念也逐渐被其他的咨询流派所接受,并被认为是心理咨询产生疗效的必要条件。如果想要给予学生足够的阳光雨露,辅导员则需具备一些心理助人谈话的基本态度。

一、尊重与接纳的态度

尊重要求助人者能接纳、容忍甚至接受对方的不同观点、习惯等。从助人者角度更具体地来看,"尊重就是允许对方和自己不一样",也就是"我可以不赞同你的想法和做法,但是我可以理解你为什么会有这样的想法和做法"。这需要做到"态度中立",即不随意批评和评价,不强加自己的价值观给对方,当然也不刻意迎合和讨好对方。

罗杰斯认为每个人存在着两种价值评价的过程:一种是人先天具有的自我评价过程;另一种则是"价值条件化"过程,即自我的价值建立在他人评价的基础上。他认为每个人都有被他人"积极看待"的需要,当一个人获得他人的赞赏、尊敬、同情、温暖时,这种需要就能够得到满足,因此,人们往往通过他人积极的评价来加深自我价值感。

价值条件化过程最有可能发生在对个体有重要意义的他人身上(如父母、老师等)。假设孩子按照父母、老师的要求做得很好,他们就喜欢自己、关心自己;若是没按他们的要求做或做得不好就可能招致批评。如果满足被"积极看待"的需要,是为了加深自我价值感,那孩子可能会不断追求外界积极的评价,这时候的自我价值是有条件的:按照他人的指导来行动。如果这种追求外界积极评价的行为过分替代和干预了自我真实的体验,那么个体便只会考虑自己的所作所为是否会为自己带来好评,而忽视了自己的感受。虽然采取行动后一方面感受到了他人的赞赏,但另一方面自己内心的真实体验又不是如此,便会产生焦虑。焦虑情绪的产生往往在于个体自我体验与价值条件化过程不协调、不匹配。当价值条件化过程比自我体验的影响更大时,个体的人格发展便会受到损害,自我概念模糊。

因此,如果将批评、评价带入谈话中,学生就可能会为了获得老师的夸奖,避免被批评,而迎合老师的价值观,忽视自身的主观体验。谈话结束后,学生仍然不做出改变。相反,学生只有感受到自己被充分地尊重,这种尊重在于谈话时,老师能够理解自己,谈话中不会站在主流价值观上评价自己的行为和状态,他才愿意放下心理防备,结合自我的真实体验,开始自我调整。

在尊重学生的过程中,助人者其实也在做着一件事——接纳。接纳指的是在咨询过程中,助人者愿意去接受求助者自然真实的状态,不强求他立马去摆脱消极的状态。比如,有个班干部刚刚经历了失恋,情绪有些低落,为了排解糟糕的情绪来找辅导员谈话,谈话结束时,学生表示整个人舒畅了许多。谈话结束后,辅导员发现这名学生仍未完全摆脱消极情绪,这时候秉着帮助学生的热情,马上主动约他谈话,在谈话中一直和他探讨失恋和如何摆脱情绪的话题。辅导员这时候的行为就是未能保持接纳的态度：不允许学生在谈话结束后仍然有低落的情绪存在，觉得谈话应该能马上起到作用，所以想急着帮他解决这个问题。那么，学生可能隐隐感受到了辅导员强烈的助人之心，也会着急摆脱不良情绪，将所有精力都集中在摆脱失恋带来的影响上。

"接纳"需要助人者察觉谈话中或谈话后自己是否过于急切帮助当事人解决问题，比如面对消极事件时，当事人产生一定程度的消极情绪是必然的现象，如果过分排斥正常情绪的存在，就可能让当事人在面对消极情绪时产生羞耻的情感，觉得自己不正常。

从尊重与接纳的态度出发，辅导员要努力做到的就是态度中立和接受学生现有的真实状态。

二、未知与好奇的态度

未知与好奇是指助人者始终要对当事人的内心世界保有"未知"的谦逊感，并充满探索的兴趣。在谈话过程中，辅导员保持着未知的态度，意味着在听到学生诉说的内容时不马上揣测和假设他行为背后的意义与动机，不先入为主地将自己过往经历中总结出的经验和教训安置在学生身上。这种保持未知的谦虚，并非假装自己无知，而是允许自己从谈话过程中慢慢地去了解对方的内心世界以及其内心世界的发展过程。这样既起到了"尊重"的效果，也做到了保持"未知"的态度。

做到保持"未知"的态度之后，还需要表现出"好奇"。心理助人谈话中的好奇不同于探听八卦，而是建立在友好关系的基础上，试着去了解对方，只有了解了，才能理解。因此，心理助人谈话需要始终对当事人保持浓厚的兴趣，并坚持不懈地去了解他们的内心世界，不要过早下定论，甚至主观臆断。

有些求助者，可能困扰他们的问题已经发生了一段时间，那么现在前来寻求帮助，这里面可能有一些值得探讨的空间，抱着好奇的态度询问："这个问题好像有一段时间了，你今天来找我是因为……"也许对于当事人来说，这个问题可能在过去他可以通过一些手段使得它没有变严重，现在过来可能是由于过去的方法没效了；或者是过去一直在用其他方式逃避，现在到了不得不面对的时候了；也有可能近期发生了一件大事，使得他不得不来。当助人者能够对求助者保持好奇、保持关切时，这也是对求助者自我探索的一种鼓励。

假如有学生觉得"读书不重要"，如果老师对学生多一点兴趣和好奇，他就会想知道"为什么这位学生会这么想的？他是从什么时候开始这么想的？是什么人、什么事影响了他的想法？他这么想、这么做的时候是什么感受？他跟我说这些是想要表达什么、获得什么？"等诸如之类的问题，当一个老师抱有那么多好奇和疑惑时，就不会急于下结论、急于教育批评和给建议，学生也会在这样的交流过程中不断地探索自己，了解自己有这类想法的原因。

所以，未知与好奇不仅是基本谈话的态度也是原则性技巧。

三、真诚与保密的态度

真诚是指在咨询中，要求助人者开诚布公地与求助者交谈，而不让求助者去猜测谈话中的真实含义或想象助人者所做的一切是否还隐含着什么信息，同时也不特意取悦对方。

基于真诚的原则，不管因为什么样的情形找学生谈话，辅导员最好都能真实真切地表达意图。比如，辅导员可以在谈话前告知学生："我听说你最近总是闷闷不乐，上课也没精神，老师有些担心你的状况，很想知道你遇到了什么困难，所以想约你聊聊，你看中午能否来一趟我办公室？"与此相反，如果使用各种技巧诱骗学生来谈话，那么在后续谈话中，学生对辅导员的信任将大打折扣，会刻意在谈话中有所隐瞒，甚至不愿意谈话。同样的，在谈话中，也要避免特意地去取悦对方。比如，学生提问："我的问题是不是很严重？我是不是得了抑郁症！"在谈话过程中，辅导员可以从神态、语言甚至动作上很明显地感受到学生的紧张和害怕。这时候如果过于刻意消除他的紧张感和害怕感，马上打包票说"不严重，放心吧！没事"，这样就会让对方觉得你只是习惯性地敷衍回答，也不利于他的改变。

在谈话的过程中，真诚是否等同于实话实说呢？比如，是否可以直接告诉学生："你这个问题确实很严重，我对你近期的行为感到很生气，我很讨厌你这样的学生。"答案当然是"不可以"。因为当辅导员"真诚"地表达完之后，学生与辅导员之间的关系就岌岌可危了，最终的谈话效果也可想而知。真诚不代表简单地实话实说。真诚的表达以建立安全信任关系为前提，因此，辅导员将自己心中对学生不愉悦的感受肆意地表达出来并不是在践行真诚原则。

然后，谈话中需要着重强调的态度是——保密。保密是心理助人工作的底线，《中国心理学会临床与咨询心理学工作伦理守则》(第二版)中明确规定：心理咨询师有责任保护寻求专业服务者的隐私权，同时明确认识到隐私权在内容和范围上受到国家法律和专业伦理规范的保护和约束。一般来说，学校心理中心心理咨询师和学生在开始咨询之前，都会签一份保密协议，其内容包括告知学生哪些情况下心理咨询师会打破保密协议：如学生的行为可能对自己或他人构成严重伤害，或出于司法原因作为呈堂证供，则心理咨询师可以突破保密原则，向有关单位报告学生的情况。在签订之前，心理咨询师也会特地花时间与学生就保密协议进行讨论，告知如果出现保密例外情况，心理咨询师会如何行动，学生在了解之后，也会更放下戒备。同时，如果在咨询过程中发现有保密例外情形，心理咨询师就不会陷于是否该告知相关单位还是该保密的两难境地。一方面，助人者不能在求助者毫不知情的情况下随意将其信息泄露给他人，哪怕觉得这么做是为对方好；另一方面，助人者可以与求助者协商咨询中哪些内容是可以突破保密协议的，而突破保密协议最好的方式是和求助者讨论，让他们同意助人者突破。

辅导员在心理助人谈话过程，虽然不可能像心理咨询师那样严谨，谈话之前要先签订保密协议，但是同样要具备保密意识。辅导员可以在谈话之前口头告知学生关于保密的协议，如在谈话之前告诉学生："今天我是以心理辅导员的身份找你谈话的，所以你所说的一切我都会为你保密,除非你有自我伤害或者伤害他人的冲动,或者你的心理问题比较严重,需要我做转介处理,那么这时候为了更好地帮助你,我可能需要突破保密约定。"这样的告知方式,既可以让学生感受到辅导员真诚的帮助态度,也可以让学生感受到辅导员是抱着保密的态度与自己谈话的。辅导员可以实现与学生讨论突破保密协议的事,这样即使在特殊情况下,需要打破保密约定时,也能避免让自己陷入两难中。另外,辅导员在突破保密协议时,也应该注意"对谁说和说什么",做到只对必要的人说必须说的内容。

结合以上要点,我们再来分析案例导入 3-2:首先,我们看到辅导员刘老师在沟通开始前和沟通中都带着情绪,因为他无法接纳学生的旷课行为,自然也无法传递对学生的尊重;其次,辅导员刘老师没有带着好奇去探询为什么小飞在第一天英语旷课收到老师的提醒后,仍然连续两天旷课,而且只是不上英语课;最后,在真诚方面,辅导员刘老师也没有充分传递。很多时候沟通之所以不顺畅,是因为沟通中看不见的"态度"出了问题。如果想要谈话有效果,辅导员一定要有意识地提升心理助人的三大基本态度。

四、如何提升心理助人的三大基本态度

沟通中的基本态度虽然看不见摸不着,但是它们却对沟通的效果产生了至关重要的影响。在心理助人谈话中,三大基本态度是谈话中的"道",谈话技能则是谈话中的"术",想要在"道"的部分提升,需要做到以下几点:

第一,充分理解三大基本态度的内涵。"尊重与接纳"的核心是尊重人与人之间的差异,接纳当事人此刻的状态;"未知与好奇"的核心是带着未知的谦逊去探索当事人的内心世界;"真诚与保密"的核心是与当事人建立安全与信任的关系。关于三大基本态度,助人者不但要理解为什么心理助人谈话需要具备这三大基本态度,也需要去掌握如何在谈话中向当事人传递这三大基本态度,从而使当事人愿意放下心理防备,开始愿意自我调整。

第二,观察与反思自己三大基本态度的使用情况。助人者需要对自己保持观察与反思,"我此刻是否对当事人有评判或不接纳?""我有没有对当事人有主观猜测?""我有没有对当事人有隐瞒或取悦?"这种自我观察与反思可以在心理助人谈话过程中进行,当发现自己存在态度上的偏差时,可以及时进行调整;同时,这种自我观察与反思也可以在心理助人谈话结束后整理谈话记录的时候进行。助人者的自我观察与反思能在助人技能的提升上扮演着重要的角色。

第三,观摩优秀助人者或大师的案例教学示范。助人的基本态度在助人者的一言一行中都有流露。通过现场观摩或视频录像观摩优秀助人者或大师的案例示范,这种"耳濡目染"和"熏陶浸泡",可以潜移默化地提升新手助人者心理助人的基本态度。大师们在谈话中传递的真诚、接纳、尊重、好奇等态度,将起到榜样和示范的作用,能对新手助人者的成长产生深远影响。观摩学习是提升新手助人者助人能力的非常有效的学习方法。

总之,心理助人谈话态度的提升过程,是助人者自我成长的过程。新手助人者无论

在日常生活中,还是在助人实践中,都需要重视这三大基本态度的练习,为自己成为高效的助人者打下良好的基础。

【本节小结】

　　心理助人谈话的基本态度在谈话中虽然看不见、摸不着,但对谈话的效果却有着至关重要的影响。辅导员需要在日常工作与生活中,不断实践并体会这三大基本态度,领悟何为尊重、何为接纳,何为未知、何为好奇,何为真诚、何为保密。辅导员在态度层面的改进,会带来谈话效果的改善,同时也将提升其个人魅力。

第三节　心理助人谈话前的准备

【案例导入 3-3】

　　小敏最近情绪不佳,总是一个人在偷偷抹眼泪,寝室长猜测应该是她的家里发生了什么事情,于是把这个情况告诉了辅导员王老师。王老师得知小敏的情况后,立刻联系了小敏,并询问她什么时候有空来找老师聊聊。小敏当天都有课,上课要上到下午五点,最快也要五点一刻才能赶到王老师那里。王老师对于这个时间感觉有点儿尴尬,因为五点她要去辅导机构接女儿并给女儿安排晚餐。虽然王老师感觉有些为难,但还是答应小敏下班后在办公室等她,她跟辅导机构的老师说晚一点儿接女儿,让辅导机构的老师给女儿几片饼干充饥。下午五点多同事们都陆续下班了,王老师面对匆忙赶过来的小敏,谈话似乎不如平时专注和深入,上了一天班,王老师已经有点累了,谈话中她还时不时惦记等在辅导机构中的女儿。

【关键词】

　　谈话前的心理准备;谈话时间;谈话地点;温暖接待;开场

【要点解析】

　　心理助人谈话并非像日常谈话,可以随时随地地进行。为确保谈话的效果,辅导员在谈话前需要做好相关的准备,包括谈话前的心理准备、约定适宜的谈话时间、选择合适的谈话地点以及温暖的接待与开场准备等。

一、谈话前的心理准备

　　辅导员在谈话前应做好心理准备工作,包括清楚心理助人谈话和教育管理谈话的区别,在谈话过程中做到态度中立,避免说教式或审问式的谈话;提醒自己在谈话过程中应保持尊重与接纳、未知与好奇、保密与真诚的态度。

　　心理助人谈话是谈话双方的互动所产生的活动,在谈话过程中可能会遇到各类情况,如学生不配合、谈话过程和谈话效果与预设的有差距等。因此,辅导员在心理谈话前需调整状态,做好自己的心理建设。辅导员需要对以下三种情况做好心理准备:第一,必然会存在"不配合"的学生。遇到这样的学生,辅导员可以先通过倾听建立关系,待学生态度缓和后再引导谈话。第二,心理助人谈话是一个重在"引导帮助"而非"直接产生结果"的过程,受诸多因素的影响,学生的改变需要一个过程,因此,谈话可能无法做到立竿见影。辅导员要认识到,学生愿意与你谈话就是一个愿意改变的回应。第三,防止学生"因病获利"。辅导员基于职责如果过于"热情"地帮助学生,学生就可能会因为受关注而获得益处(如学习上、生活上为他开绿灯),后续可能会以此来挑战校规、校纪,所以应在职责范围内提供力所能及的帮助。

除此之外,辅导员还需了解谈话对象的家庭情况、人际关系、学业成绩、近期行为等。辅导员在收集信息时不要太有指向性和刻意性,可通过新生心理普查的反馈表、学业成绩表、平日观察接触、朋友圈动态等,了解学生的相关情况。辅导员对这些信息有了大致的了解后,先不轻易对学生的问题下结论,而是根据这些信息,考虑谈话可以由哪些方向展开。

二、约定适宜的谈话时间

辅导员在发现需要帮助的学生后,先主动向学生发出谈话邀约,再协商谈话时间,应尽量选择双方都合适的时间。最好不单方面通知学生来谈话,这可能会给对方一种任务感、压力感。原则上谈话时长在 30～50 分钟为宜,时间过短容易导致了解的信息不充分。如果学生还未完全放下戒备,将更为关键隐私的信息透露前,谈话就结束了,说明谈话时间过短;当然谈话时间过长,可能导致谈话的内容过于分散,无法集中在关键信息上。

三、选择合适的谈话地点

谈话地点的选择是心理谈话非常关键的一个部分。前面提到的"保密"态度,除了谈话内容要保密外,还包括谈话地点是否能够让学生感觉到安全,能否消除他们的谈话内容被其他人知道的疑虑。因此,谈话地点最好选在安静隔音、人员流动不大的地点。谈话房间最好通风良好、阳光充足、简洁明亮。压抑的房间容易增加学生的压力,让学生无法放松下来。谈话中,座位不要选择面对面的位置,这样容易目光直视,会导致谈话双方心理紧张。双方坐的位置可呈 90～150 度,这样谈话双方既可以自然地将目光落在前方,也能很方便地看向对方。

四、温暖的接待与开场准备

温暖的接待与开场有助于学生放下戒备与防御。辅导员可以给学生倒一杯温水,捧在手里的水杯可以帮助缓解谈话开始前容易产生的不知所措的情绪;谈话开始时,辅导员可以跟学生随意地聊聊日常生活。例如,吃得怎么样,睡得怎么样,课程难不难,寝室同学关系怎么样等,这些聊天不但轻松自然,也流露着辅导员对学生的关心,更容易帮助学生打开心扉。

结合以上四个要点,我们可以看到案例导入 3-3 中,王老师选择的谈话时间不太适合。虽然她出于对小敏同学的担心,选择当天与小敏会面,但五点一刻这样的时间对双方来讲都不是最佳的谈话时间。小敏上了一天的课不仅疲劳,而且五点钟也是吃饭的时间或许她已经饿了。王老师的加班谈话,也让她无法专注,导致谈话效果打折。一次低效的、体验不佳的约谈,可能导致学生对下次约谈产生抵触。当然,如果王老师决定在当天完成谈话,那么,她可以先安顿好孩子,并准备一些点心,两个人在交谈的时候可以吃一点儿点心。谈话中准备的点心,既安顿了谈话双方的"胃",让学生感受到老师的体贴和用心,也让谈话氛围变得更融洽,从而有利于谈话中信任关系的建立。

【应对策略】

五、如何应对约谈学生的心理压力

有些年轻的辅导员在邀约学生以及与学生谈话时感受到一定的压力。他们会担心学生不愿意来,或者谈话进展不顺利;有些年轻辅导员对自己缺乏自信,担心自己的谈话不能帮到学生,甚至担心自己给学生留下不好的印象。

针对以上常见的内心冲突,辅导员可以尝试以下几点调适方法:

第一,放松自己的身体。辅导员在跟学生谈话之前可以通过放松自己的身体来放松自己的情绪,可以尝试正念呼吸或者腹式呼吸。辅导员的放松状态,容易带动学生的放松,而放松的氛围对谈话的进展十分有利。

第二,不刻意控制谈话的进程和结果。辅导员在与学生谈话的过程中需保持未知与好奇,注重倾听,与学生建立信任关系,探讨问题,而不是一定要把谈话引到某个方向或产生某个结果。谈话中刻意控制谈话方向,不但会招致学生的抗拒,而且会给辅导员带来挫败感。不管此次谈话的进程如何,辅导员都要把了解学生、与学生建立良好的关系当成首要任务;不管谈话的结果如何,辅导员都不要破坏与学生之间的关系。

第三,把谈话看成与学生生命的相遇。把谈话看成两个生命的相遇与碰撞,带着未知与好奇的心态去感受对方生命的力量与美好,这样的交流可以滋养谈话的双方。

第四,通过谈话向学生学习。辅导员不必要求自己比学生懂得多,也不必假装自己比学生懂得多。沟通中的坦诚,会拉近彼此之间的距离。谈话过程中辅导员去了解学生的所思、所想、所为,可以从学生身上获得启发与灵感。当我们有向学生学习的心态时,谈话自然也不会存在压力。

第五,掌握谈话的技能与方法。辅导员掌握了谈话的技能与方法后,与学生谈话会更加自信、更有把握,自然不用担心谈话进展不下去或者没有效果了。心理助人谈话过程中的具体技术将在本章第四节中介绍,辅导员可以多加练习和使用。

【本节小结】

"心理助人谈话前的准备"单独作为一节列出，是希望辅导员在谈话时不要太快进入主题。谈话前准备环节做得好坏直接影响后续谈话的效果。辅导员在谈话前需要做好心理上的准备，选择合适的谈话时间与地点，用温暖自然的方式开启谈话。心理助人谈话前与学生协商谈话的时间与地点，体现着辅导员对学生尊重与真诚的态度；谈话地点的选择也需考虑到对学生隐私的保护。辅导员的心理准备，可通过谈话开始前练习正念呼吸或腹式呼吸来放松和稳定自己。

第四节 心理助人谈话过程与技术

【案例导入 3-4】

方老师是位工作热情很高的辅导员，入职一年来，她经常跟学生谈心交流，不管是学业、职业发展，还是人际交往、恋爱情感等方面的话题，她都很愿意与学生聊。不过，她发现很多时候自己给学生的一些建议，学生并没有去做；有些学生也告诉她，虽然道理他们也懂，但就是做不到。方老师很想知道自己跟学生谈话无效的问题出在哪里，以及她应该如何达到自己的谈话效果。

【关键词】

倾听与建立关系；探索想法与感受；探索资源与优势；结束谈话

【要点解析】

心理助人谈话不同于一般的谈话，它需要遵循特定的谈话结构和谈话方式才能产生助人的效果。本节内容整合了心理咨询中基础的且起关键作用的几项技能，希望辅导员可以掌握这些基本技能，以达到心理助人谈话的效果。

一、倾听与建立关系

在心理助人谈话的过程中，辅导员要学会并做到：通过专注倾听、恰当的言语与非言语行为建立起与学生的良好关系；通过重述、开放式提问、情感反应等技术掌握学生的想法与感受；通过引导学生认识自身的品质、社会支持、努力、过往成功经历等资源增强其心理能量。

（一）专注与倾听

与学生谈话时，辅导员要专注于学生本人，让他们觉得自己是有价值的并且是值得被倾听的。专注可以鼓励学生说出他们的想法和感受，并在倾听时给予适当的鼓励性回应,常用的如点头配合目光的回应(或用"嗯""是的"等简单词语回应)。适当地回应可以让学生感受到老师的关注度与对话题的参与度。

另外,倾听时还需做到:

不随意打断学生的话,不马上给出建议,不随意对他们的行为做出评判;

不对学生的情况进行主观臆断;

保持价值观中立,不去质疑或否定学生的价值观。辅导员应对自己的价值观有高度的自觉,承认多元化价值取向的存在。避免内容干预,应侧重功能干预:谈话重在引导学生把自我探索集中在个人选择与个人需要之间的关系上,而非在倾听后以自己的价值观来评判学生的选择是否有价值,最后把自己的观点强加给对方。

(二)言语与非言语行为

在与学生谈话,专注与倾听的同时,辅导员也要注意自身的言语与非言语行为是否恰当。

言语行为:

1.音调和语速

在谈话过程中,辅导员用轻柔、温和、邀请式的音调与学生交谈,学生会更愿意去探索自己;当学生语速慢时,辅导员也要放慢语速,而当学生语速过快时,辅导员则要用慢一点的语速来引导他们放慢速度。

2.语言风格

交谈时,辅导员可以适当调整自己的语言风格,以便与学生更加接近。当然,不需要为了迎合学生而刻意使用令自己不舒服的语言风格。尽量找到一个合适的点,与学生进行交流。

言语行为:

非言语行为可以传递很多真情实感,因此,在与学生交谈时,辅导员既要关注到学生的非言语行为传递的信息,也要通过自身的非言语行为让学生感受到对他的专注与倾听。

1.面部表情

面部是传达非言语交流信息最多的部位,我们可以通过他人的面部表情解读出诸多情绪和信息。比如,皱眉可能代表着当事人的不高兴或困惑,一道眉毛上扬可能意味着嫉妒或怀疑,两道眉毛同时上扬可能表示不信任或疑问,收紧下巴、眼睛斜视可能表示敌意,向上转动眼睛可能表示不信任或恼怒……因此,辅导员应当主动意识到自己的面部表情传递的意义,要在恰当的时候表达积极的兴趣和关心,并且要与学生传递的情绪相匹配。

2.身体姿态

身体姿态可以为我们提供从言语和面部表情中不能获取的信息。比如,两手环抱或是两腿交叉可能是一种防御或批评的姿势,背靠椅子并把双手放到头后可能传达一种信心或优越感……在谈话中,辅导员需要意识到学生的身体姿势传达的信息,同时要保持向学生倾斜且开放的身体姿势,传达专注倾听的有效信号。

3.空间距离

一般来说,个人感觉舒适的距离是千差万别的,在和学生交谈的过程中,辅导员应当保持普通社交时所需的空间距离,即以 1.5～2 米为宜。

总的来说,在进行心理助人谈话时,辅导员应该做到:

首先,辅导员应当放松自然,坐姿应向学生倾斜,保持目光接触并面带微笑。目光接触是一种重要的非言语行为,通过注视,可以传达亲昵、兴趣、顺从或控制。通过眼神可以了解学生的心理动态,避免注视或中断目光接触,经常是焦虑、不舒服或不想再与别人交流的信号;太少的目光接触会让学生觉得辅导员对会谈没有兴趣并且在回避参与,而太多的目光接触则会使对方感觉不舒服,产生被侵犯、被支配、被控制,甚至被吞没的感觉。同时,长时间盯着对方看也会让人觉得粗鲁、无礼并且具有威胁性。另一个重要的面部特征是微笑。微笑使人看起来友好,但在会谈中笑得太多可能会被认为是讨好,过度微笑也会被看作不够真诚,似乎在嘲笑学生。

其次,辅导员说话应当轻柔温和、语速适中、语言风格配合学生,表达轻微鼓励和认可。辅导员可以通过没有实际意义的声音、插入语或简单的言语回应,如"嗯""是的""哦"来鼓励学生持续交流,但要注意使用的时机。"认可"是一种偶尔使用的技术,辅导员可以为学生提供情感上的支持和保证,或让其知道自己的感觉是正常的,比如,可以回应学生"那确实很难对付""哦,那真是个难得的机会"等。

最后,辅导员需要识别沉默,积极应对。美国心理学家卡瓦纳(Cavanagh)将沉默分为三种类型:创造性沉默、自发性沉默和冲突性沉默。创造性沉默是指学生对刚刚所说的话或谈话中产生的感受的一种反省反应,典型行为是目光凝视某个点。此时最好什么也不说,在等待中注视对方,这可能是学生富有收获的时刻。沉默可以让学生有机会反省或思考他们想说什么,此时无声胜有声。温暖的沉默可以给学生足够的时间来表达情感。允许沉默可以让学生感觉到辅导员是有耐心的、不急切的,有足够的时间来听自己想说的任何东西。自发性沉默是指学生接下来不知该说什么,典型行为是目光游移不定,也可能以疑问的眼光看着辅导员。辅导员可以先略等片刻,确定是自发性沉默后,应立即有所回应。冲突性沉默则是由愧疚、害怕或愤怒等引起的,这时,辅导员要以真诚的态度表达想法,以获得学生的配合。

二、探索想法与感受

心理助人谈话过程中,当助人者和当事人建立了良好的关系之后,接下来就可以尝试探索他们的想法和感受了。助人者要听懂当事人的问题,并协助他们探索对自身问题的想法和感受。比如,有的学生会无休止地抱怨,这时,辅导员要做的就是缓和他的情绪,使他有机会在一个支持性的、无评判的氛围中,从不同的角度来谈论自己的问题,能从新的角度来理解自己。想要探索当事人的想法和感受,助人者需要掌握重述、提问和情感反应三个要领。

(一)重述

重述是指对当事人讲述过的内容、表达过的意思加以复述或者转述。助人者可以直接重复当事人刚刚所陈述的内容(他的表达中出现的疑问、不合理等情况),引起他对这些内容的注意。罗杰斯认为助人者要做一面"镜子"或"回音壁",让当事人不被评判地听到自己在说什么。因为独自思考不利于把问题想清楚,但是如果有另一个人在倾听,就像镜子一样把当事人说的话原样地呈现给他,这就为当事人提供了一个了解自己在想什么的机会,能让他澄清事实,审视那些之前未被考虑到的方面。另一个理由是,重述可以让当事人感受到自己在被倾听、被支持和被理解。

重述要注意的是:首先,助人者要对当事人讲述过的最多、最重要的内容,表达过的意思加以复述或者转述(尽量使用原词)。其次,助人者往往比当事人的表达要更简洁清晰。再次,重述的内容可以是当事人刚讲完的,也可以是当事人在会谈开始时所讲的内容。最后,重述可以是试探性的,也可以是直接的表述。

在实际操作中,以下几种表述可以作为重述的开头:"我听到你说……""听起来像……""我想是不是……""你说到……"等。

(二)提问

提问旨在让当事人澄清和探索其想法。提问可分为开放式提问和封闭式提问。开放式提问是指没有预设答案的问题,当事人不能简单用一两个字回答,目的在于促进表达。封闭式提问是指可以用"是"或"否"回答的问题,这种提问往往会限制当事人的回答,但可以澄清事实,获取重点,缩小讨论范围。

当需要探索当事人想法时,助人者往往需要使用开放式提问,引导当事人澄清或探索自己的想法。比如,辅导员可以这样提问:"一想到……你脑海中会浮现什么想法?""……意味着什么?""可不可以给我举个例子?""能告诉我你上次想到……时的想法吗?""想到……时,你有什么感受?"等。

(三)情感反应

情感反应是指在谈话过程中将当事人有关情绪、情感的主要内容经过概括整理,以陈述的方式清楚地表达当事人的感受,从而加强对其情绪、情感的理解。

当事人来寻求帮助一般是因为他们感受到痛苦,所以助人者有必要帮助他们对痛苦的感受进行探索。人们常常会忽略、否认、扭曲或压抑自己的情感,因为他们可能曾被告知有些情绪或行为是不被接纳的。例如,"男儿有泪不轻弹""哭泣是软弱的行为"。愤怒、悲伤、恐惧、羞愧、痛苦等负面的情绪通常是被抑制的,很多人甚至都不能允许自己有这些情绪。当这些情绪出现时,他们可能对自己的负面情绪感到羞耻。美国俄亥俄州立大学威斯纳医学中心心理学家索菲·拉扎勒斯(Sophie Lazarus)认为:"一个人对某种情况的第一反应(主要情绪)往往不会造成问题,但他们对其的第二反应(次要情绪)最容易给自己造成困扰。"前面提到的悲伤或愤怒是主要情绪,而对自己的悲伤或愤怒感到羞耻就是次要情绪,在这些情绪中,次要情绪可能对前来求助的当事人产生最大的伤害。

因此,当事人需要一个支持性的环境,让其感觉足够安全,才有可能敞开心扉表达这些情感。情感反应必须以温和的方式来进行,并且要有共情。情感反应的内容可能是当事人曾经说过的,或者是助人者从当事人的非语言信息或表达的内容中推测到的。情感反应可以是试探性的表达,也可以是比较直接的表达。例如,助人者可以这样询问当事人:"我想知道你是不是感到很生气?""听起来你似乎很生气。"

情感反应可以帮助当事人识别、澄清,并更深入地体验情感,同时也要鼓励其情感的宣泄。在谈话过程中,助人者可以用以下方式进行情感反应:"我想知道你是否觉得……""也许你感到……""你听起来好像……""我猜想你也许感到……"

三、探索资源与优势

"探索资源与优势"是第三个心理谈话技能。它和前两个技能不同,前两者属于"参与技能",即为了使谈话顺畅进行,让谈话有融洽的氛围,在助人者与当事人之间建立融洽的关系,让当事人感到被理解和被接纳;"探索资源与优势"属于"影响技能",即主动对当事人进行一些干预和影响。当事人在谈话中所呈现的个人内在信息(优点、特质和能力等)及外在信息(社会支持、过去的成功经验等)都是他的资源。助人者帮助当事人找到可利用的有效资源可以促使他积极行动,同时也有利于助人者与当事人建立良好的关系。

谈话中,助人者要把关注力放在当事人已有的资源与优势上,并对其进行肯定和欣赏,可增加当事人的信心和力量,也可以作为处理当前困惑的解决方案之一;助人者要引导当事人看到自身的资源与优势,并去运用这些资源与优势,可以增加其积极情绪,从而冲抵当事人原有的负面情绪。

助人者应对谈话效果抱有正向的预期,尊重和相信当事人有改变的意愿和改变的能力。有学者认为,通过探索当事人的积极想法和行为目标,可以强化他过去已有的成功经验。被看到、被肯定、被欣赏和被接纳是每个人的深层渴望,助人者要指出当事人身上的资源与优势,可以满足他被看到、被肯定、被欣赏和被接纳的深层次需求。

探索资源与优势可以从以下几个方面入手:首先,肯定当事人身上好的性格品质。例如,他是一个好学、上进、善良的人,这时候可以与其聊聊这方面的话题。其次,肯定当事人的良好动机与行动。例如,当事人也有想让事情变好的动机或意图,对此他在来谈话前也进行了一些努力与尝试,可以与其探讨他为此付出的努力等。再次,肯定当事人已有的支持性的关系。例如,当事人有和家人的沟通,有寻求家人的帮助,或者有经常联系的朋友等。最后,让当事人聊聊过往的成功体验。例如,上次遇到类似情况是怎么解决的,或者让他聊聊自己觉得最有成就感的事情等。

四、结束谈话

心理助人谈话的收尾部分同谈话的过程一样重要，仓促收尾或者没有收尾，会让谈话的效果大打折扣。谈话的收尾部分主要包括以下几点：

第一，概述谈话的主要内容。与当事人一起对主要的聊天内容进行整理概括，总结整理的过程也是在带领当事人进行一次梳理，加深他在谈话中获得的新的体验。

第二，肯定当事人在过程中做得好的部分。每个人都需要被肯定，在收尾部分继续肯定，会让当事人处在积极情绪当中，也会鼓励他继续坚持原先做得好的地方。

第三，建议与指导。心理助人谈话中提供的建议与指导比较少，但往往容易让当事人接受。在谈话结束后，当事人根据助人者的建议与指导采取行动，可能产生与他原来在脑海中预设的结果不一样（采取行动后事情并没有自己想象的那么糟糕），有新的经验和体会产生。

第四，表达鼓励与感谢。助人者的鼓励通常对当事人的影响比较大，对此次愉快谈话的肯定与感谢，可以让当事人在谈话结束后更有改变的动力。

第五，根据需要约定下一次谈话。对于有些当事人来讲，一次谈话是不够的，所以可以这样收尾："今天时间有限，下次有机会我们再交流，如果你有什么需要，也可以主动联系我，可以吗？"

在案例导入 3-4 中，方老师如果在谈话过程中遵循心理助人谈话过程的这四个基本步骤，即通过倾听与学生建立信任关系，接着通过提问帮助学生去探索他的想法与感受，然后帮助学生看到他自身的资源与优势，并通过总结来结束谈话，那么，这样的心理助人谈话过程通常会给学生带来帮助。

【应对策略】

五、如何有效掌握心理助人谈话的技能

技能学习只有在了解操作程序之后进行充分练习，才能有效掌握。为了熟练掌握心理助人谈话的技能，辅导员可以尝试以下训练方法：

第一，要掌握心理助人谈话操作的知识点。只有掌握了这些理论知识，在后续的工作中才能有意识地去使用它。

第二，每一个技能点或操作步骤都需要逐一练习。辅导员可以通过培训过程中的示范、演练、模仿，以及培训之后的同行小组练习等加深对每一个技能点的掌握。

第三，在日常心理助人谈话中有意识地去使用某项技能，并观察效果和接收反馈。辅导员的优势是：工作对象为学生，接触频率高，有大量的练习机会。在对学生有意识地使用某项技能时，可以观察使用的效果，并通过反馈来调整自己对这项技能的使用技巧。技能的提升需要大量的练习与反馈，辅导员可以借鉴表 3-3 心理助人谈话技能自评表进行练习。

【本节小结】

心理助人谈话的过程与技术是本章的核心内容,主要包括四个部分。关于倾听,辅导员需要了解倾听的重要性,认识到倾听不但可以充分了解学生的状态,也是建立关系的重要途径;关于探索想法与感受,辅导员需要熟练使用重述、开放式与封闭式提问以及情感反应的方法;关于探索资源与优势,辅导员需要学会恰当地去欣赏学生,让学生感受到信心与力量;在结束谈话这个环节,辅导员要能概述谈话内容,在恰当的情形下提供建议与指导。

表 3-3　心理助人谈话技能自评表

序号	项目	是否使用	熟练度(0～10)	使用效果与反馈
1	谈话前的准备			
2	态度一:尊重与接纳			
3	态度二:未知与探索			
4	态度三:保密与真诚			
5	非言语行为			
6	倾听			
7	重述			
8	开放式/封闭式提问			
9	探索资源与优势			
10	结束谈话			

参考文献:

[1] Budman,S. H. Gurman,A. S. Theory and practice of brief therpy [M]. New York :Guilford,1988.

[2] 郭念锋.心理咨询师(基础知识)[M].北京:民族出版社,2005.

[3] 克拉拉·E.希尔.助人技术:探索、领悟、行动三阶段模式[M].3 版.胡博,朱文臻,杨梓,等译. 北京:中国人民大学出版社,2013.

[4] 钱铭怡.心理咨询与心理治疗[M]. 北京:北京大学出版社,2016.

[5] 王争艳,杨波.人格心理学[M]. 北京:高等教育出版社,2011.

[6] 郑雪.人格心理学[M]. 广州:暨南大学出版社,2017.

[7] 钟思嘉,黄蕊.焦点解决短程咨询实务[M]. 北京:高等教育出版社,2014.

第四章

大学生常见精神障碍的识别与应对

第一节　大学生抑郁障碍的识别与应对

【案例导入 4-1】

　　梦雨,大二女生,父母离异,从小与母亲一起生活。为了不让梦雨受到委屈,母亲直到她考上大学后才再次结婚。大一暑假,梦雨去外面兼职,认识了一位男士。该男士比梦雨大 5 岁,工作能力强,对梦雨非常照顾,下班之后经常与梦雨一起吃饭、聊天,两人很快发展成为恋人。因为从小缺少父爱,梦雨非常享受来自男友的照顾和宠爱,对他也越来越依赖。直到 3 个多月后,梦雨才知道他已经有女友,而且已经订婚。梦雨顿时情绪崩溃,既因为被欺骗而感到愤怒,又因为已经与对方发生关系而感到羞耻;既怨恨对方,又羞愧自责。最近一个多月,梦雨每天情绪都很低落,想哭却哭不出来,胃口很差,每天都吃得很少,晚上很晚都睡不着,早上很早就醒来。大部分时间都待在寝室不出门,人看起来很疲惫,同学们都感觉她憔悴消瘦了不少。她每天什么都不想干,学习一点都学不进去,以前喜欢逛街、看动漫,现在也都没有了兴趣。梦雨经常自罪自责,觉得自己很笨、很没用,感觉对不起母亲,认为自己一直就是母亲的累赘,多次出现自杀的念头。后来,在母亲、老师和同学的关心鼓励下,梦雨一边定期去医院接受治疗,一边在学校心理中心接受心理咨询,同时,自己积极努力地调整。慢慢地,往日的灿烂笑容又回到了她的脸上。

　　讨论与思考:梦雨的表现可能存在什么心理问题? 判断的依据是什么?

【关键词】

　　抑郁障碍;一般抑郁情绪;悲痛反应

【要点解析】

　　抑郁障碍是较为常见的一类精神障碍,可由各种原因引起,以显著而持久的情绪低落和兴趣减退或缺失为主要特征,临床表现可以从闷闷不乐到悲痛欲绝,甚至发生木僵,严重者可能会出现部分精神病性症状。2019年2月18日,《柳叶刀·精神病学》杂志在线发表了北京大学第六医院黄悦勤教授团队开展的"中国精神卫生调查"结果,调查显示,我国18岁以上社区居民的焦虑障碍患病率最高,为4.98%,其次是由抑郁障碍、躁狂发作和双相障碍构成的心境障碍,为4.06%。可见,抑郁障碍在人群中具有一定的发病率,大学生群体也不可避免。学生出现抑郁障碍并不可怕,重要的是要做到早发现、早介入、早治疗。

一、抑郁障碍的识别

美国《精神障碍诊断与统计手册》第五版(以下简称DSM-5)将抑郁障碍分为重性抑郁障碍、持续性抑郁障碍等不同亚型,其中重性抑郁障碍是这组障碍的典型代表,其诊断标准见表4-1。

表 4-1　DSM-5 关于重性抑郁障碍的诊断标准(节选)

A. 在同一个2周时期内,出现5个或以上的下列症状,表现出与先前功能相比不同的变化,其中至少1项是1.心境抑郁或2.丧失兴趣或愉悦感。

注:不包括那些能够明确归因于其他躯体疾病的症状。

1.几乎每天大部分时间都心境抑郁,既可以是主观的报告(例如,感到悲伤、空虚、无望),也可以是他人的观察(例如,表现流泪)(注:儿童和青少年,可能表现为心境易激惹)。

2.几乎每天或每天的大部分时间,对于所有或几乎所有的活动兴趣或乐趣都明显减少(既可以是主观体验,也可以是观察所见)。

3.在未节食的情况下体重明显减轻,或体重增加(例如,一个月内体重变化超过原体重的5%),或几乎每天食欲都减退或增加(注:儿童则可表现为未达到应增体重)。

4.几乎每天都失眠或睡眠过多。

5.几乎每天都精神运动性激越或迟滞(由他人观察所见,而不仅仅是主观体验到的坐立不安或迟钝)。

6.几乎每天都疲劳或精力不足。

7.几乎每天都感到自己毫无价值,或过分的、不适当的感到内疚(可以达到妄想的程度),(并不仅仅是因为患病而自责或内疚)。

8.几乎每天都存在思考或注意力集中的能力减退或犹豫不决(既可以是主观的体验,也可以是他人的观察)。

9.反复出现死亡的想法(而不仅仅是恐惧死亡),反复出现没有特定计划的自杀观念,或有某种自杀企图,或有某种实施自杀的特定计划。

B. 这些症状引起有临床意义的痛苦,或导致社交、职业或其他重要功能方面的损害。

C. 这些症状不能归因于某种物质的生理效应,或其他躯体疾病。

注:对于重大丧失(例如,丧痛、经济破产、自然灾害的损失、严重的躯体疾病或伤残)的反应,可能包括诊断标准A所列出的症状:如强烈的悲伤,沉浸于丧失,失眠,食欲缺乏和体重减轻,这些症状可以类似抑郁发作。尽管此类症状对于丧失来说是可以理解的或反应恰当的,但除了对于重大丧失的正常反应之外,也应该仔细考虑是否还有重性抑郁发作的可能。这个决定必须要基于个人史和在丧失的背景下表达痛苦的文化常模来作出临床判断。

在案例导入4-1中,梦雨在最近一个多月每天情绪都很低落,想哭却哭不出来,这就是心境抑郁的表现;每天什么都不想干,对于自己原本感兴趣的逛街、看动漫等活动也提不起兴趣,这是明显的兴趣减退的表现。可见,梦雨同时具有心境抑郁(符合标准A-1)和兴趣减退或丧失(符合标准A-2)两项症状。此外,梦雨已经有了明显的饮食问题(符合标准A-3)和睡眠问题(符合标准A-4):胃口很差,每天都吃得很少,同学们都觉得她憔悴消瘦了不少;晚上很晚都睡不着,早上很早就醒来。梦雨看起来很疲惫,没有精神(符合标准 A-6),经常自罪自责,觉得自己很笨、很没用,感觉对不起母亲,认为自己一直就是母亲的累赘(符合标准 A-7),多次出现自杀的念头(符合标准 A-9),这些症状持续了一个多月,给梦雨造成了极大的精神痛苦,对她的学习、社交和生活造成了较大的影响:每天什么都不想做,学习一点都学不进去,大部分时间都待在寝室不出门(符合标准 B)。这些症状并不是因躯体疾病所引发的,也不能用精神分裂症等精神病性障碍来更好地解释(符合标准 C)。综上分析,梦雨的情况可初步判断为重性抑郁障碍。

二、一般抑郁情绪与抑郁障碍的区分

当我们遭遇重大挫折或失败时,常常会感到心情不畅、情绪低落,但随着注意力从该事件转移或随着事件解决后,我们的心情会随之好转,这种状态我们称之为"一般抑郁情绪"。当事人到底是抑郁障碍还是一般抑郁情绪,可以从以下几个方面进行区分:

首先,观察抑郁的程度。处于一般抑郁情绪的个体多在想到该事件或情境时会感到心情不佳,意志消沉,睡眠、饮食和社交会受到轻微影响,学习、工作效率有所降低,其他时候都基本保持正常状态;而处于抑郁障碍的个体是在每天的绝大部分时间都处于情绪低落、感受不到开心的状态,会体验到强烈的精神痛苦,学习、工作、社交、日常生活会受到较大的影响,甚至会有自伤、自杀等极端行为。比如,案例导入 4-1 中,梦雨每天什么都不想做,学习一点都学不进去,大部分时间待在寝室不出门,时常还出现自杀念头,其学习、社交和日常生活功能都受到很大的损害,可见其抑郁程度比较严重。

其次,了解抑郁的持续时间。一般抑郁情绪不会持续太长时间,它会随着事件的发生而出现,随着时间的流逝而逐渐缓和;而抑郁障碍的持续时间则可能很长(DSM-5 中认为至少持续 2 周以上),随着时间的流逝和事件的解决,症状也无法缓解。比如,案例导入 4-1 中,梦雨的症状持续了一个多月,随着时间的过去,抑郁症状并没有得到缓解。

最后,检查自我调节的效果。处于一般抑郁情绪中的个体可以采用不同的方法来调节心情,如找朋友聊天、购物、旅游、运动等,他人的安慰、鼓励、支持与主动的自我调节,可以有效帮助个体减轻并消除抑郁情绪;而处于抑郁障碍的个体,神经系统结构和功能发生改变,神经递质(如多巴胺和五羟色胺)分泌出现异常,导致兴趣减退乃至丧失,自我价值感低下,做什么都感觉不到愉悦,这种状态仅靠自我调节和他人的安慰、鼓励难以发生改变,通常需要药物治疗或物理治疗的介入。

由此看来,一般抑郁情绪其抑郁程度较轻,持续时间较短,通过自我调节和他人的安慰、鼓励可以淡化和消除;而抑郁障碍的抑郁程度严重,持续时间较长,每天的大部分时间都处于抑郁之中,且持续 2 周以上,很难靠自我调节和他人的安慰、鼓励来缓解和消除。

三、悲痛反应与抑郁障碍的区分

首先,悲痛反应的主要表现是空虚和失去的感受,而抑郁障碍是持续的抑郁心境和无力预见幸福或快乐;悲痛反应的痛苦可能伴随着正性的情绪或幽默,而抑郁障碍则是以广泛的不快乐和不幸为特点,一般不会有正性的情绪产生。

其次,悲痛反应中的不快乐可能随着时间(天数或周数)的增加而减弱,并且呈波浪式出现,也就是一阵阵的悲痛。这种一阵阵的悲痛往往与想起逝者或提起逝者有关;而抑郁障碍的抑郁情绪更加持久,并且不与这些特定的想法或担忧相关联。

再次,与悲痛反应相关的思考内容通常以思念逝者和回忆逝者为主,而抑郁障碍有关的思考则都是自责或悲观的沉思。悲痛反应中通常保留了自尊,而在抑郁障碍中,毫无价值感或自我憎恨的感觉则是常见的。悲痛反应中存在的自我贬低性思维,通常与"意识到对不起逝者"有关(如没有足够频繁地探望,没有表达对逝者的爱)。

最后,悲痛反应中痛失亲人的个体有死亡的想法,这种想法通常聚焦于逝者,为了跟逝者在一起而死;而在抑郁障碍中,死亡的想法则聚焦于自认为毫无价值,不配活着,或无力应对抑郁的痛苦而想结束自己的生命。

【应对策略】

四、处理抑郁障碍学生的注意事项

辅导员如发现有疑似抑郁障碍的学生,需妥善应对,在确保安全的前提下,积极推动学生就医诊治,必要时建议休学。具体可从以下几个方面进行。

(一)确保安全,及时上报

由于抑郁障碍具有较高的自杀风险,所以当辅导员了解到某个学生可能存在抑郁障碍时,先要通过各种途径与该生取得联系并及时找到他;然后安排学生骨干、室友等人加以陪伴、关注,确保该生处于安全监护之中。同时,辅导员应将该生的情况及时上报学院分管领导和学校心理中心,听取领导和学校心理中心相关人员的处理建议。

(二)谈心谈话,推动就医

随后,辅导员要真诚和温暖地邀请学生进行面谈,最开始学生可能会有所担心和顾虑,不愿前来。辅导员要予以理解,并真诚地表达对学生的关心和帮助意愿。在谈话过程中,要秉持尊重、接纳、真诚的态度,充分运用专注倾听、同理支持、积极关注等技术建立安全、温暖和信任的关系,全面了解学生所遇到的问题和当前的状态。在表达关心理解和帮助意愿的同时,辅导员还要积极鼓励学生就医诊治,并与家长沟通,协商解决方案。当学生社会功能严重受损或自杀风险较高时,需建议学生休学回家接受系统治疗。辅导员在与家长联系之前,最好先与学生进行商量,努力取得学生的同意。

1. 如何推动学生就医诊治

一些学生虽然明知自己患有抑郁障碍,但仍然会抗拒就医,主要原因可能有:一是强烈的病耻感,怕周围人知道后被议论或另眼相看;二是担心药物的副作用;三是对治疗失去信心,破罐子破摔;四是觉得靠自己的意志力可以战胜;五是家庭经济困难,承担不起治疗费用。

针对以上可能的原因,首先,辅导员需要明确告诉学生:"老师会坚守保密原则,将范围缩到最小,只会告诉那些有必要知道且对你有帮助的人。"其次,辅导员要对抑郁障碍进行科学解释,让学生知道抑郁障碍已经不是单纯的情绪问题,而是一种心理疾病,已经涉及生理的改变,大脑的部分/某些神经递质明显低于正常水平,在这种情况下,单纯依靠个人的意志力是无法克服的。比如,辅导员可以这样说:"在此之前,你肯定已经尽自己所能尝试调整过,如果单纯靠意志力就能够战胜,你应该早就康复了。因此,同时接受药物治疗和心理咨询,是治疗抑郁障碍的最好方法。而且,只要科学对待、积极治疗,大部分抑郁障碍都是可以治愈的。"再次,辅导员可以对药物相关知识做一些说明:抗抑郁药可能有一些副作用,但整体影响不大。如果服药后身体反应很大,可以及时跟医生进行沟通,通过医生指导有效应对药物反应。最后,如果学生是因为经济困难承担不起治疗费用,辅导员则可以表达对学生的关心和理解,并通过协助其申请临时困难补助和提供勤工俭学岗位等方法帮助学生减轻经济负担。

2.学生不愿告知家长,辅导员该怎么办

一些学生因为不想让父母担心,往往不想让父母知道自己的情况。针对这一情况,辅导员可以采用角色换位法让学生去体验:"假如你是爸爸妈妈,自己的孩子在学校深处抑郁障碍的痛苦之中却没有告诉你,事后你通过别的途径知道了,你会有怎样的感受?"借着这个问题的交流,辅导员可以告诉学生:"作为父母最大的担心和痛苦不是知道孩子出现问题,而是孩子出了问题却不愿意告诉自己。"由此,鼓励学生主动将情况告知父母,或由辅导员代为转告。

如果学生最后还是不愿意告知家长,辅导员也要联系家长将情况告知,但要叮嘱家长:"不能将自己与家长联系的事情告知学生,家长在来校商量对策之前,也不要跟学生谈论他的问题。否则,学生可能因此对老师产生怨恨和不信任,学校后续很难对他开展帮助。"

(三)家校沟通,协商解决方案

辅导员在与家长联系沟通过程中,需让家长感受到学校对该生的关心,不要让家长产生学校推脱责任的误解。一些家长因为不了解抑郁障碍的知识,担心会影响孩子的学业和发展,不愿意承认孩子患病,不愿接受专业的诊断和建议。此时,辅导员要理解与接纳家长担心孩子的心情,要向家长介绍抑郁障碍的相关知识,消除家长对抑郁障碍的恐惧和误解,必要的时候可以请学校心理中心心理咨询师或医院精神科医生与家长进行交流,用第三方的专业解说消除家长的误解和恐惧。如果经多方解释,家长仍然不予配合,辅导员则需在与家长的谈话交流中,明确告知家长学校已经做过的努力,以及该生可能存在的危险和专业人员的建议。最后,不管家长态度如何,只要该生留在学校,辅导员就要尽最大努力协同相关师生去关怀帮助他。同时,辅导员需做好各种台账记录,必要的时候要将学校后续所做的努力也反馈给家长。

(四)关心关注,提供支持和帮助

在做好推动就医和家校沟通后,辅导员需将该生纳入重点个案学生库,平时加以关心关注,提供心理支持和实际帮助。

该生就医后,如果经医院评估可以留在学校继续学习,辅导员则需定期与其进行交流,表达关心和鼓励,提醒他按时服药。必要的时候可以安排该生到合适的岗位勤工俭学,加强与学生的交流,促进信任关系的建立。同时,安排学生骨干和室友对该生进行关心关注,出现异常情况及时向老师汇报。辅导员要鼓励班级同学,特别是该生的室友主动与该生交往,主动邀请该生参加各类学习和校园文化活动,帮助该生建立良好的支持系统。当他遇到学业和生活上的困难时,辅导员要及时伸出援手,协助其解决实际困难。

如果该生接受了休学回家治疗,并不意味着对他的关心关注就可以结束。在该生休学期间,辅导员仍然需定期与该生及其家长进行联系,表达关心,鼓励他坚持治疗,多与父母交流,积极从事一些力所能及的家务或工作。该生感受到辅导员的真诚关心后,可以进一步促进良好信任的师生关系的建立,有助于复学后的各项工作的开展。

学生休学期满后需要申请复学,对于申请复学的抑郁障碍学生,辅导员需要让他提供在医院诊治的病历、康复证明或复学鉴定证明等医疗证明材料;然后,按照学校规定办理复学手续。复学后,该生仍然要作为重点关注的对象,辅导员平时需定期找该生交流谈心,给予关心鼓励,叮嘱其按时服药。

【本节小结】

本节首先结合案例导入 4-1 对 DSM-5 关于重性抑郁障碍的诊断标准进行了具体分析,然后就两种容易与抑郁障碍产生混淆的状态(一般抑郁情绪和悲痛反应)做了区分说明。接着,站在辅导员的角度,全面阐述了处理抑郁障碍学生的注意事项:确保安全,及时上报;谈心谈话,推动就医;家校沟通,协商解决方案;关心关注,提供支持和帮助。特别是针对谈心谈话中的两个难点问题进行了重点解读:如何推动学生就医? 如果学生不愿告知家长,那么辅导员该怎么办?

第二节 大学生焦虑障碍和强迫症的识别与应对

【案例导入 4-2】

志诚,男,研一学生。他自述,父亲胆小懦弱,经常酗酒,父母经常争吵,并在志诚上初一时离婚。母亲靠在工厂上班挣钱,一人将志诚抚养长大。志诚很怨恨父亲,心疼母亲,看到母亲那么辛苦,心里很难受。为了让母亲以后能过上好日子,他暗下决心一定要好好学习,成绩也一直名列前茅。进入大学后,志诚仍然坚持认真学习,并给自己定下了考研的目标。大四上学期,随着考研的日益临近,志诚开始感到焦虑不安,学习时无法集中注意力,脑子里总是控制不住地会出现各种担忧和想法:万一考不上研究生怎么办? 老师和同学是不是不喜欢自己? 毕业以后找不到工作,怎么办……

尽管如此,志诚还是顺利考上了研究生。本以为考上研究生后,情况会有所好转,结果研究生入学之后,志诚的焦虑更加严重了,他总是觉得心慌,会无缘无故地感到紧张和害怕,坐立不安,心情烦躁,每天都会因为各种事情担心。例如,担心导师布置的任务完不成,担心自己身体会垮掉,担心母亲的健康,担心自己会出车祸,担心自己毕不了业……此外,志诚经常感到全身酸痛,肌肉紧张,甚至有的时候会冒冷汗、发抖。每天晚上入睡困难,凌晨 2 点左右才能入睡,睡眠质量差,睡觉时室友发出一点动静他就会十分紧张,总是担心有不好的事情发生。上课的时候注意力难以集中,容易走神。这些焦虑导致他学习学不进去,导师布置的工作也经常出现不该发生的差错。他更加焦虑不安,不知道这样糟糕的情况什么时候才能结束。他去医院检查,身体各项指标都正常。

讨论与思考:志诚的表现可能存在什么心理问题? 判断的依据是什么?

【关键词】

广泛性焦虑障碍;社交焦虑障碍;惊恐障碍;强迫症;焦虑情绪

【要点解析】

焦虑障碍,是以焦虑、担心、害怕等情绪体验为主要特征的一类精神障碍,常伴有各种自主神经功能失调症状和运动性不安,如心悸、手抖、出汗、尿频等,主要包括广泛性焦虑障碍、特定的焦虑障碍(如社交焦虑障碍、场所焦虑障碍)和惊恐障碍。强迫症则以存在强迫思维和(或)强迫行为为主要特征。

一、广泛性焦虑障碍的识别

广泛性焦虑障碍,是一种以持续的、无明确对象的显著不安及过度焦虑,伴有自主神经功能兴奋和过分警觉为特征的慢性焦虑障碍。这种焦虑与周围任何特定的情境没有关系,而是由过度的担忧引起;这种紧张不安、担心或烦恼与现实很不相称,使患者感到难以忍受,但又无法摆脱。DSM-5 关于广泛性焦虑障碍的诊断标准见表 4-2。

表 4-2　DSM-5 关于广泛性焦虑障碍的诊断标准

A.在至少 6 个月的多数日子里,对于诸多事件或活动(例如,工作或学校表现),表现出过分的焦虑和担心(焦虑性期待)。
B.个体难以控制这种担心。
C.这种焦虑和担心与下列 6 种症状中至少 3 种有关(在过去 6 个月中,至少一些症状在多数日子里存在):

续 表

注:儿童只需 1 项。

1. 坐立不安或感到激动或紧张。

2. 容易疲倦。

3. 注意力难以集中或头脑一片空白。

4. 易激怒。

5. 肌肉紧张。

6. 睡眠障碍(难以入睡或保持睡眠状态,或休息不充分的、质量不满意的睡眠)。

D. 这种焦虑、担心或躯体症状引起有临床意义的痛苦,或导致社交、职业或其他重要功能方面的损害。

E. 这种障碍不能归因于某种物质(例如,滥用的毒品、药物)的生理效应,或其他躯体疾病(例如,甲状腺功能亢进)。

F. 这种障碍不能用其他精神障碍来更好地解释。例如,像惊恐障碍中的焦虑或担心发生惊恐发作,像社交焦虑障碍(社交恐怖症)中的负性评价,像强迫症中的被污染或其他强迫思维,像分离焦虑障碍中的与依恋对象的离别,像创伤后应激障碍中的创伤性事件的提示物,像神经性厌食症中的体重增加,像躯体症状障碍中的躯体不适,像躯体变形障碍中的感到外貌存在瑕疵,像疾病焦虑障碍中的感到有严重的疾病,或像精神分裂症或妄想障碍中的妄想信念的内容。

案例导入 4-2 中,志诚每天对学习、生活中的很多事件表现出过度的担心和焦虑,例如,担心导师布置的任务完不成,担心自己身体会垮掉,担心母亲的健康,担心自己会出车祸,担心自己毕不了业……(符合标准 A)。对于这些担心,志诚试图控制但是控制不了(符合标准 B)。志诚的焦虑和担心主要有以下几种表现:总是觉得心慌,会无缘无故地感到紧张和害怕,坐立不安,心情烦躁(符合标准 C-1);上课的时候注意力难以集中,容易走神(符合标准 C-3);经常感到全身酸痛,肌肉紧张,甚至有的时候会冒冷汗、发抖(标符合准 C-5);每天晚上入睡困难,凌晨 2 点左右才可能入睡,睡眠质量差,睡觉时室友发出一点动静他就会十分紧张,总是会担心有不好的事情发生(符合标准 C-6)。这些焦虑导致志诚学习学不进去,导师布置的工作也经常出现不该发生的差错,严重影响了他正常的学习和生活,令志诚感到非常痛苦(符合标准 D)。这种过度焦虑的症状持续时间长达一年多(超过 6 个月),符合持续时间标准。志诚没有毒品、药物滥用经历,去医院检查,身体各项指标都正常(符合标准 E)。这些症状也不能用惊恐发作、应激相关障碍和抑郁障碍等其他精神障碍来更好地解释(符合标准 F)。综上分析,志诚的情况可初步判断为广泛性焦虑障碍。

二、社交焦虑障碍的识别

社交焦虑障碍是一种对任何社交或公开场合都感到强烈恐惧或焦虑的精神障碍,个体主要表现为对社交场合和人际接触的过分担心、紧张和害怕,且自己无法控制。DSM-5 关于社交焦虑障碍的诊断标准见表 4-3。

【案例 4-1】夏云,大一女生。军训时以心脏不舒服会晕厥为由请假,拒绝参加班级各项集体活动;课堂上总是一个人坐在最后一排的角落里,从不主动跟同学讲话,别人跟她打招呼,她立刻面红耳赤,简单应付一下赶紧找理由走开;跟室友熟悉后,能正常交流,但也很少主动跟室友讲话。第二学期,听说"化学分析"课要分组实验,夏云开始失眠,不想去上课,但又不能不去,因此,带着强烈的焦虑和痛苦去上课。辅导员知道情况后主动找夏云交流，她才勉强说出自己害怕跟人交流，更不敢当众讲话或表演，总担心自己讲不好或说错话，导致别人笑话自己或让人家不高兴。当众讲话时经常脑子会一片空白，可能还会晕倒。

讨论与思考：夏云的表现可能存在什么心理问题？判断的依据是什么？

表 4-3　DSM-5 关于社交焦虑障碍的诊断标准

A. 个体由于面对可能被他人审视的一种或多种社交情况时而产生显著的害怕或焦虑。例如，社交互动（对话、会见陌生人），被观看（吃、喝的时候），以及在他人面前表演（演讲时）。
注：儿童的这种焦虑必须出现在与同伴交往时，而不仅仅是与成人互动时。
B. 个体害怕自己的言行或呈现的焦虑症状会导致负性的评价（即被羞辱或尴尬；导致被拒绝或冒犯他人）。
C. 社交情况几乎总是能够促发害怕或焦虑。
注：儿童的害怕或焦虑也可能表现为哭闹、发脾气、惊呆、依恋他人、畏缩或不敢在社交情况中讲话。
D. 主动回避社交情况，或是带着强烈的害怕或焦虑去忍受。
E. 这种害怕或焦虑与社交情况和社会文化环境所造成的实际威胁不相称。
F. 这种害怕、焦虑或回避通常持续至少 6 个月。
G. 这种害怕、焦虑或回避引起有临床意义的痛苦，或导致社交、职业或其他重要功能方面的损害。
H. 这种害怕、焦虑或回避不能归因于某种物质（例如，滥用的毒品、药物）的生理效应，或其他躯体疾病。
I. 这种害怕、焦虑或回避不能用其他精神障碍的症状来更好地解释，例如，惊恐障碍、躯体变形障碍或孤独症（自闭症）谱系障碍。
J. 如果其他躯体疾病（例如，帕金森氏病、肥胖症、烧伤或外伤造成的畸形）存在，则这种害怕、焦虑或回避则是明确与其相关或是过度的。

案例 4-1 中，夏云害怕跟人交流，更不敢当众讲话或表演，当众讲话时经常脑子会一片空白，可能还会晕倒，说明她面对社交互动和在他人面前演讲这些社交情况时，会产生显著的害怕或焦虑（符合标准 A）。夏云总担心自己讲不好或说错话，导致别人笑话自己或让人家不高兴（符合标准 B）。无论是军训、班级集体活动，还是上课小组交流或一对一交流，几乎所有社交情况都会让夏云感到害怕（符合标准 C）。为了避免焦虑，夏云总是主动回避这些社交，当上课实在无法回避时，她会带着强烈的焦虑和痛苦去忍受（符合标准 D）。现实情况是，这些社交情况并不会给夏云带来什么威胁，她的这种害怕与实际威胁很不相称（符合标准 E）。这些焦虑、害怕和回避至少持续了 1 个多学期，已超过 6 个月（符合标准 F）。这种焦虑给夏云带来强烈的痛苦，已对她正常的学习和人际交往带来不利的影响（符合标准 G）。夏云没有毒品或药物滥用的经历，也没有其他相关躯体疾病，这些症状也不能用其他精神障碍来更好地解释（符合标准 H、I 和 J）。综上分析，夏云的情况可初步判断为社交焦虑障碍。

三、惊恐障碍的识别

惊恐障碍是以反复出现不可预期的惊恐发作为特征的一种急性焦虑障碍。这种发作是突然汹涌而来的强烈的害怕或不适感，在几分钟内达到顶峰，而且发作时没有明显的线索或诱发事件。一次惊恐发作之后，会导致个体持续地担忧再次发作及其后果，或行为出现显著的适应不良。DSM-5 关于惊恐障碍的诊断标准见表 4-4。

【案例 4-2】安欣，女，大三学生。大二下学期期末考试前，安欣连续几个晚上熬夜复习,有一天晚上突然出现心慌、胸闷,呼吸困难,感觉快要窒息,手脚麻木,全身颤抖的情况。安欣以为自己的甲状腺功能亢进又复发了,第二天去医院检查后发现,除了有一点贫血之外,身体各方面指标都正常。从那之后,类似情况会突然出现,这让安欣感到非常痛苦,既害怕那种失去控制的感觉,又觉得自己很丢脸。但自己对这种情况又无能为力,完全不知道什么时候会突然发作。据了解,安欣最早在高二的时候因为甲状腺功能亢进出现过类似情况。那是在一次数学课上,安欣突然感到心慌、胸闷、呼吸困难,全身颤抖,在场的老师和同学立刻拨打 120 把安欣送到医院进行急救。到医院后,医生给她打了一针镇静剂,安欣才慢慢恢复正常。随后的检查发现安欣的甲状腺功能出现异常,经过三个多月的治疗,安欣的甲状腺功能恢复正常,直到大二下学期期末考试前,一直都没有出现过类似的发作。

讨论与思考:安欣的表现可能存在什么心理问题?判断的依据是什么?

表 4-4　DSM-5 关于惊恐障碍的诊断标准

A. 反复出现不可预期的惊恐发作。一次惊恐发作是突然发生的强烈的害怕或强烈的不适感,并在几分钟内达到高峰,发作期间出现下列 4 项及以上症状。
注:这种突然发生的惊恐可以出现在平静状态或焦虑状态。
1. 心悸、心慌或心率加速。
2. 出汗。
3. 震颤或发抖。
4. 气短或窒息感。
5. 哽噎感。
6. 胸痛或胸部不适。
7. 恶心或腹部不适。
8. 感到头昏、脚步不稳、头重脚轻或昏厥。
9. 发冷或发热感。
10. 感觉异常(麻木或针刺感)。
11. 现实解体(感觉不真实)或人格解体(感觉脱离了自己)。
12. 害怕失去控制或"发疯"。
13. 濒死感。
注:可能观察到与特定文化有关的症状(例如,耳鸣、颈部酸痛、头疼、无法控制的尖叫或哭喊),此类症状不可作为诊断所需的 4 个症状之一。
B. 至少在 1 次发作之后,出现下列症状中的 1~2 种,且持续 1 个月(或更长)时间:
1. 持续地担忧或担心再次的惊恐发作或其结果(例如,失去控制、心脏病发作、"发疯")。
2. 在与惊恐发作相关的行为方面出现显著的不良变化(例如,设计某些行为以回避惊恐发作,如回避锻炼或回避不熟悉的情况)。
C. 这种障碍不能归因于某种物质(例如,滥用毒品、药物)的生理效应,或其他躯体疾病(例如,甲状腺功能亢进、心肺疾病)。
D. 这种障碍不能用其他精神障碍来更好地解释(例如,像未特定的焦虑障碍中,惊恐发作不仅仅出现于对害怕的社交情况的反应;像特定恐怖症中,惊恐发作不仅仅出现于对有限的恐惧对象或情况的反应;像强迫症中,惊恐发作不仅仅出现于对强迫思维的反应;像创伤后应激障碍中,惊恐发作不仅仅出现于对创伤事件的提示物的反应;或像分离焦虑障碍中,惊恐发作不仅仅出现于对与依恋对象分离的反应)。

　　案例 4-2 中,安欣反复出现不可预期的惊恐发作症状:心慌、胸闷,呼吸困难,感觉快要窒息,手脚麻木,全身颤抖,而且每次发作都是突然发生的,给安欣带来强烈的害怕和不适感,并在几分钟内达到高峰(符合标准 A)。在一次发作之后,安欣持续地处于担忧状态,时常担心会再次出现这种发作,既害怕那种失去控制的感觉,又觉得自己很丢脸,内心深感痛苦却又无能为力,这种对再次发作的担忧从大二下学期开始,一直挥之不去(符合标准 B)。此外,安欣的各项医学检查显示,除了有一点贫血之外,身体各方面指标都正常,安欣也没有药物滥用的经历(符合标准 C)。这些症状也不能用广泛性焦虑障碍、社交焦虑障碍等其他精神障碍来更好地解释(符合标准 D)。综上分析,安欣的情况可初步判断为惊恐障碍。

四、强迫症的识别

强迫症是一种以强迫思维和(或)强迫行为为主要临床表现的精神障碍。患者一般认为这些观念和行为没有必要或不正常,违反了自己的意愿,本能地加以控制或抵抗,但无法摆脱,为此深感焦虑和痛苦,严重影响学习、工作、人际交往甚至生活起居。世界卫生组织(WHO)所做的全球疾病调查发现,强迫症已成为 15～44 岁中青年人群中造成疾病负担最重的 20 种疾病之一。DSM-5 关于强迫症的诊断标准见表 4-5。

【案例 4-3】池飞,男,大一学生。他自述从高二开始总是控制不住地关注铁锈和其他脏东西,担心碰到之后会生病,但通过转移注意力自己还能控制。到高三后,情况变得更加严重,只要看到铁锈或脏东西,脑子里就一直会想自己是不是碰到了以及各种严重后果,为此内心焦虑不安,无法正常学习和做其他事情。他试图像以往那样通过转移注意力、控制自己不去想来消除这些念头,但都无效。然后开始反复洗手,每次都要洗很长时间,直到自己觉得洗干净了为止。随着时间的过去,对铁锈和脏东西的担心越来越频繁、强烈,即使没有碰到或看到,脑子里也会控制不住地想起之前看到或碰到的情境,然后会一直担心当时没有洗干净,并反复去洗手。这种情况严重影响了池飞的学习,成绩明显下降。后来因症状过于严重,池飞已经无法坚持在校学习,于是请假在家自学。在家里除了吃饭外,其他时间他基本都待在房间学习或玩游戏,对铁锈和脏东西的担心比在学校有所减少,但仍时常出现。进入大学后,症状并没有缓解,每天仍然处于对铁锈和脏东西的担心害怕中,每天都要反复洗手,这让池飞深感痛苦,觉得自己不是一个正常人,所以前来咨询求助。

讨论与思考:池飞的表现可能存在什么心理问题? 判断的依据是什么?

表 4-5　DSM-5 关于强迫症的诊断标准

A.具有强迫思维、强迫行为,或两者皆有。

强迫思维被定义为如下:

1.在该障碍的某些时间段内,感受到反复的、持续性的、侵入性的和不必要的想法、冲动或意向,大多数个体会引起显著的焦虑或痛苦。

2.个体试图忽略或压抑此类想法、冲动或意向,或用其他一些想法或行为来中和它们(例如,通过某种强迫行为)。

强迫行为被定义为如下:

1.重复行为(例如,洗手、排序、核对)或精神活动(例如,祈祷、计数、反复默诵字词)。个体感到重复行为或精神活动是作为应对强迫思维或根据必须严格执行的规则而被迫执行的。

2.重复行为或精神活动的目的是防止或减少焦虑或痛苦,或防止某些可怕的事件或情况;然而,这些重复行为或精神活动与所设计的中和或预防的事件或情况缺乏现实的连接,或者明显是过度的。

注:幼儿可能不能明确地表达这些重复行为或精神活动的目的。

B.强迫思维或强迫行为是耗时的(例如,每天消耗 1 小时以上)或这些症状引起具有临床意义的痛苦,或导致社交、职业或其他重要功能方面的损害。

C.此强迫症状不能归因于某种物质(例如,滥用的毒品、药物)的生理效应或其他躯体疾病。

D.该障碍不能用其他精神障碍的症状来更好地解释(例如,广泛性焦虑障碍中的过度担心,躯体变形障碍中的外貌先占观念,囤积障碍中的难以丢弃或放弃物品,拔毛癖[拔毛障碍]中的拔毛发,抓痕[皮肤搔抓]障碍中的皮肤搔抓,刻板运动障碍中的刻板行为,进食障碍中的仪式化进食行为,物质相关及成瘾障碍中物质或赌博的先占观念,疾病焦虑障碍中患有某种疾病的先占观念,性欲倒错障碍中的性冲动或性幻想,破坏性、冲动控制及品行障碍中的冲动,重性抑郁障碍中的内疚性思维反刍,精神分裂症谱系及其他精神病性障碍中的思维插入或妄想性的先占观念,或孤独症[自闭症]谱系障碍中的重复性行为模式)。

案例 4-3 中,池飞有强迫思维和强迫行为(符合标准 A)。强迫思维包括只要看到铁锈或脏东西就会一直想自己是不是碰到了以及各种严重后果,为此内心焦虑不安,无法正常学习和做其他事情。他试图通过转移注意力、控制自己不去想来消除这些念头,但都无效。强迫行为主要是反复洗手,直到自己觉得洗干净了为止。洗手的目的是防止铁锈或脏东西带来的严重后果,从而减少焦虑和痛苦。这些强迫思维和强迫行为每天要耗费池飞很长时间,让他深感痛苦,也严重影响了他的学习,成绩明显下降,甚至一度不能正常在校学习(符合标准 B)。这种情况从高二开始,高三明显变得严重,进入大学仍然没有好转,持续时间近三年。池飞的强迫症不是由于某些物质引起的生理效应,身体无明显异常(符合标准 C)。这些强迫思维和强迫行为不能用其他精神障碍来更好的解释(符合标准 D)。综上分析,池飞的情况可初步判断为强迫症。

五、正常的焦虑情绪与焦虑障碍的区分

当我们遇到意义重大而内心又没有把握的事件或情境时,常常会感到焦虑、紧张,但随着注意力从该事件转移或随着事件解决后,我们的心情会随之好转,这种情形很多人可能都遇到过。但我们并不会将这种情况称之为焦虑障碍,而是称之为正常的焦虑情绪。当事人到底是处于焦虑障碍还是正常的焦虑情绪状态,一般来说可以从以下几个方面进行区分:

首先,诱因不同。正常的焦虑情绪是人们遇到某些具体事件、挑战、困难或危险时而出现的正常情绪反应,它是由一定原因引起的,而且这种焦虑、担心与事件带来的威胁是比较相称的,可以为常人所理解;而焦虑障碍的焦急、担心要么没有明确固定对象,要么与诱发情境带来的威胁极不相称,难以为常人所理解。

其次,时间不同。正常的焦虑情绪随着诱发事件的消失而消失,持续时间较短;而焦虑障碍持续时间很长(一般至少持续 3 个月,惊恐发作除外),与诱发事件的消失与否无关,如不进行积极有效的治疗,则常常迁延数月或数年。

再次,影响不同。正常的焦虑情绪是有积极意义的,从某种意义上来说,对实现个体目标有推动作用;而焦虑障碍表现为时常感到担心和恐慌,感到坏的事情即将发生,常坐立不安,整天提心吊胆,心烦意乱,对外界事物失去兴趣,对个体的社会功能造成不良影响。

六、强迫症状与强迫症的区分

在日常生活中,需要对强迫症状和强迫症进行区分。强迫症状不仅在强迫症患者身上存在,在正常人群中也经常会出现类似的表现。比如,我们常说的"洁癖",有的人家里或办公室一定要打理得干干净净、整整齐齐,心里才会感到舒服。强迫症状不同于强迫症,正常人的强迫症状主要有以下特点:第一,出现时间短暂,断断续续;第二,不会损害自我,学习、工作、社交几乎不受影响;第三,没有"反强迫"心理,个体对做出的一些强迫行为并不觉得痛苦,没有从思想上和行为上要极力克制的想法和行为。

而强迫症是一种持续的、不断重复的、使人厌烦的想法、冲动、意向或行为,这些强迫思维或行为是耗时的(如每天花费 1 小时以上)。个体试图控制强迫思维或行为,但常常无效,因此深感痛苦,学习、工作、社交等受到极大影响,症状持续时间较长,至少 3 个月以上。

【应对策略】

七、处理焦虑障碍和强迫症学生的注意事项

遇到有疑似焦虑障碍或强迫症的学生,辅导员的处理策略与抑郁障碍的处理总体上相差不大,依然是要从确保安全,及时上报;谈心谈话,推动就医;家校沟通,协商解决方案;关心关注,提供支持和帮助等几个方面入手。相对来说,单纯的焦虑障碍或强迫症,其自杀风险比抑郁障碍低很多。如果学生没有自杀风险,那么,辅导员在与学生谈心谈话或与父母沟通交流时,应将重点放在推动就医和咨询上。此外,还需注意以下两点:

(一)鼓励面对,指导放松

在对焦虑障碍或强迫症学生的帮扶过程中,辅导员还可以适当地进行一些心理教育,将焦虑障碍或强迫症的性质告知学生,让学生对其有正确的认识,鼓励学生积极面对,放下思想负担。

为增强学生的信心,辅导员还可以指导学生进行一些放松训练,鼓励他们日常进行练习。常用的简易操作的放松方法主要有:腹式呼吸法、渐进式肌肉放松法和冥想放松法。

(二)动态关注,灵活应对

焦虑障碍和强迫症作为一种精神障碍,虽然诱发自杀等极端心理危机的风险较低,但辅导员仍然要将该类学生纳入高关怀数据库,予以动态关注,将学生的情况定期反馈给家长,平时可借助走访寝室与该类学生进行交流,表达关心,叮嘱其按时服药,鼓励其坚持咨询。一旦情况出现恶化,必须灵活应对。

【本节小结】

本节主要对几种常见焦虑障碍和强迫症的识别与应对策略进行了介绍。首先结合案例对 DSM-5 关于广泛性焦虑障碍、社交焦虑障碍、惊恐障碍和强迫症的诊断标准进行了详细解读,然后对于正常的焦虑情绪与焦虑障碍、强迫症状与强迫症做了区分,最后对焦虑障碍和强迫症的应对策略做了简要介绍。

第三节　大学生双相障碍的识别与应对

【案例导入 4-3】

周天,男,19 岁,大一学生,成绩中等。他自诉从进入大学以后,在无明显诱因的情况下出现情绪高涨、话多、爱管闲事,觉得自己有用不完的精力,每天晚上只需睡 2～3 小时,认为老师讲课水平不行,完全不如自己的思路清晰,老师讲的课跟不上自己的思维节奏。这样的状态维持 3～4 天后,周天突然就进入了另外一种完全相反的状态,对学习甚至是喜欢的动漫都提不起兴趣,每天都显得精力不足,情绪低落,经常说"我怎么这么差劲""我活在这个世界上一点用都没有"这类自我否定的话,甚至经常跑到学校宿舍楼的楼顶,自诉"楼顶好像有一股强大的磁力,把我往边缘吸,让我有跳下去的冲动",晚上要花 3 小时以上才能睡着,睡着了也会突然惊醒,早上 3～4 点就醒来,醒来的时候心情极差,经常一个人流泪。某次他在楼顶站着,有跳下去的冲动,可是想到自己的父母,又感到后怕。

周天感到十分痛苦与苦恼,辅导员也跟家长反映了他近期在学校的情况,于是父母带他去医院心理科就诊。据周天父母补充,当情绪高涨时,与周天对话常常感觉他没有任何主题,比如"天上的小鸟在飞,小学生放学回家,家是大海上的小船",情绪高涨的时间较少,近半年来以情绪低落为主。

讨论与思考:周天的表现可能存在什么心理问题? 判断的依据是什么?

【关键词】

双相障碍;躁狂;抑郁;识别与应对

【要点解析】

双相障碍(bipolar disorder,BD),指临床上既有躁狂或轻躁狂发作,又有抑郁发作的一类心境障碍。其典型表现为心境高涨、精力旺盛和活动增加(躁狂或轻躁狂)与心境低落、兴趣减退、精力下降和活动减少(抑郁)反复或交替发作。双相障碍具有高患病率、高复发率、高致残率、高自杀率、高共病率、低龄化和慢病化等特点,首次发作常在

20 岁之前,终身患病率为 1.5%～6.4%。

一、DSM-5 关于双相障碍的诊断标准

DSM-5 在双相及相关障碍中主要介绍了双相Ⅰ型障碍和双相Ⅱ型障碍。其他的相关障碍有:环性心境障碍、物质/药物所致的双相及相关障碍等。以下主要介绍 DSM-5 关于躁狂发作、轻躁狂发作的诊断标准,帮助辅导员识别双相障碍中的躁狂发作及临床类型。

诊断为双相Ⅰ型障碍,必须符合下列躁狂发作的诊断标准。在躁狂发作之前或之后可以有轻躁狂或重性抑郁发作。

(一)DSM-5 关于躁狂发作的诊断标准(见表 4-6)

表 4-6　DSM-5 关于躁狂发作的诊断标准

A. 在持续至少 1 周的时间内,几乎每一天的大部分时间里(或如果有必要住院治疗,则可以是任何时长),有明显异常且持续性的心境高涨、膨胀或易激惹,或异常且持续的有目标的活动增多或精力旺盛。
B. 在心境紊乱、精力旺盛或活动增加的时期内,存在 3 项(或更多)以下症状(如果心境仅仅是易激惹,则为 4 项),并达到显著的程度,且表现出与平常行为相比有明显的变化。
1. 自尊心膨胀或夸大。
2. 睡眠的需求减少(例如,仅 3 小时睡眠,就精神饱满)。
3. 比平时更健谈或有持续讲话的压力感。
4. 意念飘忽或主观感受到思维奔逸。
5. 自我报告或被观察到的随境转移(即:注意力太容易被不重要的或无关的外界刺激所吸引)。
6. 目标导向的活动增多(工作或上学时的社交或性活动)或精神运动性激越(即:无目的、无目标的活动)。
7. 过度地参与那些可能产生痛苦后果的高风险的活动(例如,无节制的购物,轻率的性行为,愚蠢的商业投资)。
C. 这种心境紊乱严重到足以导致显著的社交或职业功能的损害,或必须住院以防止伤害自己或他人,或存在精神病性特征。
D. 这种发作不能归因于某种物质(例如,滥用的毒品、药物、其他治疗)的生理效应或由其他躯体疾病所致。

(二)DSM-5 关于轻躁狂发作的诊断标准(见表 4-7)

表 4-7　DSM-5 关于轻躁狂发作的诊断标准

A. 至少连续 4 天的一段时间内,在几乎每一天的大部分时间里,有明显异常且持续的心境高涨、膨胀或易激惹,或异常且持续的活动增多或精力旺盛。
B. 在心境紊乱、精力旺盛或活动增加的时期内,存在 3 项(或更多)以下症状(如果心境仅仅是易激惹,则为 4 项),它持续性存在,并且与平时行为明显不同,且达到显著的程度。
1. 自尊心膨胀或夸大。
2. 睡眠的需求减少(例如,仅 3 小时睡眠,就精神饱满)。
3. 比平时更健谈或有持续讲话的压力感。
4. 意念飘忽或主观感受到思维奔逸。
5. 自我报告或被观察到的随境转移(即:注意力太容易被不重要或无关的外界刺激所吸引)。
6. 目标导向的活动增多(工作或上学时的社交,或性活动)或精神运动性激越。
7. 过度地参与那些可能产生痛苦后果的高风险活动(例如,无节制的购物,轻率的性行为,愚蠢的商业投资)。
C. 这种发作伴有明确的功能改变,这些改变在没有症状时不是个体特征。
D. 心境紊乱和功能改变能够被其他人观察到。

E. 这种发作没有严重到引起社交或职业功能方面的显著损害或需要住院治疗。如果存在精神病性特征,根据定义,则因躁狂发作。

F. 这种发作不能归于某种物质(例如,滥用的毒品、药物、其他治疗)的生理效应。

(三)DSM-5 关于重性抑郁发作的诊断标准

DSM-5 关于重性抑郁发作的诊断标准(参见本章第一节)。

案例导入 4-3 中,周天存在以下症状。第一,周天存在轻躁狂症状。他每次轻躁狂发作时间维持 3～4 天,存在明显的情绪高涨、精力旺盛,自尊心膨胀(老师讲课水平不行,完全不如自己的思路清晰)(符合标准 B-1),睡眠需求减少(每晚睡眠时间 2～3 小时)(符合标准 B-2),思维奔逸("天上的小鸟在飞,小学生放学回家,家是大海上的小船")(符合标准 B-4),此种轻躁狂的状态明显能被周天周围的人(父母)观察到。第二,周天存在重性抑郁症状(诊断标准参见表 4-1)。情绪低落,并且体现了"晨重夕轻"的特点(早醒时心情极差)(符合标准 A-1),易流泪,兴趣丧失(对学习甚至是喜欢的动漫都提不起兴趣)(符合标准 A-2),睡眠差(入睡困难、浅睡、早醒)(符合标准 A-4),自我否定,感到毫无价值(符合标准 A-7),反复出现自杀企图(跳楼)(符合标准 A-9)。第三,周天轻躁狂症状与重性抑郁交替发生,抑郁症状引出其他临床意义的痛苦感,无明显诱因,临床检查无器质性病变,不能用其他精神障碍的症状来更好地解释这些症状。综上分析,周天的情况可初步判断为双相障碍。

二、情绪起落波动大与双相障碍的区别

普通人在日常生活中遭遇一些生活事件,如工作压力、情感挫折、亲人离世等,都会出现或多或少的情绪变化,有低落、流泪,甚至消极否定的想法,而遇到考试成功、升职加薪、外出旅游等,又会情绪高涨,有愉悦、舒畅、自我肯定等体验,这些日常的情绪起落通常有以下特点。

(1)出现时间短暂,在可以自我调节的范围内。

(2)没有严重影响社会功能,日常社交、生活仍可开展。

(3)自我的主观体验没有强烈不可调节的痛苦感。

各类生活事件引起的情绪短暂起落是正常的,与双相障碍的情绪高涨和情绪低落是有明显区别的。

【应对策略】

三、处理双相障碍学生的注意事项

双相障碍是一种严重的精神疾病,一旦发现学生有或疑似有双相障碍的症状,可按照以下程序处置。

(一)转介上报

双相障碍具有高共病率的特点,常与其他精神障碍共病,如焦虑障碍、多动抽动障碍等,甚至会伴有精神病性症状,如幻觉、妄想,严重影响学生的日常生活、学习、社交等社会功能;双相障碍中的重性抑郁增加了学生的自杀风险,危及生命安全。因此,辅导员发现可能存在双相障碍的学生应及时报告学院分管学生工作的领导。当发现学生有自杀等安全风险时,可直接报告学工部/研工部、保卫处和心理中心等部门。

辅导员可将存在问题的学生情况通报心理中心,让专职心理咨询师进行初步的心理评估。在条件允许的情况下,辅导员可建议或陪同学生到心理中心接受心理评估,心理中心视学生心理问题严重程度等情况给出相应的专业建议和指导,必要时可邀请精神科医生进行评估。

(二)日常关心

辅导员在学生接受治疗的过程中应全程进行心理帮扶,建立良好的沟通,帮助学生正确应对疾病的治疗,加强治疗的依从性,加快疾病的康复。同时也为学生康复回校后的日常联络打下基础,能动态跟踪学生疾病的康复情况,帮助学生顺利毕业。

(三)家校沟通

重视家长对双相障碍的认知度。在与家长沟通的过程中,要详细说明学生在校的一些异常情绪、行为的具体表现,如开始时间、持续时间等,并介绍双相障碍相关疾病知识,让家长对其有正确的认识,积极配合,协助学生尽早诊疗,以争取最佳康复时间。

双相障碍的治疗比较复杂且周期长,如果病情已明显影响学生在校的学习和生活且有安全问题时,则应在专业医生的评估下,建议家长劝说学生选择休学治疗。辅导员需要对家长说明其中的利弊,理解家长的担心情绪。

【本节小结】

双相障碍属于严重的精神疾病,治疗比较复杂,既有抗躁狂治疗,又有抗抑郁治疗,治疗周期也相对较长,而且疾病发作过程中有严重的危机倾向。例如,躁狂发作期间冲动性明显增加,危险行为也增加,并不计后果;抑郁发作期间自伤、自杀的危险性明显增加。为此,辅导员需要与学生建立好关系,尽早识别、尽早转介、尽快联络家长,共同促使学生接受正规、系统的治疗,以提升康复效果,帮助其顺利完成学业。

第四节　大学生精神分裂症的识别与应对

【案例导入4-4】

王翔,大一男生,来自偏远山区,父母长年在外打工,自小由爷爷奶奶带大。他天资聪颖,勤奋好学,通过不懈的努力,考入了某本科院校。

进入大学后不久,王翔不断和同学讲,有人要害自己,要害他的人是从外星球开着飞碟来的,已经来到学校了,他还让班长帮他报警。他因为拿石头砸了教学楼的 LED 屏幕,被保安带到学院辅导员办公室。王翔告诉辅导员,因为有个外星人要害他,就躲在屏幕里,所以他才会去砸大屏幕。

他自述最近经常看到飞碟,听见一些辱骂他的声音;他觉得害他的人无处不在,尤其是在操场和校门口;他指着一个三角形图案,说是一把很锋利的刀……

与辅导员谈话时,他浑身紧张、僵硬。后来辅导员了解到,他在进入大学前就有多次自杀行为,进入大学以后多次在半夜的时候到走廊上徘徊。

讨论与思考:王翔的表现可能存在什么心理问题? 判断的依据是什么?

【关键词】

精神分裂症;幻觉;妄想;识别应对

【要点解析】

精神分裂症是一种病因未明的精神疾病,具有思维、情感、行为等多方面的障碍,以精神活动和环境不协调为特征。2012 年启动的中国精神卫生调查结果表明,18 岁及以上城乡社区常住 6 个月以上的居民中,精神分裂症 12 个月的患病率为 5.59‰。同时发现,无论城乡,精神分裂症的患病率均与家庭经济水平呈负相关。精神分裂症是大学生中比较常见的精神疾病。根据流行病学调查,精神分裂症的终生患病率为 0.65%,0.72%,1.37%不等。据武汉市一项对大学生住院精神障碍患者的研究,大学生常见的精神障碍中,最多发的是抑郁障碍(占比为 54.3%),其次就是精神分裂症(占比为 20.3%)。

一、DSM-5 关于精神分裂症的诊断标准(见表 4-8)

表 4-8　DSM-5 关于精神分裂症的诊断标准

A.存在 2 项(或更多)下列症状,每一项症状均在 1 个月中相当显著的一段时间里存在(如经成功治疗,则时间可以更短),至少其中 1 项必须是 1、2 或 3:

1.妄想。
2.幻觉。

3.言语紊乱(例如,频繁地离题或不连贯)。

4.明显紊乱的或紧张症的行为。

5.阴性症状(即:情绪表达减少或动力缺乏)。

B.自障碍发生以来的明显时间段内,1个或更多的重要方面的功能水平,如工作、人际关系或自我照顾,明显低于障碍发生前具有的水平(当障碍发生于儿童或青少年时,则人际关系、学业或职业功能未能达到预期的发展水平)。

C.这种障碍的体征至少持续6个月。此6个月应包括至少1个月(如经成功治疗,则时间可以更短)符合诊断标准A的症状(即活动期症状),可包括前驱期或残留期症状。在前驱期或残留期中,该障碍的体征可表现为仅有阴性症状或有轻微的诊断标准A所列的2项或更多的症状(例如,奇特的信念、不寻常的知觉体验)。

D.分裂情感性障碍和抑郁或双相障碍伴精神病性特征已经被排除,因为:(1)没有与活动期症状同时出现的重性抑郁或躁狂发作;(2)如果心境发作出现在症状活动期,则它们只是存在此疾病的活动期和残留期整个病程的小部分时间内。

E.这种障碍不能归因于某种物质(例如,滥用的毒品、药物)的生理效应或其他躯体疾病。

F.如果有孤独症(自闭症)谱系障碍或儿童期发生的交流障碍的病史,除了精神分裂症的其他症状外,还需有显著的妄想或幻觉,且存在至少1个月(如经成功治疗,则时间可以更短),才能作出精神分裂症的额外诊断。

　　按照DSM-5关于精神分裂症的诊断标准,案例导入4-4中,王翔有明显的妄想、幻觉等相关症状。他觉得害他的人无处不在,尤其是在操场和学校门口(被害妄想,符合标准A-1);他声称自己最近经常看到飞碟,听到一些辱骂他的声音(幻觉,符合标准A-2);他指着一个三角形图案,说那是一把很锋利的刀,他浑身非常紧张,身子显得僵硬(符合标准A-4)。综上分析,王翔的情况可初步判断为精神分裂症。

二、精神分裂症的典型症状

(一)幻觉

　　幻觉是精神分裂症的常见症状,即没有相应的客观刺激时所出现的感知觉体验,常见形式有幻听、幻视、幻嗅等。

　　幻听中,最常见的是言语性幻听。比如,患者听见邻居、亲人、同事或陌生人说话,内容往往是使其不愉快的。最具有特征性的是听见两个或几个声音在谈论患者,彼此争吵,或以第三人称评论患者(评议性幻听)。评议的内容常常是威胁、命令患者,或谈论患者的思想、行为等。患者可以清楚地听出议论他的每一句话,往往会感到十分痛苦。

　　患者的行为常受幻听支配,如与声音做长时间的对话,甚至因争论而做出相应的愤怒、恐惧等行为;有的患者会喃喃自语,做侧耳倾听状;或沉醉于幻听中,自笑、自言自语、窃窃私语。

　　幻听可以是真性的,觉得声音来自客观空间;也可以是假性幻听,即患者听见脑子里有声音在对话,在谈论他。

（二）妄想

妄想是精神分裂症最典型的症状之一，是一种病态的错误信念，即思考的内容是客观世界中不存在的。常见的有被害妄想和关系妄想、钟情妄想等。案例导入4-4中，王翔的被害妄想非常明显。

妄想一般有非常显著的特点，即患者坚定的信念根本没有事实依据，与其所处的文化环境、坚持的信仰等不相称，但是患者却坚信不疑。王翔坚定不移地认为"有人要害自己，而且是乘着飞碟来的"。无论同学、老师怎么劝说，他都对此信念深信不疑，不可说服。

【应对策略】

三、辅导员应对大学生精神分裂症的策略

（一）发现疑似症状，立即报告

当发现学生存在某些疑似精神分裂症的症状后，辅导员要立刻向学校心理中心报告，由心理中心安排心理咨询师了解情况，并对相关学生做心理评估与访谈，进一步对学生表现出来的疑似精神分裂症的症状做初步评估。心理中心需根据心理咨询师的评估结果，向辅导员反馈，并根据学生的具体情况给出相应的转介就诊等建议。辅导员要切记"专业的事情，交给专业的人来做"，自己要守好工作的边界，做自己力所能及的工作。

（二）根据评估建议，联系家长

当辅导员接到学校心理中心评估某个学生疑似精神分裂症的转介建议时，需要在第一时间通知学生家长。在联系家长的工作中，辅导员经常会遇到家长不肯来学校，不承认其子女有疑似病症，或者不配合送医等情况。面对此类问题，辅导员要学会理解家长对其子女心理疾病的种种担忧与顾虑，并能设身处地地为学生和家长考虑各种需要应对的境况。如果是对疾病认识不全，那么就要和家长讲清利害关系；如果是讳疾忌医，那么就要鼓励家长积极面对；如果辅导员没有经验，不知该如何与家长沟通，那么可以请有经验的辅导员或学校心理中心的心理咨询师出面和家长沟通。

（三）家长到来之前，做好安全保护

大部分精神分裂症患者的症状发作没有明显的刺激事件或诱发因素，因此，学生在学校里表现出相应的精神分裂症症状可能是突发的情况。当辅导员联系家长以后，哪怕家长能理解支持学校工作、积极配合学校的要求，也有可能会因为种种原因而不能立即赶到学校。在发现了疑似精神分裂症学生需要送医而家长又没赶到学校的空隙时间，辅导员需要根据学校、院系的统一安排，做好疑似精神分裂症学生的安全保护工作，

并注意保护学生的隐私。

(四)做好家校沟通,尽快转介就医

对于疑似精神分裂症学生,在发现其明显存在的精神病性症状之后,必须尽快送医诊治。就医越及时,对症状的消除和疾病的治疗越有利。如果耽误了医治的最佳时机,就可能会造成病情的加重或影响治疗效果。辅导员要把握精神分裂症的疾病特点,尽可能地做好家校沟通,取得家长的配合与支持。当家长赶到学校后,应由家长担负起学生监护人的职责,及时将疑似精神分裂症学生送医诊治。此时,辅导员要尽力做好各种转介就医的协助工作。

(五)患病学生复学后,保持重点关注

患了精神分裂症后,只要经过专业、系统的治疗,病情一般就能够得到控制,从而达到基本痊愈甚至痊愈。一般患病学生会住院治疗或休学治疗,当治疗结束、学生复学回校后,辅导员需要做好对复学学生的重点关注工作。

1. 帮助复学学生建立新的师生关系和同学关系

精神分裂症学生康复复学后一般会被编入下一年级继续学习,他们长时间离开学校,面对新的环境和新的群体,可能会出现焦虑、紧张、无助的情况。他们可能会回避同学,也可能在言语、行为、思想上与其他同学不同,这些都需要辅导员多留意。曾有一位患病学生复学后,室友们在背后喊她"傻子"。如果同学关系不良,就会对这些学生造成新的压力,进而影响病情的康复。

2. 督促学生服药复诊,避免疾病反复发作

患病学生出院后,仍要按时服药、定期复查,相当一部分患病学生可能需要终身服药。令人遗憾的是,复学后的精神分裂症学生,大多都会复发。复发的因素有很多,但最主要的往往是自行停药或没有按时服药,没有定期到医院复诊。

一旦疾病复发后,治疗的难度一般会比首次发作时更大。所以,针对精神分裂症复学学生的服药问题,一定要取得家长的支持和配合,确保孩子能按时服药。

学生出院后,为什么要定期到医院复诊呢?因为人的精神状态和心理状态是一个动态的过程,每天的服药量要根据实际病情有所增减。而且,有些药物长期服用还会产生耐药性,需要更换其他的药物。此外,有些患者还会对一些药物产生较严重的反应,等等。所以,出院后定期去医院复诊是非常重要的。精神分裂症不像很多躯体疾病,并非出院了就代表康复,这是一种需要长期与之斗争的疾病。

3. 帮助特殊的学生申请适度的补助金

患有精神分裂症的学生中,有些学生的家庭关系并不和睦,经济条件比较困难,他们在成长的过程中心理承受着各种压力。住院的费用是一笔不小的开支,虽然可以通过医保报销大部分的费用,但是出院后,他们的药费一般就不能报销了。对于经济困难的学生来说,这也是一笔不小的开支。好在很多高校都有相应的助学基金,可以帮助这

些学生提供适度的经济资助,所以,作为辅导员,要尽量帮这些特殊的学生争取相应的补助金。

【本节小结】

精神分裂症是大学生常见、多发的一种精神障碍,其常见的典型症状是幻觉、妄想等。作为辅导员,在心理助人工作中要做好精神分裂症的识别与应对,首先需要熟练掌握精神分裂症常见典型症状的表现、特点等,理解精神分裂症可能导致的严重伤害性后果。其次在发现学生有疑似精神分裂症的症状时,需及时上报,并努力做好转介就医等相关应对工作。最后,辅导员在患病学生休学期间或复学后,也要保持重点关注,并做好家校沟通、心理支持和生活帮扶等相关工作。

第五节 大学生人格障碍的识别与应对

【案例导入 4-5】

张艾,大三女生,行为风格像假小子。失恋后,张艾情绪极不稳定,甚至抽烟、酗酒,有时暴饮暴食,以此来缓解内心的空虚感。

宿舍同学都反映捉摸不透她的情绪,有时很好相处,有时却莫名其妙地生气发火。张艾开心时会和室友喋喋不休;心情糟糕时,就不理任何人,整日躺在床上颓废、消极沉闷,认为自己太糟糕了,处处不如别人。她幻想有一名年长的女性可以领养自己,幻想自己变得有钱、变得好看、受人喜爱。情绪非常痛苦的持续时间通常不会超过2天。

从小学开始,张艾就会用裁纸刀划伤自己,因为这样做能让她感觉到自己的存在。到了初中时,这种自残行为更严重。现在,张艾的手臂上有很多新旧不一的伤痕。

讨论与思考:张艾的表现可能存在什么心理问题? 判断的依据是什么?

【关键词】

人格障碍;边缘型;自恋型;偏执型;表演型;识别与应对

【要点解析】

一、人格障碍的概念

人格障碍是指明显偏离了个体文化背景预期的内心体验和行为的持久模式,是泛化的和缺乏弹性的,往往起病于青少年或成年早期,随着时间的推移逐渐变得稳定,并导致个体的痛苦或损害。

人格障碍的特征通常在青少年期或成年早期变得可识别。从定义上来说,人格障碍是思维、情感和行为的持久模式,在长时间内相对稳定。一些类型的人格障碍(特别是反社会型和边缘型人格障碍)倾向随着年龄的增长变得不明显或有所缓解,而其他一些类型则并非如此(例如,强迫型和分裂型人格障碍)。在相对少数的情况下,如果个体特定的适应不良的人格特质表现出广泛性、持续性,而且并不局限于某个特定的发育阶段或其他精神障碍,那么人格障碍类型可以适用于儿童或青少年。需要认识到,儿童期出现的人格障碍的特质在进入成年后并非一成不变。

二、大学生常见的人格障碍

人格障碍有很多种,大学生常见的人格障碍主要有以下几种。

(一)边缘型人格障碍

边缘型人格障碍是一种严重的精神障碍,也是一种极难治疗的精神障碍。边缘型人格障碍者经常对自己是谁感到很不确定,常常觉得自己毫无价值、根本不好或者很坏,这种不稳定的自我印象可能导致频繁地更换学习方向、工作、朋友、目标、价值观和性别意识。有学者描述,边缘型人格障碍的典型特征就是"稳定的不稳定",也就是说,其"不稳定"的特征是很稳定的。边缘型人格障碍患者控制情绪和耐受挫折的能力非常差,经常出现不计后果的冲动行为,情感暴发时可出现暴力攻击、自伤、自杀行为,大多数个体在行为过后往往又感到非常后悔。

(二)自恋型人格障碍

自恋型人格障碍以对自我价值感的夸大和缺乏对他人的同理心为主要特征。这类人毫无根据地夸大自己的成就和才干,认为自己应当被视作特殊人才,自己的想法是独特的,一般人不能理解自己。在现实生活中,他们的自尊心很脆弱,稍不如意就会感到自我无价值感,遇到比自己更优秀的人就产生强烈的嫉妒心。他们过分在乎别人的评价,要求别人持续地注意和赞美自己;对批评则感到内心的愤怒和羞辱,但外表以冷淡和无动于衷的反应来掩饰。他们往往缺乏同理心,人际关系常出现问题。

(三)偏执型人格障碍

偏执型人格障碍以对他人的普遍不信任和猜疑为主要特点。他们往往很难信任他人,把别人善意的谈论或事件当作贬低或威胁。这类人往往持久地心怀怨恨,或经常感到其人格或名誉受到损害,但在他人看来并不明显;而且他们在感觉受到打击时会迅速做出愤怒的反应或反击。

(四)强迫型人格障碍

强迫型人格障碍是以过分的谨小慎微、严格要求与完美主义和内心的不安全感等为主要特点。强迫型人格障碍者要求别人要按其方式办事,否则就会感到不舒服,对别人做事很不放心,做完事后缺乏愉悦感和满足感,会经常检查自身存在的缺陷。

(五)表演型人格障碍

表演型人格障碍是以过分感情用事或夸张言行以引起他人注意等为主要特点,又称癔症性人格障碍。表演型人格障碍者易受暗示、过于喜欢表扬、经受不起批评、喜欢挑逗,常给人以轻浮的感觉。

三、DSM-5 关于人格障碍的诊断标准

人格障碍的诊断需要对个体长期的功能模式进行评估,也必须有别于对特定情境性应激源反应的特征性表现或较为一过性的精神状态,并且应对人格特质的稳定性进行持续的、跨情境的评估。需要特别注意的是,人格障碍的诊断必须由专业临床工作者来完成,表 4-9 为一般人格障碍的诊断标准,供辅导员学习和了解人格障碍的一些主要症状和表现,辅导员在遇到有相关人格障碍症状的学生时能识别即可。

表 4-9　DSM-5 关于一般人格障碍的诊断标准

A. 明显偏离了个体文化背景预期的内心体验和行为的持久模式,表现为下列 2 项(或更多)症状:
1. 认知(即对自我、他人和事件的感知和解释方式)。
2. 情感(即情绪反应的范围、强度、不稳定性和恰当性)。
3. 人际关系功能。
4. 冲动控制。
B. 这种持久的心理行为模式是缺乏弹性和广泛的,涉及个人和社交场合的诸多方面。
C. 这种持久的心理行为模式引起有临床意义的痛苦,或导致社交、职业或其他重要功能方面的损害。
D. 这种心理行为模式在长时间内是稳定不变的,发生可以追溯到青少年时期或成年早期。
E. 这种持久的心理行为模式不能用其他精神障碍的表现或结果来更好地解释。
F. 这种持久的心理行为模式不能归因于某种物质(例如,滥用的毒品、药物)的生理效应或其他躯体疾病(例如,头部外伤)。

对照 DSM-5 关于一般人格障碍的诊断标准,在案例导入 4-5 中,张艾失恋后认为自己太糟糕了,处处不如别人,这是她对自我的负性认知模式(符合标准 A-1);张艾情绪波动大,开心时与室友喋喋不休,不开心时谁也不理,这是她情绪反应的不稳定性表现(符合标准 A-2);张艾失恋后抽烟、酗酒、暴饮暴食,甚至难过时就用自残、自伤的方式来缓解内心的痛苦,她在行为和冲动控制方面也表现出持久的非适应性的行为模式(符合标准 A-4)。综上分析,张艾的情况可初步判断为一般人格障碍。

【应对策略】

四、辅导员如何应对人格障碍的学生

(一)理解接纳人格障碍学生并建议其寻求专业治疗

大学生入学时的年龄基本已达到 18 岁,这是一个可以被诊断为人格障碍的最低年龄。大学生中已经有一定数量的人格障碍患者,每位辅导员都很有可能会遇上这样的

学生。

　　然而,人格障碍是一种"令人抓狂"的精神障碍,而且非常难以被改变,作为辅导员,该怎么办呢? 很显然,辅导员仅仅抓狂是解决不了问题的,要抓住问题的关键点。首先,学生患有人格障碍,这基本是进入大学前就已有了坚实的患病基础,因此,辅导员要做好心理准备,面对人格障碍的学生,对其进行帮扶也是收效甚微的。其次,辅导员要能接纳、理解患有人格障碍的学生,不能从心理上抗拒、排斥这些学生。他们的成长过程已经相当不顺利,辅导员一定要给他们足够的温暖和爱。而且,辅导员要相信,这些患有人格障碍的学生,只要教育有方,关爱足够,他们也有可能在某一方面取得突出成就。再次,患有人格障碍的学生大多受到生物学因素、心理成长发育因素、家庭社会因素的影响,辅导员没法改变他们的生物学因素,那是他们出生前就决定了的;辅导员也无法改变他们的成长环境条件,那是他们的个人成长史。但是,对于学生经历过的负性事件、心理创伤等,辅导员是可以通过心理辅导来改善的。无论面对什么样的学生,给予温暖的关怀都是必不可少的,辅导员可以经常找他们谈心,关心其学习和生活,这对于他们的心理成长有积极的意义。最后,"专业的事情让专业的人去做",遇上患有人格障碍的学生,辅导员要建议和督促其向专业人士求助,得到专业的心理咨询和治疗。

(二)人格障碍学生帮扶效果不理想是正常现象

　　判断一个学生是否患有人格障碍,不是由辅导员、心理咨询师说了算,而是要由专业医疗机构精神科医生诊断后才能确定。所以,正确的操作方法是,当辅导员感觉某位学生人格明显异常时,可以建议该学生先到学校心理中心进行咨询。当心理咨询师高度怀疑某位学生可能属于人格障碍时,再转介就诊。

　　如果确诊某位学生属于人格障碍,那么,辅导员一定要有足够的心理准备,因为即使付出了很多努力去帮助这位学生,他可能也并没有被你改变多少,这是人格障碍的特点。但是,辅导员对学生的关心,可以让学生的情绪受到积极影响。在学生遇到困难时,想到可以找辅导员帮忙,这正是辅导员对于人格障碍学生的工作意义之所在。

　　事实上,即使是心理咨询师,他们对人格障碍学生的改变也是非常有限的。无论是辅导员,还是心理咨询师,他们都是人格障碍学生社会支持系统中的重要资源,能让这类学生感受到支持的力量,这本身就是我们能给予人格障碍学生的心理助人行为。

(三)了解帮扶人格障碍学生的常用方法

　　人格障碍的预后较差,治疗效果一般并不理想,但是恰当的治疗手段仍能对人格障碍患者发挥一定的作用。目前,在人格障碍的治疗上已经取得了一些进步,对人格障碍的处理很大程度上是根据患者的不同特点,帮助其寻求减少冲突的生活路径。一般来说,精神科医生主要采取药物治疗,心理治疗师主要实施心理治疗,而学校的心理咨询师可以辅助以心理咨询和团体心理辅导等。辅导员也可以协助开展一些心理教育和团体心理辅导。

1. 药物治疗

人格障碍患者一般不会主动求医,药物治疗也很难改变患者的人格结构,但是,在人格障碍患者出现应激反应和情绪反应时,适度用药仍有积极的意义。

2. 心理治疗和心理咨询

采取心理治疗和心理咨询的方法,可以帮助人格障碍患者认识其人格缺陷,鼓励他们改变自己的行为模式,引导患者尽可能避免暴露在诱发不良行为的处境之中。比如,针对有强迫型人格障碍的学生,要让他们多参加紧张程度不高、不需要反复检查就可以完成的工作。

3. 心理教育和团体心理辅导

可以组织开展团体心理辅导、心理教育等活动,让人格障碍患者学会如何与他人友好相处。要帮助患者避免物质滥用、酗酒或卷入不满意的关系,从而避免让其症状更加严重。要相信,患者最终的改变通常来自一系列小小的进步,有付出总会有收获,只不过,针对人格障碍患者,收获要来得慢一些,小一些,所以,设计良好的心理教育和团体心理辅导方案是很有必要的。

此外,有些人格障碍患者,随着年龄的增长,其症状会自然减轻。例如,某些反社会型人格障碍患者,在中年以后,尽管仍存在人际关系冲突,但攻击行为会大大减少。

【本节小结】

人格障碍是个体心理与行为持久性的固定模式,这种行为模式往往偏离社会文化背景,给个体自身带来不便,并会影响周围人的正常生活。大学生常见的人格障碍有边缘型人格障碍、自恋型人格障碍、偏执型人格障碍、表演型人格障碍、强迫型人格障碍。遇到患有人格障碍的学生,辅导员往往会束手无策,甚至抓狂无助,对其进行心理帮扶也收效甚微。对此现象,辅导员首先要有合理的认知,其次需要接纳现实,最后努力做到尽力而为、问心无愧。

第六节　大学生其他常见精神障碍的识别与应对

【案例导入 4-6】

张锋,女,20 岁,大二学生,性格内向。她自诉从高中起睡眠就很差,晚上躺在宿舍床上,翻来覆去睡不着。她听到室友的打呼声,更是焦虑不安,想要早点入睡,想方设法就是睡不着,就算睡着了,睡眠很浅(中间可能醒 3～4 次),早醒(一般为 5 点),逐渐严重,伴随情绪低落(时有起落),白天精力减退,影响学习,尤其题做不出来时情绪烦躁,偶有消极意念。张锋因睡眠不好而痛苦,曾在医生的建议下服用安眠药,睡眠状况有所改善,近期停服安眠药后,睡眠质量又很差(一晚上总睡眠时间 2～3 小时),痛苦不堪,白天精力不够,浑浑噩噩。张锋觉得服用安眠药可能会上瘾,服药犹豫不决、断断续续。她去医院做过身体检查,排除了器质性问题。由于睡眠不佳导致白天精力不济,张锋觉得与同伴交往也有些吃力,同学关系受到影响。父母带其多方尝试中药调理,均未得到改善。

讨论与思考:张锋的表现可能存在什么心理问题? 判断的依据是什么?

【关键词】

失眠障碍;进食障碍;物质相关及成瘾障碍;识别与应对

【要点解析】

一、失眠障碍

失眠障碍是最常见的睡眠—觉醒障碍。即:在适当的睡眠机会和环境的情况下,个体对睡眠质量的不满,主要表现为入睡困难和(或)睡眠维持障碍,同时伴随对白天功能有显著性的影响。失眠在普通人群中的发病率为 $4\%\sim48\%$。失眠障碍的诊断主要依赖于自我汇报。在成人失眠患者中,主要表现为夜间觉醒时间过长,夜间睡眠不足和睡眠质量差。如果个体只存在夜间症状而缺乏日间功能受损,则通常不把这类型的个体归为失眠障碍。因为失眠或过度担心睡眠,增加的日间易激惹和不良的专注力,可能产生工作效率低下和社交问题。持续的失眠可能带来长期的不良后果,包括增加重性抑郁障碍、高血压、心肌梗死的风险,缺勤和工作绩效的降低,生活质量的下降以及经济负担的增加。

(一)DSM-5 关于失眠障碍的诊断标准(见表 4-10)

表 4-10　DSM-5 关于失眠障碍的诊断标准

A.主诉对睡眠数量或质量的不满,伴有下列 1 个(或更多)相关症状:
1.入睡困难(儿童可以表现为在没有照料者的干预下入睡困难)。
2.维持睡眠困难,其特征表现为频繁地觉醒或醒后再入睡困难(儿童可以表现为在没有照料者的干预下再入睡困难)。
3.早醒,且不能再入睡。
B.该睡眠紊乱引起有临床意义的痛苦,或导致社交、职业、教育、学业、行为或其他重要功能的损害。
C.每周至少出现 3 晚睡眠困难。
D.至少 3 个月存在睡眠困难。
E.尽管有充足的睡眠机会,仍会出现睡眠困难。
F.失眠不能更好地用其他睡眠—觉醒障碍来解释,也不仅仅出现在其他睡眠—觉醒障碍的病程中(例如:发作性睡病、与呼吸相关的睡眠障碍、昼夜节律睡眠—觉醒障碍、睡眠异态)。
G.失眠不能归因于某种物质的生理效应(例如,滥用的毒品、药物)的生理效应。
H.共存的精神障碍和躯体疾病不能充分解释失眠的主诉。

根据 DSM-5 关于失眠障碍的诊断标准分析案例导入 4-6,我们发现:第一,张锋存在入睡困难和维持睡眠困难,已经持续几年之久,且几乎每天都存在睡眠困难(符合标准 A-1 和 A-2)。第二,睡眠紊乱引起临床意义上的痛苦,导致张锋的学业、行为等功能的损害(符合标准 B)。综上分析,张锋的情况可初步判断为失眠障碍。

(二)失眠症状与失眠障碍

失眠障碍是常见精神障碍中的一种,它有可能是一种独立的疾病,也有可能是与其他精神障碍(如重性抑郁障碍)、躯体疾病(如疼痛)或其他睡眠障碍(如与呼吸相关的睡眠障碍)的共病。失眠的发展过程可伴有焦虑和抑郁的特征,但这些症状并不符合任意一种精神障碍的诊断标准。失眠也可以表现为一种更突出的精神障碍的临床症状。持续的失眠可以是抑郁障碍的风险因素,也可以是其治疗后常见的残留症状。

一般来说,出现失眠症状不等于就会患有失眠障碍。在日常生活中,如果个体报告睡眠困难是由于环境因素造成,当这些不利因素消失,睡眠恢复正常,则是出现了失眠症状。失眠症状可以是情境性的、持续的或反复发作的。情境性的失眠或急性失眠通常与生活事件或快速改变的睡眠时间或环境有关,一般只持续数天或数周。失眠症状也可能是间歇性的,其反复发作通常与应激性事件的出现有关。

很多躯体疾病的共病,如疼痛和胃食管反流等,也可能引起睡眠困难。当这些躯体疾病是引发失眠的唯一原因时,也不能独立被诊断为失眠障碍。

【应对策略】

二、辅导员应对失眠障碍学生的注意事项

(一)与之讨论失眠的具体情况

1.学生群体的失眠,多是压力导致的。一般有学习和人际关系方面的压力。尤其是宿舍人际关系的不和谐,或者是与学科教师之间有隔阂等,更会影响学生的睡眠质量。还有一些是家庭事件,如家庭关系破裂、家中经济条件恶化或者其他负性事件等,也会导致学生出现入睡困难等。

2.失眠的第二大因素是环境,如光线太过强烈、声音太过嘈杂、气温太高等。

3.最后是生理、心理因素和其他因素。例如,躯体不适、焦虑障碍、抑郁障碍伴发的失眠症状等。如果已经被医院诊断为失眠障碍,但不遵医嘱,则也可能会加重失眠。

找到失眠的原因,辅导员就能知道如何应对失眠的学生。比如,宿舍人际关系问题,或者是睡眠环境问题等原因导致学生出现失眠症状,通过辅导员的介入处理是能够得到解决的。

(二)帮助调适

对于非外因导致的失眠,可以尝试借助心理学的手段指导学生自我调适。

1.运动。晚饭后半小时,可以在学校操场或者其他场地散步或跑步,原则上以运动40 分钟左右为宜。有国外研究表明,80%的失眠者并不需要药物治疗,只要消除其心理

的紧张、抑郁、不安等因素,科学地安排学习与生活,动静结合并进行适当的体育运动,失眠就会得到很好的控制。失眠者睡前 2 小时适量做些运动,可明显缩短入睡时间,提高睡眠质量。

2.认知调整。很多失眠者在入睡前,对于即将来临的睡眠表示非常担忧,担心自己再睡不着怎么办。认知调整共包括三个步骤:(1)确定自身的错误观念,如"我要是再睡不着觉就完了";(2)觉察和挑战自己的错误观念,如"这样的想法可能有点问题";(3)用正确合理的观念取代自己的错误观念,如"就算今天睡不着也没关系"。认知调整可以发掘自身睡眠中的不健康因素从而主动地加以改变。这会使失眠者感到自己对睡眠的控制力和提高睡眠质量的信心,有利于获得稳定的效果。

3.睡眠限制。睡眠限制的目的是通过减少在床上的时间,以增加睡眠的时间和提高睡眠的质量,其原理在于在床上的时间过长会加重失眠,并使睡眠时断时续,而减少在床上的时间会导致轻度的睡眠剥夺而增加睡眠的质量。

4.注意睡眠卫生。具体内容为:(1)避免饮酒和喝含咖啡因的饮品,以及吸烟,尤其在傍晚后;(2)睡前 2 小时内,不能进食难以消化的食物;(3)晚饭后不可大量饮水,以减少夜尿;(4)睡前 2 小时,不参与过度兴奋和活跃的活动;(5)床只能用来睡觉,如果只是休息和放松,则可以坐在椅子上;(6)建立一套准备就寝的程序,如睡前听音乐、阅读、泡脚;(7)卧室的环境要有利于睡眠,如适宜的温度、光线和声音;(8)就寝后,放松心情,可以想象一些愉快的事情以促进睡眠。

(三)转介处理

1.对于自主汇报存在失眠障碍的学生,经过自我调适或学校心理咨询,均不能缓解,而家长反映其在家也出现这种失眠状况的,则可建议家长带去或者鼓励学生自己去医疗机构进行专业评估。辅导员在与家长沟通的过程中,应降低家长的"病耻感",充分强调学校的保密原则,打消家长的顾虑。

2.对于一些由压力因素造成的学生失眠情况,家长可能是不知道的,在这种情况下,学校要和家长充分沟通,告知家长其子女的表现症状、痛苦程度及可能产生的不良影响,让家长了解其子女的状态,同时,尊重和理解家长的感受,鼓励家长寻求专业帮助。

3.当学生表达出因失眠困扰而出现的消极想法或者计划时,建议学生和家长在专业机构评估的基础上,结合医嘱,必要时给出休息一段时间或休学的建议,以更好地帮助学生尽快恢复睡眠状态,保持正常的情绪,以便有精力完成学业。

(四)日常关心

对于存在失眠障碍的学生,辅导员可安排定期谈话,了解学生的动态;对于在校外医疗机构接受专业治疗的学生,也可了解其治疗进度,必要时提供学校层面的帮助,让学生树立战胜失眠障碍的信心。同时,辅导员应给学生创造良好的倾诉和心理调适条件,使学生在安全的、关怀的、支持的氛围下逐渐恢复睡眠质量。

三、进食障碍

【案例 4-4】 小可,女,19 岁,大一学生,身高 165cm,体重 48kg。身边同学都夸她长得漂亮、身材好,小可却不这么认为,她觉得自己又胖又丑,成绩还差。小可时不时会控制不住地大吃一顿,这天回宿舍后,在吃掉了两个汉堡、一大盒糖果和若干水果后,小可觉得非常难过,狂奔卫生间,把手指伸入喉咙,成功呕吐,结果全身虚脱,事后不得不躺下休息半小时。在这个过程中,小可体会到了前所未有的解脱,摆脱了所有暴食后的焦虑、内疚和紧张不安。

小可一路吃吃吐吐走过了一年,最近半年情况变得更加糟糕,几乎每周都会控制不住地"大快朵颐"(2～3 次),然后马上呕吐。一天晚上,她在同学聚会结束后又独自一人喝了大量啤酒,吃了一大桶炸鸡,那一刻小可内心的负罪、沮丧、焦虑、紧张一下子达到了历史顶峰,胃也因为糟糕的心情开始抽搐疼痛,小可想再次靠呕吐解决问题,可是这次什么都吐不出来!小可坐在地上号啕大哭,说要自杀,这时她才意识到生活已经失去了控制。

讨论与思考:小可的表现可能存在什么心理问题?判断的依据是什么?

【要点解析】

进食障碍(eating disorder,ED),是以进食或进食相关行为的持续性紊乱为特征,导致食物消耗或吸收的改变,并显著损害躯体健康或心理社交功能的一组综合征。进食障碍分为异食癖(异食症)、反刍障碍、回避性/限制性摄食障碍、神经性厌食、神经性贪食及暴食障碍。进食障碍中以神经性贪食(bulimia nervosa,BN)和神经性厌食(anorexia nervosa,AN)较为常见。神经性贪食/厌食通常起病于青春期或成年早期,在年轻女性中,神经性贪食的 12 个月患病率为 1%～1.5%,神经性厌食约为 0.4%。神经性贪食/厌食在男性中远没有女性常见,女性与男性的比率约为 10 : 1。

(一)DSM-5 关于神经性贪食的诊断标准(见表 4-11)

表 4-11　DSM-5 关于神经性贪食的诊断标准

A.反复发作的暴食。暴食发作以下列 2 项为特征:
1.在一段固定的时间内进食(例如,在任何 2 小时内),食物量大于大多数人在相似时间段内和相似场合下的进食量。
2.发作时感到无法控制进食(例如,感觉不能停止进食或控制进食品种或进食数量)。
B.反复出现不恰当的代偿行为以预防体重增加,例如,自我引吐、滥用泻药、利尿剂或其他药物,禁食或过度锻炼。
C.暴食和不恰当的代偿行为同时出现,并且出现频率维持在 3 个月内平均每周至少 1 次。
D.自我评价受到身体体型和体重的过度影响。
E.该障碍并非仅仅出现在神经性厌食的发作期。

(二)DSM-5 关于神经性厌食的诊断标准(见表 4-12)

表 4-12　DSM-5 关于神经性厌食的诊断标准

A. 相对于需求而言,在年龄、性别、发育轨迹和身体健康的背景下,出现了因限制能量的摄取而导致显著的低体重。显著的低体重被定义为低于正常体重的最低值或低于儿童和青少年的最低预期值。

B. 即使处于显著的低体重,仍然强烈害怕体重增加或变胖或有持续的影响体重增加的行为。

C. 对自己的体重或体型的体验障碍,体重或体型对自我评价的不当影响,或持续的缺乏对目前低体重的严重性认识。

对照 DSM-5 关于神经性贪食的诊断标准,案例 4-4 中,小可具有以下四点症状表现:第一,小可有反复发作的暴食,发作时无法控制地摄入明显大于常人的量的食物(符合标准 A-1 和 A-2);第二,小可在大量进食后,会同时出现不恰当的代偿行为,即通过自我引吐来预防体重增加(符合标准 B);第三,最近半年的发作频率超过每周一次(符合标准 C);第四,小可对自我的评价也与客观不符(符合标准 C)。综上分析,小可的情况可初步判断为神经性贪食。

【应对策略】

(三)处理进食障碍学生的注意事项

1. 进行正确的健康观念教育

对患有进食障碍的学生进行正确的健康观念教育是解决其在身体意象上错误或歪曲认识的重要方法,健康教育基本信息主要有 6 个方面:(1)理想的体型;(2)对身体的不满;(3)同伴带来的压力;(4)节食减肥带来的副作用和危害;(5)大众传媒的错误引导;(6)低自尊完美主义倾向、低自我评价、低自我控制的消极影响。

2. 提供合理营养方案

进食障碍的显著特点是为了减轻体重和保持体重。科学合理的膳食营养方式能够解决营养摄入不够或者摄入过多等问题,为进食障碍患者提供可以接受的、安全的、营养的合理膳食安排和能量补充。单纯的减控体重应以缓慢的能量负平衡为主要手段,减少的成分应该是脂肪。运动营养专家杨则宜等人的研究认为,通过膳食的个体化干预同时配合使用减轻或保持体重的系列食品,如魔芋食品、纤体棒、复合电解质补充剂和复合能量冲剂,能减轻饥饿感造成的心理压力和身体代谢的紊乱,从而保持良好的健康状态。

3. 指导科学地进行体育运动

运动能增强人们的体质、修身、提高意志力等,但是随意的运动不一定能解决这些问题,有节奏的科学运动才会在不伤害身体的情况下达到应有的目的。所以,辅导员为进食障碍学生提供科学的有关运动方式、运动强度、运动时间和运动频率等建议,能帮助其形成积极的身体意象,成功地控制体重。运动方式大体可以分为有氧运动、力量训练和柔韧性运动。有氧运动的运动强度较低,持续时间较长,富有节奏性、易行性和可坚持性,常见的有氧运动有快步走、慢跑、骑车、游泳和有氧健身操等。力量训练是指身体坚持长时间的锻炼以达到锻炼肌肉的目的,常用的方法有自重练习,杠铃、哑铃和组合器械练习。柔韧性运动能改善身体的姿态,增加关节活动的范围,增强身体的柔韧性,降低人们在运动过程中受伤的可能性,如拉伸运动。

4. 转介专业医疗机构

进食障碍会损害个体的身体,如神经性贪食可能导致心血管疾病、消化道疾病;神经性厌食可能导致营养不良、肝功能损害等,女性可能伴有闭经和其他表现。同时,它也可能影响人际关系、学习、职业发展等,甚至导致抑郁障碍、焦虑障碍和强迫症等心理疾病。因此,应该及时将客观情况告知患病学生家长,在专业医疗机构的协助下共同解决问题。

四、物质相关及成瘾障碍

【案例 4-5】据媒体报道,2017 年 11 月,某高校大四学生小冬等人一同参加同学小刘的生日聚会,11 人总共喝了 4 瓶白酒、1 箱啤酒,其中小冬一人就喝了 1 斤多白酒和 2 瓶啤酒。聚会结束后,小冬呕吐不止,同学将其送至酒店休息。第二天凌晨 2 时许,同学发现小冬已没有鼾声,连忙拨打 120 急救电话,将小冬送入医院。经过半个多小时的抢救,医生最终确认小冬死亡。

据了解,小冬父母常年在外打工,自幼以爷爷奶奶照顾为主,父母偶尔回家,看到小冬成绩不佳就会拳脚相加。小冬自 15 岁开始喝酒,后逐渐加大饮酒量。家中能找到的酒都喝光了,父母给的生活费也都买了各种酒。到大一时,每天都要喝两箱啤酒,养成了严重酗酒的习惯。因购买酒花费增加,小冬不停地向父母索要生活费,父母不给,转向同学借钱,如果不借就殴打同学。小冬常常在饮酒后感到脑子昏沉,口齿不清,步态不稳,无法集中注意力,记忆力下降,作业几乎不做,多次旷课,自大一开始,多门功课挂科。常年大量饮酒,小冬体质越来越差。学校每天的晨跑,他只跑了几百米就感觉体力不支,在最近一次体检中,发现有轻度高血压。面对身体发出的警报,小冬意识到如此下去不仅影响学业,而且身边同学也和自己越来越疏远。多次想戒酒,可一旦没有酒喝,小冬就会觉得浑身难受,坐立不安,于是又一次拿起了酒杯。

讨论与思考:小冬属于什么心理问题? 判断的依据是什么?

【要点解析】

(一)物质相关及成瘾障碍的概念

物质成瘾被定义为物质使用的失控,强迫性的物质寻求和使用,并不顾及不良后果。反复摄入某种物质(如阿片类物质、可卡因、酒精、香烟等)后可导致大脑结构和功能的持久改变。

物质相关障碍包括 10 种不同类别的药物:酒精,咖啡因,大麻,致幻剂[包括分属于不同类别的苯环利定(或类似活性芳基环己胺)和其他致幻剂],吸入剂,阿片类物质,镇静剂,催眠药和抗焦虑药,兴奋剂(苯丙胺类物质、可卡因和其他兴奋剂),烟草和其他(或未知)物质。这10种类别并非截然不同。如果过度摄取,所有的这些药物都能直接激活大脑的犒赏系统,此系统强化这些行为,产生记忆。他们能够产生如此强烈的犒赏系统的激活以至于正常的活动可以被忽略。

(二)DSM-5关于物质相关及成瘾障碍的诊断标准

DSM-5中将物质相关障碍分为两组:物质所致的障碍和物质使用障碍。

下列状况可以归类为物质所致的障碍:中毒、戒断和其他物质/药物所致的精神障碍(精神病性障碍、双相及相关障碍、抑郁障碍、焦虑障碍、强迫及相关障碍、睡眠障碍、性功能失调、谵妄和神经认知障碍)。

物质使用障碍又包括物质依赖和物质滥用。对于不同的物质(如酒精、咖啡因、大麻、阿片类物质等),各自所包含的物质使用障碍和物质所致障碍的具体类别有所不同。

物质使用障碍的基本特征是一组认知、行为和生理症状,提示尽管存在显著的物质相关问题,但是个体仍然继续使用物质。

物质使用障碍的一个重要特点是大脑环路的潜在改变,这种改变可能在脱毒之后持续存在,特别是有重度物质使用障碍的个体。这些大脑改变的行为效应可能表现为反复复发,以及当个体接触毒品有关的刺激时,对毒品的强烈渴望。这些毒品效应可能需要长期的治疗才能有效。

(三)DSM-5关于酒精使用障碍的诊断标准(见表4-13)

表4-13　DSM-5关于酒精使用障碍的诊断标准

A.一种有问题的酒精使用模式导致的显著的具有临床意义的损害或痛苦,在12个月内表现为下列至少2项症状:

1.酒精的摄入常常比意图的量更大或时间更长。

2.有持续的欲望或失败的努力试图减少或控制酒精的使用。

3.大量的时间花在那些获得酒精、使用酒精或从其效果中恢复的必要活动上。

4.对使用酒精有渴求或强烈的欲望或迫切的要求。

5.反复的酒精使用导致不能履行在工作、学校或家庭中的主要角色的义务。

6.尽管酒精使用引起或加重持久的或反复的社会和人际交往问题,但仍然继续使用酒精。

7.由于酒精使用而放弃或减少重要的社交、职业或娱乐活动。

8.在对躯体有害的情况下,反复使用酒精。

9.尽管认识到使用酒精可能会引起或加重持久的或反复的生理或心理问题,但仍然继续使用酒精。

10.耐受,通过下列二项之一来定义:

a.需要显著增加酒精的量以达到过瘾或预期的效果;

b.继续使用同量的酒精会显著降低效果。

11.戒断,表现为下列二项之一:

a.特征性酒精戒断综合征;

b.酒精(或密切相关的物质,如苯二氮卓类)用于缓解或避免戒断症状。

根据DSM-5关于酒精使用障碍的诊断标准,案例4-5中,小冬存在以下相关症状:

第一,小冬有长期、大量的饮酒的情况,自 15 岁到大四,已经有几年的饮酒史,并且自 16 岁开始大量饮酒(符合标准 A-1)。第二,因对酒精有强烈的需求欲望,小冬花了大量金钱购买酒(符合标准 A-4)。第三,在知道对自己身体有害的情况下(体质下降,跑步只能跑几百米),仍继续使用酒精(符合标准 A-6)。第四,认识到酒精对自己身体有害,并且影响学业,试图控制,但是多次失败(符合标准A-8)。综上分析,小冬的情况可初步判断为酒精使用障碍。

【应对策略】

(四)处理物质相关及成瘾障碍学生的注意事项

多元危险因素理论认为,个体的生物学和心理特点、家庭环境因素、同伴团体因素以及青少年生活的社会大环境,都会影响青少年使用成瘾物质的发生、发展和维持。因此,预防干预措施也应从这些方面考虑,形成一个多专业、多机构和学校家庭共同参与、全社会协同合作的工作网络。

对于程度严重的物质相关及成瘾障碍的学生,其影响不仅仅造成自己身体健康受损,耽误学业,也影响身边同学的生活学习。辅导员应尽早识别、尽早转介,应当在专业医疗机构的评估建议下,联合家长为其选择专业的、科学的治疗。

【本节小结】

失眠障碍影响因素多,发生率较高,各种心理问题或精神疾病都会伴发,辅导员应识别大学生的失眠类型以及严重程度,及时有效地给予帮助或转介。进食障碍对于大学生身心发展影响大,辅导员应建立好与学生的关系,给予正确的健康观教育,必要时尽快进行医学治疗。物质相关及成瘾障碍比较隐秘,但危险极大,辅导员应以敏感态度识别,多与学生交流,提高识别率与矫正率。以上各类问题,如果严重影响学生的学习、自我及他人的生活,应尽早帮助学生寻求医学治疗。

参考文献:

[1] 崔莉莉,盛利霞,汤宜朗.DSM-5 物质相关及成瘾障碍诊断标准的变化及影响[J].中国药物依赖性杂志,2015,24(3):165-168.

[2] 国家卫生健康委办公厅.关于印发精神障碍诊疗规范(2020 年版)的通知(国卫办医函〔2020〕945 号)[A/OL].(2020-12-07).http://www.nhc.gov.cn/cmssearch/xxgk/getManuscriptXxgk.htm? id=a1c4397dbf504e1393b3d2f6c263d782.

[3] 韩勇.运动疗法治疗失眠的中西医研究进展[J].内江科技,2010,31(5):39,77.

[4] 郝伟.精神病学[M].5 版.北京:人民卫生出版社,2006.

[5] 江开达.抑郁障碍防治指南[M].北京:北京大学医学出版社,2007.

[6] 寇长贵,谢冰,史杰萍,等.在校大学生强迫性神经症现况调查[J].吉林大学学报(医学版),2009,35(2):384-388.

［7］李建华.我国物质成瘾心理行为治疗的现状、挑战及应对策略［J］.中国药物滥用防治杂志,2019,25(2):76-81.

［8］刘陈陵,吴和鸣,吴斯.武汉市大学生精神疾病临床调查及预防干预［J］.医学与社会,2012,25(9):75-78.

［9］刘文娟,季建林.双相情感障碍的心理社会治疗［J］.国际精神病学杂志,2007(3):175-180.

［10］陆林.沈渔邨精神病学［M］.6版.北京:人民卫生出版社,2018.

［11］美国精神医学学会.精神障碍诊断与统计手册［M］.5版.张道龙,等译.北京:北京大学出版社,2015.

［12］彭宁宁,朱佳珮,周月芳,等.上海市大学生使用烟草和酒精等成瘾物质状况［J］.中国校医,2006,20(4):339-342.

［13］苏波波,郑美红.物质相关线索对成瘾者反应抑制的影响［J］.心理科学进展,2019,27(11):1863-1874.

［14］随明明,张道明.进食障碍研究综述［J］.科教文汇(上旬刊),2008(11):290.

［15］孙宁,徐艳艳,李敏.失眠的认知行为治疗［J］.健康大视野(医学版),2013,21(4):279.

［16］汤秀成,胡茂荣,吴洪军.新冠肺炎疫情下接纳承诺疗法在双相情感障碍中的应用［J］.国际精神病学杂志,2020,47(5):863-865.

［17］吴任钢,张苏范,单敬.认知行为治疗慢性失眠症及临床疗效分析［J］.中国心理卫生杂志,2002(3):160-164.

［18］张锐敏.物质滥用治疗现状与挑战［N］.中国禁毒报,2019-12-31(3).

第五章

··

大学生心理危机干预及预防

第一节　大学生心理危机概述

【案例导入 5-1】

　　新生开学后,辅导员孟老师很忙碌,为帮助新生尽快适应大学生活,他开展了新生始业教育,也通过开班会帮助学生相互熟悉。10月中旬的一天,当孟老师正在办公室翻阅学生的家庭背景资料,为新生电话家访做准备时,他带的新生班级的班长跑进来说,在刚刚的"高等数学"课上,同学马文突然哭着跑开了,等了10分钟也没见回来,于是他追出教室看了一下,没看到马文,所以就跑来告诉老师了。孟老师赶忙出去寻找,后来在教学楼某个僻静的角落里找到了正在哭泣的马文,并把她带回办公室,安抚情绪。

　　通过谈心谈话,孟老师了解到以下情况:马文来自西部,以前中学时数学成绩就不太好,现在上的"高等数学"课对她来说,特别难,感觉像在听"天书",她又不好意思问老师和同学,一个月课上下来,现在连作业也没法按时交上去了,担心接下来的期中考试考不好,更担心期末考试挂科,怕家里人会对自己失望。马文觉得自己什么都不如别人,不仅学习差,不会跟人交往,也没加入任何社团。她觉得自己的人生没有希望与未来,想一死解脱,可是又害怕自己死了父母会伤心,不知道该怎么办,就从教室里跑出来躲着哭。马文的情况属于心理危机么?辅导员可以做些什么呢?

【关键词】

　　心理危机;危机类型;危机的影响;危机压力管理

【要点解析】

一、心理危机的定义

　　美国心理学家卡普兰(G. Caplan)在1964年发表的论文中首次提出心理危机的概念并对其进行了系统研究。他认为心理危机是当个体面临突然或重大生活逆境(如亲人死亡、婚姻破裂等）时所出现的心理失衡状态。这种失衡状态存在不同的严重程度，既包括广义上的激烈的心理矛盾，也包括精神面临崩溃或心理障碍。在卡普兰看来，"每个人都在不断努力保持一种内心的稳定状态，使自身与环境相平衡与相协调，当重大问题或变化发生使个体感到难以解决、难以把握时，平衡就会被打破，正常的生活受到干扰，内心的紧张不断积蓄，继而出现无所适从，甚至思维和行为的紊乱，进入一种失衡状态，这就是心理危机状态"。

大学生心理危机是指大学生个体或群体的心理能力不足以面对困难情境时产生的，可能对自身、他人或社会造成严重危害的短暂紧急性心理失衡状态。例如，大学生在遭遇家人病故、自身罹患重病、情感破裂等重大生活事件或者慢性长久的疾病及创伤等时，自己感到难以解决、无法应对后出现的紧张、焦虑、不安，甚至冲动危险行为。又如，案例导入 5-1 中，马文感到自己难以解决面临的学习、人际交往问题，什么都不如别人，无法满足父母的期待，甚至不想活了，这种状态就是心理危机状态，需要及时干预。

心理危机事件一般具有三个标准：

第一，对于个体而言，危机事件是不寻常的，也是具有挑战性的；

第二，引起急性情绪困扰或认知、躯体和行为等方面的改变，但又均不符合任何精神疾病的诊断标准，危机事件可能让人陷入困境，带来明显的心理困扰，这种困扰往往以情绪困扰的形式呈现；

第三，个体常见的应对机制失效，以前行之有效的应对方法在这次危机事件中失去了作用。

这三个标准是相互联系的，面对一个不寻常的刺激，当过往的应对机制失效时，个体会陷入害怕、焦虑等情绪中，而这些情绪又使其认知狭窄化，无法去发现自身的资源，陷入恶性循环。

二、大学生心理危机的常见类型

（一）发展性危机

发展性危机是指个体在人生发展过程中由急剧的变化所造成的异常心理反应。大学生群体中常见的发展性危机有：高考失利、挂科、学分警告、退学、失恋、面试失败等。

（二）境遇性危机

境遇性危机是指个体遇到了个人无法预测和控制的危及生存的事件，造成了心理失衡乃至解体的状态。大学生群体中常见的境遇性危机有：交通意外、性侵害、校园贷危机、家庭破产等。

（三）存在性危机

存在性危机是指伴随着重要的人生问题（如人生目的、责任、独立性、自由和承诺等）出现的内部冲突和焦虑。大学生群体中常见的存在性危机有：自我价值感极度缺乏、拒绝毕业、找不到工作等。

三、心理危机的影响

危机事件会给个体带来两类影响：创伤后应激障碍或者创伤后成长。90％的人经历危机事件后能复原，并借着危机事件带来的"机遇"实现创伤后成长，所以不是每个经历危机事件的人都需要危机干预。只有少部分在危机事件中受到创伤的人才需要被干预，而且危机事件后 20％的伤害是生理的，80％或更多的伤害其实是心理的。

危机事件带给每个人的影响是不同的，根据以往的研究，如果危机事件来临之前个体的心理健康水平较低，那么其在危机事件中的反应也会更强烈一些——人的心理反应常常与其原有的心理健康状况有关。一般来说，危机事件发生以后，个体可能出现由轻到重的四种结果：

第一种，通过自我调节或寻求专业的帮助后渡过危机，并且个体从危机过程中学到了新的应对技巧和方法，危机事件后个体的心理健康水平也比之前更高（这是一个非常理想的状态）。

第二种，危机事件后个体通过自己或他人的帮助，逐渐恢复到危机事件发生之前的水平（这也是我们期待的状态）。

第三种，危机事件虽然已经过去，但个体在心理上留下了一些创伤或者痛点，导致适应能力下降（这些创伤可能会在未来引发一些其他问题）。

第四种，个体陷入一种崩溃的状态（这是最严重的状态），同时还会出现各种各样应激反应，甚至还会自我伤害。由于个体无法承受危机事件的巨大打击，因此对未来感到失望，严重的甚至会产生自杀、伤人倾向或行为。

危机干预必须先进行需求评估，同一事件中的不同人在面临危机时会有不同的反应和心理需求。对良性应激反应，只需要提供信息、排除、适当监控；对不良应激反应，则需要识别、评估（个体干预）、提供休息缓和症状、随访、监控、必要时转介；对机能失调的个体，则需要识别、评估（个体干预）、马上转介。

【应对策略】

四、应对危机的正确态度

危机是"危险与机会"共存——意指在危机、危险、突发事件的状态下，同时也蕴含着一种新的可能性和机会。面对危机，我们可以这样应对：

第一，鼓励将危机反应正常化，但不能忽视严重的危机反应。

第二，不应该鼓励当事人讲述或者重温危机事件，除非他们本身对此感到舒适或出于专业人员干预的需要。在关注危机中的负面信息时，尝试关注危机中的正面消息，且接受权威媒体的消息，遏制小道消息的传播，避免引起新的恐慌。

第三，将危机视作"提醒信号"，尝试理解发生危机后给自己带来的心理意义，或许是提示需调整内心的需要和期望，也或许是亲密关系方面的渴望等。

第四，如果把危机当作"求助"和"改变"的机会，积极主动地寻求相应的帮助（如心理援助热线、心理咨询、精神科医生、家庭支持等）后，就可能会获得新的感悟，学到新的应对技能，让危机真正成为转机。

第五，尝试去接受自己无法控制和改变的事情，并努力改变可以控制和改变的事情。

五、建立危机压力管理体系

危机管理包括了危机前的预防、急性危机期的工作、危机后的干预以及总结调整。相比于单次危机事件的工作，校园危机管理工作需要学校、院系、心理中心多个层面的参与，共同搭建危机压力管理体系。

危机管理大致可分为三个阶段：

第一阶段：危机前（预防）。这主要是指建立工作机制，比如，对相关人员进行危机预防与干预的知识和技能培训、日常进行监控（舆情），建立重点学生关注制度以及相关的协调合作反应机制。

第二阶段：危机中（干预）。危机发生时，迅速成立相关的危机事件干预工作小组，组织各类相关工作人员介入，并进行专业处理。

第三阶段：危机后（完善）。对危机事件的后续跟进，需要召开总结会议进行经验回顾和预案调整，就困难和重点问题接受督导、评估和再受训。

危机管理的基础工作是预防，需要在日常工作中逐一落实；在危机事件发生后，早介入、早结束，反应越快，影响越小，在危机干预阶段做到刚好即可，不多做，更长远的心理援助工作或完善工作应在危机事件处理妥当后再启动。

【本节小结】

心理危机是每个人都可能会碰到的情况，转"危"为"机"往往需要周围人的帮助，如案例导入 5-1 中的马文遭遇的是"发展性危机"，与新生适应不良的一般表现相比，马文在学业和人际方面出现的困难较多，如果只是自行调整，那么很难解决其具体的困难，甚至可能引发危机事件，此时，同学的关注、辅导员的关心支持或许就能成为"转机"的开始。从学校的工作角度来看，必须有备无患，制定好相应的规章制度，一旦发生危机事件，及时应对。

第二节　大学生心理危机的预防与识别

【案例导入 5-2】

辅导员孟老师在听完马文的叙述后，还是挺担心她的，于是就询问了她目前的生活状况，马文说她现在吃饭、睡觉、上课都还算正常，就是情绪有些低落，平常也很少跟人说话。她不喜欢人多的场合,在别人的目光中会紧张难受,一个人时才相对放松些,独来独往也不会因相互等待而耽误时间。这让孟老师回忆起一次走访寝室的情景:马文所在寝室的另外三个学生都比较外向开朗,有说有笑的,只有她一个人在整理自己的桌子,一句话也不说。孟老师还发现,四个人中就她的床上装了帘子,而且帘子很厚,拉得非常严实。孟老师问及马文现在与室友相处的情况,马文说她现在很多时候都在教室或者图书馆,在寝室就睡个觉,与室友之间交流很少,但也没有大的矛盾。

孟老师进一步了解了马文的家庭情况,得知马文来自西部农村,父亲长年在外打工,母亲在家带三个孩子,她是老大,从小就勤奋好学,通过不懈的努力才考上现在这所本科院校的王牌工科专业,就是想毕业后能找个好工作改善家庭的经济状况。她觉得父母很辛苦,不希望自己让他们失望,更不希望自己让他们担心和操心,所以平常都是报喜不报忧,学业压力就只能自己一个人扛着。在人际交流方面,以前中学的时候埋头读书,她也没交到很好的朋友。

孟老师了解到这些信息后,心里更加担心,他纠结着要怎么询问马文关于自杀的想法,担心自己贸然询问会让马文的情绪更加激动。

【关键词】

危机预防;预警渠道;预警评估;钻石型沟通

【要点解析】

一、心理危机的预防途径

心理危机预防是一项系统工作,不仅仅需要心理咨询师的参与,更需要借助辅导员的力量、广大学生干部的力量、后勤安保人员的力量等,他们与学生心理和空间距离最近,最了解学生的心理动态。因此,心理危机预防需要注重全员参与和培训。在高校的背景下,主要有机制建立、宣传预防、教育预防三条途径。

(一)机制建立

学校领导需要根据每个学校的工作特色制定快速有效的预防机制,为相关人员的工作提供框架,而非危机发生时才寻求对策。根据2018年中共教育部党组印发的《高等学校学生心理健康教育指导纲要》,高校需要建立学校、院系、班级、宿舍"四级"预警防控体系。

(二)宣传预防

辅导员可通过各种形式在日常进行宣传,重要时间节点可加大宣传力度,如在学生宿舍区放置宣传材料、开放网站留言板、开通专门的网络宣传平台、录制宣传视频在媒体播放等,内容必须包含精神障碍、危机识别和求助渠道的科普知识。

（三）教育预防

大多数高等学校的心理中心会开设与心理健康教育相关的课程，《高等学校学生心理健康教育指导纲要》要求学校对新生开设心理健康教育公共必修课。作为补充，辅导员可以组织针对性的活动，如开展讲座。此外，学校心理中心也会为校园不同层面人员提供相应的危机识别与应对技能培训，包括辅导员、班主任、导师、心理委员、寝室长、宿管人员、安保与医疗人员等，分层全面提升工作队伍的危机预防能力，让他们掌握基本的常识与技能，能识别危机信号，及时上报，阻止危机事件的发生。

二、心理危机预警信息来源渠道

一些与心理危机有关的信息和线索是可以提前预警的，辅导员在日常工作中可以从以下三个方面获取预警信息。

（一）关注学生的背景信息

辅导员在学生入学后需逐个了解学生的背景信息。通过对高校心理咨询来访学生的数据进行回归分析发现，本人（家族）精神病史、近 3 个月发生的重大生活事件、六岁前有寄养经历、专业满意度低、父母婚姻状况不良等因素与来访学生的自杀意念及行为有关。此外，对家境贫困、家庭有重大变故、个性极度自卑等其他一些情况的学生也应适当关注。

学生在成长过程中经历的重大生活事件，一般是指那些遭遇重大应激源并出现心理或行为异常的事件，主要包括以下四种类型：

第一，重大突发事故。比如，地震、火灾、重大交通事故等不可测、不可控又会导致严重伤害性后果的突发事件。近年来，因校园贷而陷入重大债务危机事件中的学生也易引发心理危机。

第二，情感上的重大丧失。比如，被动失恋（被抛弃）、人际关系出现重大冲突（被背叛），以及性取向或性别认同方面有重大冲突的学生。

第三，严重环境适应不良。尤其是大学新生，从中学到大学，很多方面都存在着较大差异，需要从生活、学习到交往全方位地适应新环境。如果大学生适应能力不强，就很容易遭遇负性事件影响，出现负性认知，造成心理危机。

第四，周围人发生的重大危机事件。比如，同学自杀、失联，或者出现一些重大伤害案件、重度伤残行为等。

（二）关注新生的心理测量结果

心理测量是一项专业性较强的工作，一般由学校心理中心的专职心理咨询师施测、解释和访谈。辅导员会做一些测量的辅助工作，如通知学生何时何地参加测量，通知偏离常模的学生参加心理中心的访谈等。心理测量后，心理中心一般会对测量数据异常的学生集中安排访谈，访谈后的情况也会反馈给辅导员。

辅导员要重视新生心理测量访谈后的反馈结果,如果访谈结果为"一般关注",则需要辅导员与该生每月至少谈话1次,还要在关键节点关注该生的思想动态变化;如果访谈结果为"重点关注",则需要辅导员经常与该生进行谈话,保持一定的谈话频率以了解该生的压力变化状态、是否有在接受稳定的治疗等;如果访谈结果为"即刻危机",则需要辅导员立刻启动和参与该生的心理危机干预工作,并做好后续的跟进等。

关键节点一般有三种:其一,每学期开学初,尤其是春季开学初,在考研、考公务员、出国申请等结果出来前后,这段时间对重点关注学生要密切关注,预防他们严重精神障碍的复发和心理危机的爆发;其二,每学期期末,每年5—6月,毕业论文、就业及分手等问题特别容易引发心理危机,每年的12月和1月,有考试焦虑、考研压力和情绪抑郁的学生也易发生心理危机;其三,严重危机事件导致的临时关键节点,如当学校发生与自杀相关的危机事件时,需要预防重点关注学生因自杀传染而引起的负面情绪波动。

(三)关注学生日常中的不寻常情况

学生以学业为重,所以辅导员在日常关注中可以从学业情况入手,重点关注以下不同寻常的学业情况:学习纪律变差,多次无故旷课;学习成绩变差,多门考试挂科,面临学业警告、留级或退学的风险;学习动力不足,学习兴趣缺乏,没有目标,网络依赖严重,甚至无所事事、迷茫无助;学习压力过大,焦虑情绪严重,学习效率低下;学习动机过强,考试焦虑严重,情绪崩溃。

关注学生的情绪与压力状态变化,学生若出现过度自责与过度反应,或明显的行为风格改变(如对日常活动突然失去兴趣、回避或中断人际交往、赠送礼物安排后事)等情况时,需要谨慎对待。

除此之外,还要特别关注大一新生、毕业生,情绪行为易冲动、自我意识有严重偏差、性格过于内向孤僻等特殊群体的学生,这些学生也是潜在的心理危机高发群体。案例导入5-2中,马文是大一新生,在大学生活中学习、社交等明显地适应不良,情绪冲动,性格比较孤僻,父母要求高,学习压力大。在心理排查中,辅导员应把这样的学生列为重点关注对象,预防潜在的危机。

(四)关注有重大疾病史或目前正患有重大疾病的学生

该类学生主要是:

目前患有严重或慢性身体疾病,个人很痛苦,治疗周期长、治疗效果不佳的学生;

目前患有严重精神疾病,如患有抑郁障碍、焦虑障碍、双相障碍、精神分裂症等的学生;

有既往精神疾病史(入学前有病史,或入学后发病经治疗后继续学习)的学生;

有既往自杀未遂史或家族中有自杀史的学生。

如发现学生情况紧急或问题严重应立即联系学校心理中心进行紧急干预,或陪同学生直接前往专科医院就诊。

三、心理危机预警评估

(一)心理危机预警评估重点人群

《危机干预策略》一书中列出了以下 26 条自杀预警线索,若当事人符合 4～5 条信息,则需要进行心理危机预警评估。

1. 表现出自杀或者杀人的冲动和强烈意图;

2. 有自杀的家族史,受到伤害威胁以及他人虐待;

3. 有自杀未遂史;

4. 制订了详细的自杀计划;

5. 最近经历了亲人死亡、离婚或者分居;

6. 家庭因遭遇丧失、虐待、暴力或因来访者遭受性虐待而失去平衡;

7. 陷入某个创伤性损失的周年纪念日的痛苦中;

8. 患有精神疾病(并可能未经医生允许私自停药);

9. 有药物或酒精滥用史;

10. 最近有身体上或精神上的创伤;

11. 有疾病治疗失败史、慢性疼痛,或在疾病晚期;

12. 独居并与他人断绝联系;

13. 患有抑郁症、处于抑郁症恢复期,或者最近因抑郁症而住院治疗;

14. 分发个人珍爱的财产或处理个人事务;

15. 行为或情绪特征有很大的改变,比如冷漠、退缩、孤独、易怒、恐慌和焦虑,以及社交、睡眠、饮食、学习、穿衣、打扮和工作习惯的变化;

16. 感到深深的绝望或无助;

17. 陷入以往经历过的躯体、情感或性虐待,并难以自拔;

18. 明显表现出与正常情绪行为特征不一样的情绪,如愤怒、侵犯、孤独、内疚、敌意、悲伤和失望;

19. 面对经济损失的威胁;

20. 有受迫害的想法;

21. 在应对性取向问题上有困难;

22. 意外妊娠;

23. 有逃亡或监禁史;

24. 在谈话、写作、阅读选择、艺术品或绘画中体现关于抑郁、死亡和自杀的想法和主题;

25. 表达如果他死了,也不会被人怀念;

26. 经历了慢性或者急性应激事件。

需要特别注意的是:威胁别人说要自杀的人可能会自杀,请认真对待自杀言论;大部分自杀者之前并没有查出精神疾病;自杀行为会被模仿,所以当个体的亲朋好友或者偶像有自杀行为时,需要及时澄清和评估;自杀未遂后,自杀危险提高,需要提高警惕;而一个想自杀的人开始表现慷慨和分享个人财产,表明这个人极度高危,需要立即干预。

(二)心理危机预警评估方式

1.危机晤谈是有效的心理危机预警评估方式

心理危机预警最直接有效的评估方式是"危机晤谈",直接询问一个人是否有自杀想法,不仅不会促使当事人的情况变差,还能开启一场评估心理危机严重程度的沟通谈话。在不确定当事人是否存在危机风险时,辅导员最重要的是去做心理危机预警评估的沟通,而不是去解决当事人的实际困难。因为在当事人觉得没有价值、低成就感、没有希望时,辅导员一味地给予"生命价值和意义"的教育,强行灌输价值感、勉强表扬等,并不能去除与危机风险有关的担心和焦虑。而且,如果当事人已经有了自杀的想法或者计划,就会将自杀视作一种合理的行为,此时辩论合理性常常无效。所以,危机晤谈应从关心当事人的温饱、安全开始,表示关心和支持,然后通过晤谈实现:搜集信息,识别危机信号,评估自杀风险,寻求援助资源。与此同时,辅导员还需具备一定的沟通技能,以稳定当事人的情绪状态。

钻石型沟通是危机晤谈的常用沟通形式。危机晤谈是一种目标非常明确的谈话,在稳定当事人的前提下,应尽可能获取与危机有关的信息,所以需要聚焦"风险因素"进行提问和谈话,钻石型沟通就是一种思路清晰且聚焦的危机晤谈形式。钻石型沟通主要分为以下三步:第一步,定,即询问封闭式问题,以建立基本事实;第二步,开,即运用开放式问题扩大探索;第三步,收,即使用总结复述捕捉当事人所述本质,准备询问后续问题。钻石型沟通并不是只有"定—开—收"一个回合,而是要根据心理危机预警评估的框架,逐渐递进,依次询问多个问题,重复钻石型沟通的形式。

2.心理危机预警评估的框架

心理危机预警评估的框架类似于"地图"的作用,辅导员在与学生谈话过程中需要保持冷静,在与对方建立信任关系后,逐步按照"心理危机预警评估"来进行提问和沟通。一般分为自杀、伤人两种危机预警评估框架。以常见的"自杀风险预警评估的框架"举例,可以总结为"四负一正",即询问与风险相关的四个负性信息和一个起支持作用的正性信息,具体为:

(1)询问自杀的想法、计划

真诚地询问当事人是否有自杀想法,很可能会救人一命,辅导员应以正常化、接纳的口吻来询问,如:"在你感觉到特别痛苦的时候,是不是会想到自杀?""就像很多人在特别痛苦时觉得活不下去,你是不是也有类似的想法?"

如果当事人承认其有自杀想法时,就应该询问其自杀想法持续的时间、频率以及强度。询问有关自杀想法计划的具体内容,可以总结为:

What:是什么,询问自杀想法的具体内容,如"当你想自杀时,你具体会想些什么?"

Why：为什么，询问自杀想法出现的主要原因，即最大的痛苦或者导火索，如"发生什么情况时，你会想要自杀？"

When：什么时候，询问自杀想法出现的时间、频率，如果有自杀计划，会安排在什么时间，如"你最近一个月内出现自杀想法的频率如何？"

Where：在哪里，询问一般会在什么场景下出现自杀想法，如果有自杀计划，想在哪里实施，如"你有想过在哪里自杀吗？"

How：怎么做，询问是否有想过自杀方式，如果想过，会使用什么方式，如何实施？请注意，不要给当事人诱导性地提问，不能问"你想过某某自杀方式吗"，可以试着这样问"你有想过具体的自杀方式吗"。

结合以上对当事人有关自杀想法和计划的内容来评估三个维度：致死性、具体性、可行性。预想的自杀方式和计划的致死性、具体性和可行性越高，则越需要重视，甚至需要即刻启动危机干预。

（2）询问自杀的既往经历

辅导员应询问当事人过去是否威胁过或尝试过自杀（如"以前有自杀想法的时候有做过些什么吗？"），既往自杀经历会成为当事人应对痛苦的一种方式，过去的自杀行为中致命性越高，现在的危险性就越大。如果当事人过去曾产生过自杀念头，辅导员要询问是什么使他没有失去控制而真的自杀，这是当事人的资源部分。最后，辅导员还需要询问当事人有没有亲密的朋友或家庭成员曾经尝试自杀或自杀身亡，如"你关注的人，如家人、朋友、偶像等人群中有没有谁是自杀的"。他人的自杀经历也会给当事人带来"自杀的勇气"，"他能这么做，我也可以"。

（3）了解现实压力的严重程度

辅导员应询问当事人目前面临的主要压力有哪些，评估危机事件对当事人的影响和造成的压力。当事人是否认为自己有能力应对该危机，如果难以应对的话，会导致怎样的后果，辅导员可以询问这些问题："你当前有压力吗？能多说一点吗？""有什么事情能让你痛苦到想自杀？能多说一点吗？""如果这次毕业论文答辩你可能无法通过，你有哪些办法来应对？""你认为这件事最糟糕的结果是什么？如果出现最糟糕的情况，你会怎样做？你觉得还有其他的办法和希望吗？"

请注意，辅导员了解压力严重程度并不是要马上处理其压力，关键点是要强调自杀是摆脱痛苦的手段，而不是实现"失去自己的生命"这个目的。辅导员要询问具体的压力源，可以把话题引向深入，深入了解当事人的具体困难和痛苦是什么，为下一步提供心理援助打下基础，如经济支援、人际支援等。

（4）询问是否有严重的精神疾病史

有一些严重的精神疾病，因其症状严重，心理痛苦感高，会产生较高危风险的心理危机，如极为严重的强迫症、中重度的抑郁障碍、双相障碍等。另外，还有精神分裂症，可能当事人并不觉得痛苦，但因其失去自知力和主客观判断力，可能会因为意外产生自杀或伤人风险，辅导员也需要加以防范。辅导员可直接询问当事人是否有心理科、精神科的就医情况，或根据当事人的症状建议其到精神科就诊，最重要的是让当事人明白其自杀想法可能是生病引起的,而不是真的想结束生命,如:"你有去精神科或者心理科医生那里就诊过吗?诊断结果是什么?""你会不会觉得自己可能是生病了呢?能具体说说吗?"

(5)询问支持资源和活着的理由

这是评估框架"四负一正"中的正性信息,支持资源是预防和阻止自杀的最重要的保护性因素之一。很多因素都与此相关:牵挂的重要的人、自己的信仰与理想、对死亡和疼痛的恐惧、不要影响他人的良知等。询问的关键点在于帮助当事人找到那些支持他现在还活着的原因,如:"是否有什么支持着你继续活下去?可以具体谈谈吗?""是否有什么理由不能自杀?会是什么呢?""日常大多数时间是单独活动还是与其他人在一起?""是与家人或室友生活在一起,还是独自生活,没有朋友或邻居在附近?"

支持资源具体可分为以下四类:

内在资源:关于当事人处理之前困境的经历和体验以及当事人的人格特点、优势品质等。

外在资源:当事人的社会支持系统的质量、适当性及可利用性。

社群资源:在危机事件中,由于很多人对于共同经验的分享,社群支持因此产生。

精神资源:信仰的系统,包括适应性的理想、哲学信仰,对正遭受危机的人之健康状况及对生命的盼望都有很大的影响。

在了解支持资源后,还需要考虑这些支持资源的可利用度如何,即当当事人企图自杀时,和解救当事人的人的距离远近。如果这些支持资源都在身边,那么发挥的牵绊和支持的作用就更大。一般说来,当事人距离潜在的支持资源越远,可能所起的支持作用就会越小,自杀的风险也就越高。

(6)在提问的基础上评估风险程度

辅导员在危机谈话中需要参考《自杀风险危机评估表》(见表 5-1)进行快速判断,根据不同的风险程度进行不同的行动反应。

表 5-1　自杀风险危机评估表

评分项目	无	有(低)	有(高)
自杀、自伤计划	0 分	1 分	2 分
自杀、自伤既往经历	0 分	1 分	2 分
目前现实压力	0 分	1 分	2 分
目前支持资源	2 分	1 分	0 分
临床症状	0 分	1 分	2 分

来源:该表为徐凯文自编量表。临床症状有(低)指存在一般或严重心理问题;临床症状有(高)指存在疑似神经症或精神疾病。

0~2 分,需要观察随访;3~4 分,报告行政领导,密切观察随访,可以告知学生父母;5~6 分,报告行政领导,密切观察随访,通知父母,送精神科门诊,可建议住院;大于等于 6 分者属于高风险,立即通知父母,建议去精神科就诊或住院,一般需 24 小时监护直至父母到达。

关于"钻石型沟通"危机晤谈的完整示例见表 5-2。

表 5-2　"钻石型沟通"危机晤谈完整示例

评估框架	提问技术	身份	具体对话
自杀想法	定,封闭式提问	干预者	你在非常痛苦的时候有想到过自杀吗
		当事人	想过
	开,开放式提问	干预者	是什么事让你痛苦得想要自杀
		当事人	就觉得人生没有希望,活着很痛苦,死了就没有痛苦了
	收,重复	干预者	你觉得死了就可以解决痛苦了吗
		当事人	是的
详细探索频率、强度、持续时间等	开,开放式提问	干预者	你的自杀念头冒出来的频率如何
		当事人	之前还好,压力大的时候会想一两次,最近想得比较多,一周会有三四次吧
	开,开放式提问	干预者	那每次想到自杀时,会持续多长时间呢
		当事人	念头出来后会想个十几二十分钟吧,会做点别的事转移一下注意力
	收,重复	干预者	压力大的时候自杀想法会多,每次持续时间不长,且能主动转移,是这样吗
		当事人	是的
自杀方式	定,封闭式提问	干预者	那你有想过具体的方式吗
		当事人	想过
	开,开放式提问	干预者	可以具体说说看吗
		当事人	想过跳楼,但有些害怕。没想过其他的
	收,重复	干预者	想过,但是感到害怕是吗
		当事人	是的
自杀既往经历	定,封闭式提问	干预者	你以前也有想过自杀吗
		当事人	想过,甚至有站在楼顶过
	开,开放式提问	干预者	那是什么时候的事呢
		当事人	高考前一个月的时候吧
	收,重复	干预者	嗯,你在高考前有过自杀的冲动
		当事人	那次的确能明显感到活着太辛苦了,每次考试都觉得压力很大
压力程度	定,封闭式提问	干预者	在高考前一个月的时候,是感觉到压力特别大吗
		当事人	是的
	开,开放式提问	干预者	可以说一下学习压力的具体来源吗

评估框架	提问技术	身份	具体对话
压力程度		当事人	妈妈总说只要我好好学习,其他什么都不用想。她现在吃什么苦都愿意,希望我将来能改变家庭命运。可是,我三模的成绩并不理想,甚至坐在教室里已经学不进去了。高考也不太理想,上了这个不是那么满意的大学,觉得自己将来不可能改变家庭命运
	收,重复	干预者	来自家人的期待,似乎让学习压力更大,是吗
		当事人	可以这么说吧
可用资源	定,封闭式提问	干预者	对你来说,是不是还是有一些活着的理由
		当事人	有的
	开,开放式提问	干预者	可以说说看吗? 当你想到什么时,会想要好好地活着
		当事人	虽然父母给了我压力,但他们还是很爱我的,如果我死了,他们肯定很难过。我虽然不够优秀,但对未来也还有些期待,想要去看看更大的世界
	收,重复	干预者	为了父母,也为了自己对未来的期待
		当事人	嗯嗯
精神诊断	定,封闭式提问	干预者	你有没有想过你对压力的反应以及自杀想法的出现可能是因为生病了
		当事人	有这个可能性吧
	开,开放式提问	干预者	那你可以说说看,你自己觉得有哪些症状可能是生病的表现呢
		当事人	首先是睡眠吧,每天都很难入睡,只睡三四个小时就醒了。吃的比较少,也不觉得饿。最近记忆力也下降了,也不想动
	收,重复	干预者	睡眠、饮食和精力似乎都出现了问题,你愿意去医院看心理医生么
		当事人	可以去试试看吧

辅导员在日常工作中就可以发现一些心理危机预警信息。比如,案例导入 5-2 中,马文在危机发生前,就有一些苗头存在:马文总是独来独往、人际封闭、数学作业总是拖延提交。在发现危机学生时,辅导员要勇敢和关切地进行危机预警谈话,及时澄清和评估风险,为后续是否启动危机干预工作提供依据。针对马文的情况,孟老师的担心可以理解,毕竟在日常交谈中比较少谈及生死问题,但在疑似危机的情况下,直接沟通评估风险等级是非常重要的,孟老师可以直接询问马文关于自杀的具体想法。

【应对策略】

四、辅导员如何在日常工作中做好危机预防工作

辅导员在大学生心理危机预防体系中起到非常关键的作用。在班团教育、走寝谈心、心理测量、心理排查和心理访谈中，辅导员如能及时发现学生的情绪行为问题，转介学校心理中心进行干预或送医就诊，这在很大程度上能够预防校园心理危机事件的发生。

(一)定期班团教育,普及预防的知识理念

班团教育是辅导员开展学生心理健康工作的主要形式。辅导员每学期至少组织开展一次心理健康主题的班会，讲解心理健康维护的基本方法、大学生中常见的心理问题类型和表现，可能出现的严重心理危机等，让学生了解心理健康基本知识，能自己调节一般的情绪困扰，同时能识别自己和他人的哪些情绪和行为问题是需要专业心理咨询或药物治疗的，哪些表现是心理危机的征兆。学生如果发觉自己或同学出现了疑似心理危机的情况，则应及时向辅导员报告，积极寻求专业支持。

心理健康班会主题的选择应根据大学生心理发展的年龄特征和大学生面临的主要发展任务来设计。例如，大一的适应、生涯发展、人际关系等主题；大二的专业课学习和恋爱等主题；大三的压力管理、考研、出国决策等主题；大四的实习、毕业、就业等主题。如果这些发展任务能顺利解决，学生的心理困扰一般就能够被化解，不至于演变为心理问题，也能大大降低心理危机发生的概率。辅导员也可以开展调查，通过了解班级学生最近关注的热点问题来组织班会。例如，有班级同学对网络游戏的沉迷，严重影响现实的学习和交往，如不及时进行教育引导，很可能会引发学习困难、心理困扰，甚至心理危机。辅导员如在学生中发现此迹象，可及时开展关于网络游戏的主题班会，引导学生逐渐缩短网络游戏时间，及时回归现实的学习和交往。

辅导员定期给班委开会，了解班级学生的心理健康状况。尤其是心理委员和寝室长，要和他们定期座谈，向他们了解班级学生和各寝室学生的学习、生活情况，近期有没有行为情绪变化很大的学生，如情绪特别低落，对什么事情都提不起兴趣，不想出门，不去上课或者情绪高涨、言语增多、睡眠很少、活动异常增多等；有没有遭遇重大生活事件的学生，如家里亲人去世、罹患重病或与恋人分手等，如有要及时反馈。辅导员通过访谈了解学生的具体事件和情绪影响，必要时转介学校心理中心，采取措施，预防心理危机的发生。

(二)经常走寝谈心,提升预防的效率

定期走访寝室跟学生谈心谈话是辅导员了解学生心理健康状况的主要途径，也是预防心理危机的有效途径。寝室是大学生学习之外的主要生活场所，他们的情绪状态、生活情况和行为表现，还有他们的宿舍关系等都能体现他们现实的心理状态和健康

水平。

辅导员在走访寝室时若发现一个学生卫生情况很差,衣物头发脏乱,桌面布满灰尘,不与室友交流,神情恍惚,这个学生可能就是心理危机的潜在对象。通过谈心谈话了解该学生的情况是由生活事件引起的,还是个性如此,如果是生活事件引起的,辅导员谈心谈话的重点就是要了解事件的影响程度和如何解决,理解学生的情绪情感,建议学生去心理中心寻求专业的帮助;如果是学生个性如此,一直孤僻回避,动力匮乏,则可能需要辅导员带领学生共同前去学校心理中心,评估学生是否处在焦虑抑郁的状态,是否需要进一步就医诊断治疗等。

案例导入 5-2 中,孟老师就是在走访寝室时,观察、搜集到马文的很多个性及社交方面的信息,从而发现马文面临了学业和人际交往双重压力。

(三)认真开展心理排查,扩大预防的覆盖面

重大节点的心理排查是非常有必要的,如每学期开学初、放假前等。辅导员需按照学校心理中心的安排,依据指标对全部学生进行一次认真仔细的心理健康排查,了解每一位学生的心理健康状况。对排查指标不清楚的地方,辅导员要与学校心理中心专职老师进行沟通,以便全面了解排查的具体要求并认真执行。

【本节小结】

危机预防是辅导员工作中的重要任务,对平安校园的建设也有着重要的意义。辅导员需要对危机信号葆有一颗敏感的心,重视不同渠道传递的风险信号,宁可虚惊一场,也不放过任何一个疑似危机的信号,通过与学生的危机晤谈进行危机风险评估,并根据不同的风险程度开展后续工作。危机晤谈需要稳定的态度和扎实的谈话技能,辅导员要多模拟练习,熟悉之后就能减少内心面对风险的紧张感,稳定平和地关心学生和收集风险信号,既能够给学生传递"稳定支持的感觉",又可以相对全面地收集信息并做出恰当的风险程度判断,为下一步的心理危机干预工作提供依据。

第三节　大学生心理危机的干预

【案例导入 5-3】

辅导员孟老师还是很担心马文的情况,于是将马文带到了学校心理中心,心理咨询师先指导马文做了心理测试量表,结果显示她的人际关系、抑郁、敌对三项因子分数都偏高。心理咨询师在与马文的访谈中发现:她总是低着头,说话声音很小,情绪低落,几乎就没有高兴的时候,且比较回避人际交往,主要压力来自学业,目前有 2 门课听不太懂,很大可能会考试挂科,而父母希望她在大一就能通过英语四级和计算机二级考试,这让她感觉压力很大,且无法想象万一考试挂科后该怎么办。她听不懂课时,很焦虑,

然后一直往下想,就觉得非常糟糕,活不下去了。想要自杀的念头大约一周有两三次,每次都只是想想,因为一想到爸妈就觉得这样想是不对的,所以更加自责,也不敢告诉家人,怕他们更加失望,或是指责自己没良心。

心理咨询师建议马文可以去医院精神科就诊,确认是否有抑郁或者焦虑相关的心理疾病。马文听了后直摇头,表示自己只是想太多,没有生病。心理咨询师建议她以后可以来心理中心定期咨询,协助其缓解压力和改善情绪,但马文拒绝咨询,她认为可以自己调整。心理咨询师把这一情况反馈给了辅导员,辅导员对马文的就医或咨询的劝说也无效,老师们对马文的帮扶陷入了暂时的困境。

心理咨询师将情况及时汇报给心理督导师,辅导员也将情况及时汇报给危机领导小组。心理督导师给马文做了心理疾病相关的科普,对马文的痛苦进行共情支持,并告诉马文:"其实,你是因为想解决痛苦才会冒出自杀念头,但这并不是因为想法出了问题,也不是真正想死,而是要从生理和心理两个层面去有效减缓痛苦,就医和心理咨询是更有效的解决痛苦的方式,不管结果如何,至少都可以先试一试。"马文在心理督导师的疏导中,同意先去就医。

辅导员陪着马文去精神科就医,医生诊断马文是中度抑郁、重度焦虑,需服药治疗,并建议在服药的同时接受心理咨询。心理咨询师与马文保持每周一次的心理咨询。另外,由于马文当前缺少较好的支持关系,所以学院与家长协商后,家长前来陪读。辅导员请寝室长适当关注马文,如有情况及时反馈,同时在征得马文同意后,请了一位大二学姐结对辅导马文学习相对困难的科目。在家长与学校共同努力下,马文的状况逐渐好转。

【关键词】

危机干预;联动体系;干预流程;家校沟通

【要点解析】

心理危机干预是指向处在心理危机状态下的个人或团体提供有效帮助和支持,避免出现严重自伤或伤人等不良后果,帮助危机中的个人或团体重新适应生活,恢复心理平衡状态。危机干预并非心理治疗或心理咨询,主要对当事人的危机反应进行稳定化和正常化的紧急干预,其目标是促进人的自然抗逆力。心理危机干预针对的是当事人的反应,而非事件本身。危机干预需要遵守以下三个原则:原则一,保障安全,即危机干预的首要目标是保证当事人的安全;原则二,聚焦情绪,即危机干预聚焦于当事人的情绪冲突和情绪调节问题,当事人的人格问题和其他深层次问题不是干预的主要目标;原则三,激活资源,即危机干预的主要途径是发掘和激活当事人的内在资源,以应对生命中突如其来的危机和困境。

一、心理危机干预工作联动体系

心理危机干预工作兹事体大,需要建立健全相关工作机制,一旦出现心理危机(特别是自杀及伤人危机),学校心理危机预防与干预工作领导小组应立即启动相应的快速反应联动干预机制,按事先制定的心理危机干预流程、危机发生时的处置注意事项和工作要点开展工作。危机干预联动体系主要包括以下五个部分。

（一）统筹工作

危机干预工作的统筹领导为分管学生工作的校领导,通常由学校党委办公室和校长办公室协助,承担召集会议、向教育主管部门汇报的任务。统筹领导一般需要做战略规划,形成综合、协调、系统化的多元策略。具体内容包括:对环境的评估、对明确的目标和对象的展述、选用相对熟练的人员来提供服务、在行动中发展战略规划、在战略计划中选择最稳妥的一套特定的危机策略。

（二）指导工作

危机干预工作的具体指导由学工部（研工部）承担,指导相关院系危机处理团队进行相关处置,组织全校排查。

（三）处置工作

在危机发生时,院系需要快速组建处置工作领导小组,组织和管理相关工作人员团队,并将团队分为现场组、信息组、后勤联络组、家长接待组等,进行分工合作。辅导员在其中需承担大部分工作。

（四）保障工作

保障工作主要涉及三个相关部门:安保部门、医疗部门和后勤部门。安保部门负责协调公安、维护现场;医疗部门负责急救;后勤部门负责学生宿舍等校内资源调用。

（五）干预工作

干预工作需要多部门协作,如宣传部负责舆情监控、信息发布;心理中心负责相关人员个体或团体干预,对后续排查进行相关教育与指导。

危机干预是多方联动的,不是辅导员一个人的工作,但因为辅导员是对学生相对熟悉的人,所以一般在危机事件处理中,都是需要辅导员参与其中的。辅导员兼具"导师"和"朋友"的双重身份,亦兼具思想引领者、心理健康指导者、日常管理服务者等多重工作角色。当危机事件发生时,辅导员的身份和角色其实并未发生变化。首先,辅导员需要充分发挥"朋友"身份的优势,有足够多的"触角",积极、主动地去接收来自各个渠道的学生信息,以便在事件发生时,能尽快地掌握事件发展的动态;其次,在接收信息后,辅导员需尽快进入"应急联动体系",承担起"联动"的角色,做好信息联动、人员联动、事态联动的枢纽。辅导员要第一时间向学院（系）领导汇报信息,按照学院工作组安排承担事件处置的相关任务（一般是现场处置或联络接待工作）,并在现场尽可能地做好信息的收集与反馈。

二、危机干预工作流程

在心理危机发生后,辅导员要立即向主管领导汇报,提供当事学生的基本背景信息(第一时间掌握材料)、事情发生经过等。针对不同的危机情况来开展相应的工作,心理危机预防与干预工作流程(见图 5-1)。

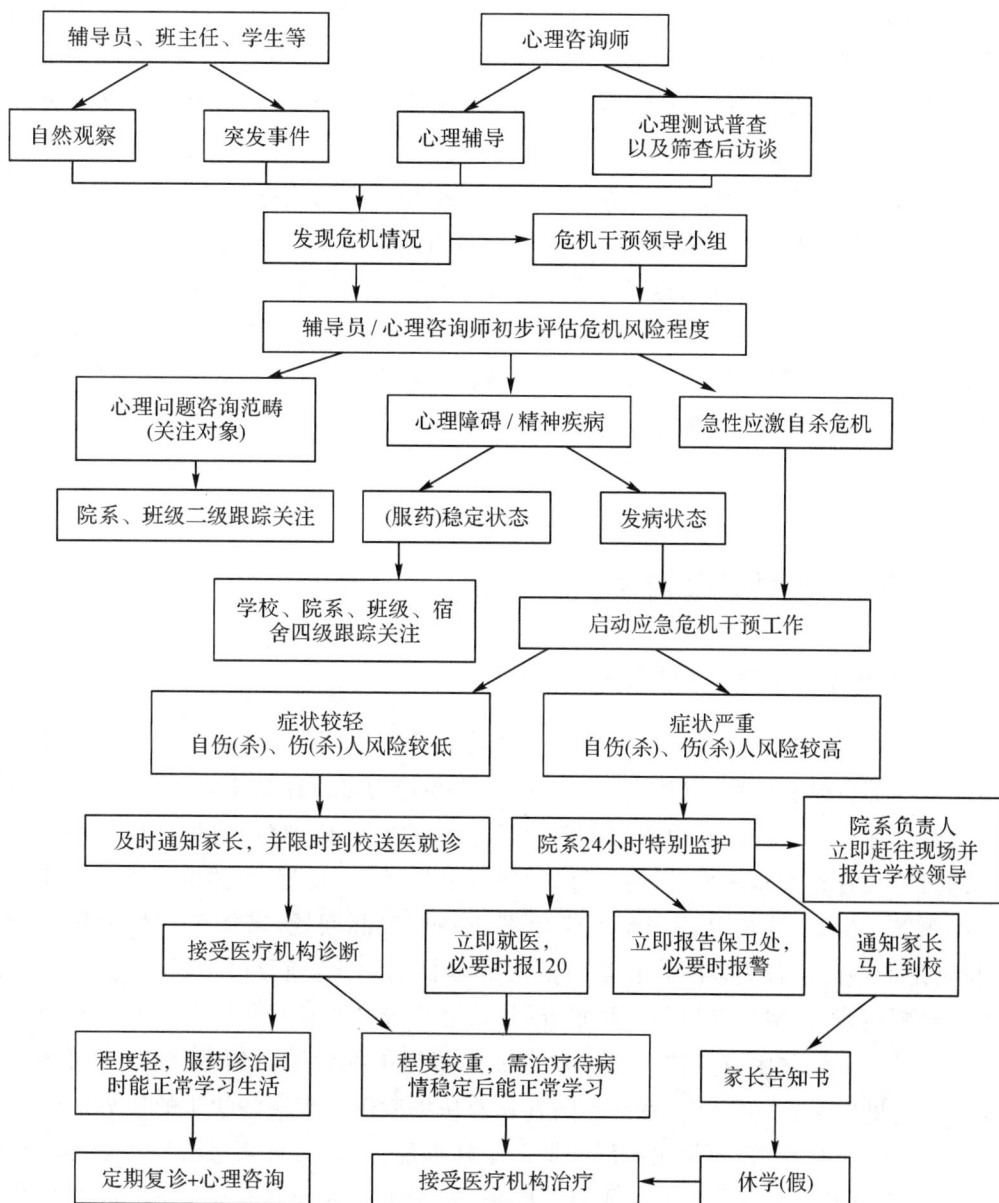

图 5-1 心理危机预防与干预工作流程

存在风险和危机的学生,须列入"重点个案学生库",由辅导员对其进行过程关注。按照《学校心理危机预防与干预工作规程》,通过新生入学心理普查、开学初集中排查、日常排查,筛选出"重点关注学生",并按严重程度,将关注对象分为一般关注与重点关注两类进行管理和帮扶。"重点关注学生"主要有这几类：一是被明确诊断为心理疾病，状态不稳定，家长或本人对药物治疗配合度不高的学生；二是有过自杀（伤）行为和频繁自杀想法，精神状况不佳的学生；三是疑似心理疾病，但本人和家长都不配合就医的学生；四是家庭或本人遭遇重大负性事件的学生；五是亲子关系严重不良，性格特别内向，学业困难的学生。

对筛查出来需要关注的学生信息，辅导员需要做好动态管理。结合班团干部和宿舍同学及时反馈的信息，除了危急情况及时上报外，辅导员应每月梳理、报送一次关注对象的表现和新增关注对象的情况，在心理中心的专业指导下，进行全方位动态关注和帮扶。

在动态管理过程中，曾经被明确诊断为心理疾病且服药治疗过的学生，或曾有过自杀、自伤行为的学生，在大学期间，即使较长时间内处于稳定状态，辅导员仍需将其列为关注对象进行管理。这样，当这部分学生因停药或应激事件而出现心理疾病复发、自杀、自伤危机时，辅导员能及时发现，及时干预与转介，避免危机事件的发生。在动态帮扶过程中，辅导员要将心理帮扶与实际困难帮扶相结合，同时家校联合，同向使力，给予重点关注学生关心和温暖，能较好地改善其心理状况。

【应对策略】

三、不同类型危机干预流程

（一）自伤或自杀的风险处理

辅导员可以直接和有自杀想法的学生谈论自杀，询问后导致强烈的情绪反应和没有情绪反应都可能有问题，直接询问自杀的想法和行为可以让学生有纾解的机会，更是辅导员及时评估学生的风险程度的机会。辅导员可以关怀友好的态度和坚定稳定的思路来询问："我看到你非常难过，请告诉我，我可以怎么帮你。"有些学生的压力与困扰是现实问题引起的，辅导员可适当帮助学生解决一些实际问题，来缓解学生的压力与困扰，特别是那些因宿舍关系问题和学习焦虑而困扰的学生，辅导员可通过与领导协商，协助学生更换寝室，请任课教师答疑辅导，找研究生或学长辅导等途径解决。还有一些学生是由经济上的贫困或身体上的疾病造成的情绪困扰和压力焦虑，辅导员可协助这些学生申请助学金、临时补助、特殊疾病补贴及协助就医等来缓解学生的压力。

当事人如果处在"自杀想法的纠结期"，呈现抑郁状态，对自杀想法和计划不能清晰表达，但存在既往自杀想法，辅导员则需要报告领导，联系心理中心；当事人如果处在"自杀前的呼救期"，声称有具体的自杀计划，搜索相关的自杀方法并有所准备，辅导员则必须采取风险监管并通知父母；一个有很高自杀风险的人，如果表现得相当平静，则可能处在"自杀的平静实施期"，当事人或许已经在准备实施自杀，如果出现自杀未遂或者自杀终止，则不论其自愿与否，都需要马上送往专科医院，求助精神科医生，必要时征得本人或监护人同意住院治疗。如果情况紧急，辅导员一个人不能处理现场，则需要电话求助其他人员,陪护照顾自杀风险程度高的学生直到援助人员到来。有强烈自杀意念的学生,请直接送往医院,同时,辅导员必须立即上报学院领导,相关的危机干预领导小组会指导后续的工作。

(二)伤害他人的风险处理

可能具有伤害他人风险的征兆为:身体或者言语威胁持续升级,骚扰、辱骂、拒绝听从。辅导员在觉察到学生有暴力行为的可能时,应立即报告学校安全保卫部门。

(三)精神病性障碍可能导致的伤人或自杀风险处理

辅导员发现学生具有一些"奇怪"的表现,如古怪、异常、言语行为混乱,不合时宜的情绪或者完全木然,存在幻觉,表达对现实的严重歪曲、社交退缩、无法进行正常的沟通,出现个人行为严重异常时,可征得本人或监护人同意,去医院诊断和治疗。必要时,辅导员可陪伴学生就医,因为有时候学生会隐瞒情况(有些学生可能会篡改诊断结果),陪伴的目的是帮助医生客观准确判断,最终帮助学生及时得到治疗。

针对以上情况,将不同情况的处理建议汇总(见表 5-3),可以帮助辅导员快速选择合适的应对策略。

表 5-3　不同风险类型学生的干预重点

干预对象	干预重点	沟通对象
自杀风险学生	自杀风险评估(辅导员或心理中心) 转介＋重点学生关注工作	学生本人 家长
自杀未遂学生	现场处理(120 急救＋精神科) 自杀未遂学生干预 后续风险防范	学生本人(心理中心谈) 家长 相关人群
自杀身亡学生	现场处理(120 急救＋110 报警) 危机事件通报班会(辅导员) 团体哀伤心理辅导(专业人员)	家长(学院领导谈) 相关人群
伤人风险学生	伤人风险评估(辅导员或心理中心) 风险处理(转介＋第三方预警＋工作处理)	学生本人 家长 被伤害的对象

四、心理危机中的家校沟通

在心理危机预防与干预过程中,如何与家长共情、获得有效沟通,争取家长的理解、支持与配合是非常关键的一环。实践中发现,家校共育,效果显著。

(一)危机中家校沟通的目的

在危机发生后,家校沟通主要是为了达成合作,及时化解风险。具体来说,可以包含以下目的:风险告知与防范、争取支持资源、帮助学生走出危机。危机或许是这个家庭的转机。坚持一个总原则:不论是什么样的家长,都可以在学生的危机干预中发挥作用。一个处在危机中的学生需要有家人的理解与支持,才更有可能活下去。

(二)危机中家校沟通的方式

不管是心理危机的预防,还是心理危机的干预,都需要得到家长的配合,辅导员在和家长沟通时,可以参考家校沟通的指导性谈话提纲,具体如下:

第一步,自我介绍。第二步,描述学生最近在校的表现,只描述不论断。第三步,向家长询问学生过去在家是否有类似的表现。第四步,针对学生的风险情况给予不同的建议。如果不需要转介专业医疗机构的,辅导员可建议家长与孩子多沟通交流,给予理解、鼓励和支持;如果需要转介专业医疗机构的,辅导员可建议家长尽快带孩子(或鼓励孩子)去专科医院做进一步的诊断。第五步,总结要点,结束对话,辅导员提供联系方式,希望家校保持经常性的沟通。

很多产生危机的学生的家庭一般都存在一些问题,所以势必会导致家校联动工作中遇到一些挑战。具体分为以下三类挑战:

挑战1:家长理解配合,但是不知该怎么办,主要情绪为慌张和焦虑,对孩子有可能做较多的道歉、说教,反而引起孩子的新问题,甚至导致风险加剧。

应对策略:辅导员与家长谈话,明确而具体地告知家长他们可以发挥的作用,将家长主要定位为"孩子的稳定陪伴者",一起吃饭,简单运动,照顾生活起居等。家长要多听孩子说,不说教,不开导。辅导员还需要更多地肯定家长陪伴的作用,增强其价值感,鼓励其放心地将专业工作交给专业人员——精神科医生和心理咨询师。

挑战2:家长能理解,但找各种理由不支持、不配合,如工作忙、觉得孩子虽然有问题,但不至于风险那么大。

应对策略:辅导员应向家长表达监护的责任之重,必须得到家长的支持,尽可能找到能陪护的人,也可以考虑父母请假或者学生休学治疗等。辅导员可以结合具体事实再三强调风险,或许家长会更重视和配合。如果学生的风险程度很高,也可依据《精神卫生法》的第三十条、第三十一条和第三十六规定,获得家长授权或报警处理,及时带学生就医。

小贴士:《中华人民共和国精神卫生法(2018修正)》相关法律条文

第三十条

精神障碍的住院治疗实行自愿原则。诊断结论、病情评估表明,就诊者为严重精神障碍患者并有下列情形之一的,应当对其实施住院治疗:(一)已经发生伤害自身的行为,或者有伤害自身的危险的;(二)已经发生危害他人安全的行为,或者有危害他人安全的危险的。

第三十一条

精神障碍患者有本法第三十条第二款第一项情形的,经其监护人同意,医疗机构应当对患者实施住院治疗;监护人不同意的,医疗机构不得对患者实施住院治疗。监护人应当对在家居住的患者做好看护管理。

第三十六条

诊断结论表明需要住院治疗的精神障碍患者，本人没有能力办理住院手续的，由其监护人办理住院手续；患者属于查找不到监护人的流浪乞讨人员的，由送诊的有关部门办理住院手续。精神障碍患者有本法第三十条第二款第二项情形，其监护人不办理住院手续的，由患者所在单位、村民委员会或者居民委员会办理住院手续，并由医疗机构在患者病历中予以记录。

挑战 3：家长不能理解，甚至指责学校推卸责任。

应对策略：辅导员在这种情况下越发需要稳定，强调双方的共同目标和利益——关心其孩子的风险处理和健康成长，需要发挥统一战线的力量，共同探讨如何做才是真正有利于学生的，所有的建议都是以学生的利益为中心，而不是向家长强调学校面临的风险压力。如果学生的风险程度很高，也可依据《精神卫生法》的第三十六条规定，征得监护人同意，送医治疗，如果监护人不同意，必要时也可以向学生家长的所在单位、当地的村委会、街道、公安机关求助，所有的处理原则都是"学生的生命权第一"。

【本节小结】

危机干预工作是一个复杂的系统工作，需要多方联动，辅导员作为学校里与学生联系最为密切的老师，往往需要在危机干预的第一线发挥重要的"联动"作用，不同部门之间，家校之间，都可以通过辅导员发挥的"联动"作用形成处理危机的支持力量，最终帮助学生走出危机，开启新生活。就像案例导入 5-3 中，马文在辅导员孟老师的持续帮助下，联合心理中心、医院、学长、家长等多方力量，最终克服学业危机，将人生顺利进行下去。

第四节　大学生严重危机事件的管理

【案例导入 5-4】

傅明，男，大三学生，某日凌晨在学校某高楼坠楼身亡。坠楼前以定时发送的方式给一些同学和朋友发送了电子邮件，邮件中告知了他的自杀计划。在同学和朋友收到邮件时，该学生已自杀身亡。事故发生后，辅导员闫老师全程处理了该事件，包括遗体的处理、班级的干预、家长的接待等。几天后，闫老师出现了失眠、惊醒、害怕、紧张等心理反应，不敢一个人睡觉……

在案例回溯时，闫老师发现傅明一直纠结于"生命有没有意义"这个问题，在自杀前几个月，傅明曾经给学校好几位教授发电子邮件，请教和探讨人生意义的问题。最后，傅明得出的结论是人生没有意义。该事件发生后，辅导员应该对哪些学生提供干预？

干预的内容是什么?

【关键词】

严重危机事件;事件通报;哀伤团体心理辅导;自我保健

【要点解析】

一、严重危机事件的概念

严重危机事件一般是指自杀或伤人出现身亡的事件,因为个体的离去总是会给身边有关的个体或人群带来一定程度的影响。在严重危机事件发生后,主要的干预工作是要妥善处理好危机事件本身,也包括帮助工作人员更快、更好地从危机事件干预中恢复过来,同样也需要团队协作。一般来说,严重危机事件的干预团队包括以下几个工作小组,详见表5-4。

表 5-4　严重危机事件的工作小组

不同工作小组	人员组成及工作安排
领导小组	分管校领导、相关部门负责人,制定战略,相互协调,调动资源
危机干预工作组	学生管理部门工作人员、心理咨询专业人员、学生相关管理者及班主任等老师,发布信息,提供干预
家长接待组	班主任或其他老师、心理咨询专业人员、医疗人员,接待家长,照顾家长的饮食住宿、安抚家长情绪,如果家长因情绪过于激烈而引发躯体急症,则给予及时医疗的帮助
宣传组	宣传部门,监控舆论,应对媒体
安保组	安保人员,在校园里加强巡逻,维持秩序,尤其是高危地点排查

其中,危机干预工作组所负责的具体事务主要有"严重危机事件的通报"和"严重危机事件后的团体哀伤心理辅导",一般事件通报由有经验的辅导员来做,团体哀伤心理辅导由心理咨询专业人员带领。

二、严重危机事件的通报

(一)通报对象和时间

以自然团体为单位,主要为严重危机事件的参与者或直接受影响的群体,如当事人相关班级。一般在事后 1～2 天内召开,时间控制在 1 小时之内。

(二)通报内容和过程

首先,辅导员在进行危机事件通报时,应提供关于当前危机情况的真实信息,以客观描述和公安机关的通报内容来进行危机事件的通报。负责通报的辅导员可以适度表达自己在危机事件发生后产生的情绪反应,并告知学生危机事件可能带来的应激反应,而且这些应激反应是个体在面对危机事件时产生的正常反应,学生可尝试接纳自身的反应,这些反应会在几天、几周或几个月之后逐渐缓解,并恢复到稳定状态。其次,辅导员还需要说明自杀给身边人带来的伤害,指明自杀的人往往错误地将自杀视为解决痛苦的方式,应鼓励学生在面对较大压力和痛苦时,积极寻求帮助,共同面对痛苦。此时,辅导员可向学生提供压力管理的方法、建议,说明求助的渠道。再次,辅导员要说明信息不能传播的原因,避免引起自杀模仿。最后,辅导员在班级内应鼓励学生采取积极的应对措施。具体示例如下:

第1句话:很遗憾地告诉大家,我们班某某同学不幸离世。(引用警方通报原句,告知危机情况的真实信息,以默哀悼念的方式,给学生消化信息的空间。)

第2句话:某某同学的离去,给他的家人和我们留下了巨大的悲痛。(表达哀思和亲人受到的伤害,帮助班上学生面对因危机情景而出现的行为或心理反应。)

第3句话:关于他的离去,我们虽然不能知道完整的原因,但我们很想告诉他,我们多想帮他一起解决困难,另外,不要找不知情的同学讲这件事,因为这类消息的传播可能会引发更多的人效仿,这是我们大家都不希望发生的。(弱化归因,讨论现实困难,指出每个困难都有多种解决方案,如果将来在座的人遇到困难,要相信大家都会很愿意帮助你,并说明自杀事件相关信息不能传播的原因。)

第4句话:从现在开始,我们一起照亮彼此的心灵,当我们面临重大困难时,可以相互支持。(把话题引向当下和未来,建立积极的互助机制。)

(三)通报的注意事项

辅导员在通报时,应带助手,发现现场有情绪反应过度的人可为其提供支持性专业服务。当通报列举自杀的事实时,辅导员可事先与该领域专家密切协商用词,例如:用"自杀身亡"一词取代"自杀成功",只提供相关数据,不美化自杀行为;用"坠楼"代替"跳楼",去掉引诱;不对自杀做感性报道,不展示死者照片或自杀遗书,不详细描述自杀的方法;不将自杀归结为单一原因。这几种处理方法都是为了避免引起自杀模仿,另外,在通报时切忌相互埋怨,避免引发新的冲突和风险。

指明死者除自杀外尚有出路,凸显自杀后果的严重性,辅导员在通报时应提到自杀者的行为对其亲属心理方面造成的伤害,对自杀者的遗属表示同情。有研究显示,1例自杀身亡可使6个人受到严重影响,1例自杀未遂可使2个人受到影响,自杀身亡给他人造成的心理伤害可能会持续10年,自杀未遂给他人造成的心理伤害可能会持续6个月。辅导员应广为告知自杀行为前的征兆,客观描述自杀未遂者的健康状况,亦可以防止学生盲目模仿自杀行为。除告知自杀前的征兆之外,辅导员还应向学生提供专业救助机构的联系方式,鼓励学生在发现自己或他人状态非常不好以致存在自杀风险时,主动求助,及时干预,降低风险。

三、严重危机事件后的团体哀伤心理辅导

一旦发生严重危机事件,需要适时适地做好应激反应严重学生的个体咨询和相关人员的团体哀伤心理辅导,预防次生危机和创伤后应激障碍的发生。因为团体哀伤心理辅导是一项专业性很强的工作,所以一般建议心理咨询师带领。严重危机事件后的团体哀伤心理辅导时长一般在 1.5～2 小时,共有六个步骤:

第一步,建立团体。心理咨询师自我介绍并介绍团体哀伤心理辅导的目的。

第二步,简单描述事件与表达感受。心理咨询师询问团体成员是如何得知该事件的,引发的具体心情是怎样的。心理咨询师需要引导团体成员都能够表达当时的感受,并对每个成员都做出简单的回应,表达理解和支持。

第三步,将压力反应正常化,并去接纳它。心理咨询师通过讲述该事件引发的正常压力反应引导团体成员表达自己这些天来的情绪,并给予共情。这是团体哀伤心理辅导过程中非常重要的环节,要给予相对充裕的时间,心理咨询师可以参考以下话语:

在面对死亡的时候,我们最先出现的反应就是否认,"这是真的吗?""我好像感觉不到他/她已经离开",等等。除了否认,也有可能出现"情绪麻木"的表现,将自己的情感隔离起来,好像这件事并不会给自己造成任何的影响。

当我们慢慢接受"死亡"的事实后,几种常见的情绪反应可能就发生了。有的人会觉得"震惊","怎么会发生这样的事";有的人会"悲伤",为了逝者而伤心难过;有的人会"忧郁",伴有情绪低落,做任何事情都不能开心;有的人会"焦虑",可能会做梦,在清醒或睡着时看到逝者或听到逝者的声音;有的人会"害怕",害怕经过逝者的房间,害怕逝者曾经用过的物品,或者仅仅是害怕死亡带来的孤寂感和无助感;有的人会有"内疚感",为以前自己做得不够好而自责;也有的人可能会感到"愤怒",等等。这些情绪的出现都是我们在以不同的方式悼念一个人的离开,是所有正常人在面临这种非正常状态时的正常反应,是需要我们去共同面对和接受的。

第四步,探讨压力管理策略。心理咨询师引导团体成员讲述他们在面对该事件时使用的自我调节的方式,团体成员可以相互学习。心理咨询师也可以提供一些压力管理的方法与建议,帮助团体成员顺利度过应激时期,慢慢回到稳定状态。

第五步,告别逝者,找到生命的智慧。心理咨询师可以引导团体成员去觉察内心对生命的渴望和对死亡的恐惧,从对死亡的恐惧中和对生命有限的遗憾中反向发现生命的智慧。逝者已矣,生者如斯,最重要的是活着的人带着生命的智慧如何更好地生活下去。

第六步,结束辅导。心理咨询师表达感谢和信任,并鼓励团体成员带着生命的智慧回去,开始向着想要的生活方向去努力,可能在这过程中会碰到阻碍和难题,但一定要记得,所有的难题都有解决的办法,明天会更好。

在整个团体哀伤心理辅导的过程中,心理咨询师要特别关注沉默者和情绪特别激烈者,必要时可做个体哀伤辅导。

【应对策略】

四、严重危机事件中的辅导员自我保健

(一)辅导员为什么要自我照顾

案例导入 5-4 中,闫老师在面对学生自杀身亡事件时,自身出现了不良反应,在后续工作中出现了不能胜任的情况。这是因为危机干预会带来心理压力,若强度过大、持续时间过长,则会引起过度紧张,出现生理、情绪、认知和行为上的变化。因此,辅导员需要照顾好自己的身体和心理,注意谈到危机案例时,自己的情绪变化,关注和警惕身心"过劳、耗竭、倦怠"的压力信号。当压力反应信号出现较多时,辅导员需要自行评估"何时停下来休息",切不可逞强,这是对自己和他人的负责,也应避免造成新的危机。

(二)应激期可尝试的自我调适方法

辅导员只有照顾好自己,才有能力去照顾好学生。

1.接纳正常化

在严重危机事件发生后,与事件相关的人几乎都会产生一些正常的应激反应,辅导员需要去接纳自身的反应,并尝试缓解应激后带来的躯体反应。辅导员在应激反应偏大时,也不需要过分焦虑或担忧,可以在严重危机事件发生后的第一个 24 小时或 48 小时内,运动一段时间,再休息一段时间,这样交替进行来让自己处于一个正常运转的状态。

2.规律地生活

严重危机事件带来的应激反应会影响辅导员的日常工作状态,但这个时候完全停止工作可能会引发新的压力。所以,辅导员仍需规划好工作时间,保持规律的生活,尽可能像往常一样完成日常规划;即使食欲受到一定的影响,也应尽量保持饮食规律和平衡,并保证足够的休息时间,失眠的时候可以将所思、所想写下来,必要时寻求专业的心理支持。

3.健康休闲

辅导员可以在工作之余做一些让自己感觉舒服的事情,如听音乐、散步等,可以帮助自身逐渐恢复正常状态。不要试图通过大量饮酒或过量抽烟来麻醉自己,这样不仅会扰乱原本的生理节奏、影响身体健康,还有可能引发身心反应,导致压力增加。

4.保持联结

与他人的联结会让人感受到被支持,辅导员在感受到较大的应激反应时,可以多和其他人待在一起,尤其是那些会相互关心的人。尝试对可信任的人倾诉,将内心的糟糕感受和真实的需要告诉他们,得到他们的理解和支持。

5. 使用科学的自我保健技术

常规的减压方式,如渐进式肌肉放松法和正念冥想法,同样适用于危机压力的应对,另外,下面的几种技术也可以结合使用。

(1)安全岛技术:这是稳定化技术中的一种,你可以通过想象,在你的内心深处找到一个使自己感到绝对安全和舒适的地方,它可以是任何现实或想象中的地方。当你感觉到焦虑不安或者恐惧时,都可以用这个方法。

(2)"三调"放松技术:"三调"是指调身、调息、调心。这是最简单的放松,坐着或躺着都可以做。如果坐着,则正襟危坐——调身(找个舒适的位置坐下来,双肩自然下垂,慢慢闭上双眼);注意呼吸——调息(注意力集中在呼吸上,慢慢地吸气,腹部鼓起来,吸到足够多时,憋气2秒钟,再把吸入的气缓缓地呼出来,腹部收回);排空头脑——调心(全身心放松下来)。

(3)资源加强技术:找到你自己希望加强的自信、放松、能力方面的某件事情的某个图像,用蝴蝶拍技术加强,具体操作:左右各拍一下为一轮,4~8轮为一组,一组结束后体验一下是否需要继续加强。值得注意的是,如果有任何负性的想法或者图像,则告诉自己现在只关注正性的,做不到就不要再做,重新回到"三调"放松。

(4)雨刮器或水管技术:这是一种通过想象进行自我调节的方法。当脑海中出现消极的想法或图像时,可以在"三调"放松技术的基础上,进一步想象用高压水管冲洗掉,或者可以用一把大雨刮器将它刮得干干净净。

(三)学习发展危机调适的相关能力

在危机发生前,需要关注提升抵抗力。这是个人、团体、组织和整个群体抵抗悲痛、损伤和障碍的力量,是人们在面对逆境或挫折时产生的不同反应以及由此带来不同的应对逆境的能力。

在危机处理过程中,需要调用个体的恢复力。恢复力即心理弹性,是人类的一种潜能,是面对危机和困难的适应力,它能减轻克服逆境带来的损害,是迅速反弹或反冲压并克服逆境的能力。

在危机处理结束后,需要调用个体的疗愈、修复能力。自我疗愈是每一个生命本身就具有的能力,正如身体受伤可以自我愈合一样。人们在面对压力和困境时,会激发潜在的身体和心理能力,运用内外资源积极修补、调适,以获得身心的恢复。

辅导员可根据自己在实际危机干预相关工作中的表现判断自己是否需要后续学习,掌握危机预防与干预相关专业知识和技能,可以增强自身的胜任力,也有助于提升自身的心理弹性。

【本节小结】

严重危机事件不论是对受影响的人群还是对干预者都会产生一定程度的影响,通过事件的通报可以找出需要进一步干预的人群。干预的方式有个体辅导和团体辅导两种,而干预者本人则需要对自身的压力水平保持觉察,在超标时及时寻求专业帮助。比如,案例导入 5-4 中,辅导员闫老师出现了失眠、惊醒、害怕、紧张等心理反应且不敢一个人睡觉,则需要将其从严重危机事件处理工作的第一线撤下来,建议闫老师寻求专业帮助,避免替代性创伤的发生。

参考文献:

[1] Caplan G. Principles of preventive psychiatry. Oxford, England:Basic Books,1964:11.

[2] David A. Jobes. 自杀风险的评估与管理:一种合作式的方法[M]. 2 版. 李凌,刘新春,等译. 北京:中国轻工业出版社,2020.

[3] Richard K. James. 危机干预策略[M]. 七版. 肖水源,周亮,等译. 北京:中国轻工业出版社,2019.

[4] 边玉芳,周燕,钟惊雷,等. 青少年心理危机干预[M]. 上海:华东师范大学出版社,2010.

[5] 何泽民. 全面构建大学生心理危机预防与干预体系[J]. 邵阳学院学报(自然科学版),2018,15(3):97-103.

[6] 黄雯. 危机管理心理学手册[M]. 北京:中国法制出版社,2020.

[7] 姜土生,邓卓明. 大学生心理危机类型分析[J]. 当代青年研究,2013(2):98-103.

[8] 李清富,闫亚倩,刘晨辉. 大学生心理危机的预防和干预[J]. 当代教育实践与教学研究,2018(5):224-225.

[9] 刘海骅,徐凯文,庄明科. 高校心理危机干预工作的思考与尝试[J]. 北京教育(高教),2014(3):19-21.

[10] 龙迪. 心理危机的概念、类别、演变和结局[J]. 青年研究,1998(12):42-45.

[11] 史银. 校园自杀事件后学校心理危机干预的实证研究[D]. 昆明:云南师范大学,2018.

[12] 吴才智,江光荣,段文婷. 我国大学生自杀现状与对策研究[J]. 黑龙江高教研究,2018,36(5):95-99.

[13] 吴才智,荣硕,段文婷,等. 负性生活事件对自杀未遂的影响:基本心理需要和心理痛苦的链式中介作用[J]. 中国临床心理学杂志,2020,28(3):503-507.

[14] 吴才智,于丽霞,孙启武,等. 自杀大学生中的应激事件[J]. 中国临床心理学杂志,2018,26(3):472-476.

[15] 吴新林,周树红. 大学生突发事件预防机制探析[J]. 浙江海洋学院学报(人文科学版),2015,32(4):84-87.

[16] 吴燕霞,蔡琼霞,周圆等. 团体哀伤辅导在高校危机事件中的应用现状及对策分析[J]. 青年学报,2019(2):99-103.

[17] 张宏宇,马慧. 自杀心理的解读与危机评鉴[M]. 北京:科学出版社,2018.

[18] 赵霞. 大学生心理危机预防与干预体系浅析[J]. 新课程研究(中旬刊),2016(6):124-126.

［19］赵鑫.大学生心理危机及其防范措施研究［D］.沈阳：辽宁大学，2012.

［20］郑小方.高校危机事件后团体心理抒压的实施［J］.宁波教育学院学报，2011，13（4）：14-16.

［21］周圆.校园危机干预：哀伤辅导的实施与反思［J］.思想理论教育，2013（8）：71-74.

［22］祝一虹，陈凯旋，杨逸云，等.心理咨询来访大学生自我伤害想法或行为的相关因素［J］.心理学通讯，2018，1（2）：117-123.

［23］中华人民共和国主席令第六号.中华人民共和国精神卫生法（2018 年修正）［Z］.2018.

第六章

辅导员如何开展非现场沟通

第一节 非现场沟通的含义和特点

【案例导入 6-1】

　　疫情期间,某偏远地区大三男生唐某因咳嗽、发烧症状出现,害怕患上新冠肺炎,加上村里一个邻居刚从重点疫区回家过年,加剧了他的恐慌。他每天都很焦虑、害怕,情绪低落,提不起兴趣去学习、生活。辅导员得知这一情况后,通过电话、QQ、微信与他保持联系,传播疫情防控知识,引导他正确对待疫情,给予心理安抚,帮助他克服紧张和焦虑情绪,让他在抗击疫情中感受到老师与自己同在,从而身心得到放松,情绪得以稳定。由此可见,非现场沟通能力也是辅导员在开展心理育人工作时所必备的一项基本功。

【关键词】

　　非现场沟通;时代背景;新媒介;优点;策略;效果评价

【要点解析】

一、非现场沟通的时代背景和意义

(一)非现场沟通的时代背景

　　随着以微信、QQ、微博、短视频 APP 为代表的新媒介的迅速发展,非现场沟通正逐步改变着学生的生活、学习甚至是思维方式。新媒介作为非现场沟通的载体,有着新鲜、丰富、开放等特点,符合大学生的需求,弥补了现场沟通的不足,重构了沟通的模式。

　　辅导员只有深刻认识到非现场沟通情境下沟通内容、理念、技巧的特点及未来发展的趋势,才能很好地实现非现场沟通的优化。如何加强新媒介德育工作,增强学生使用新媒介的素养,提高新媒介的正能量,这既是时代的背景要求,也是提升非现场沟通能力的要求。

(二)非现场沟通的意义

辅导员特殊的角色定位和工作职责决定了其可以在与学生的沟通过程中实现教化育人。良好的沟通是辅导员实现心理助人教育目标的有效手段。非现场沟通要借助很多新媒介载体，突破时间与空间的界限，进入新型的沟通环境。非现场沟通在信息沟通方面发挥着越来越独特的作用。

新媒介载体的多样性发展，能实现非现场沟通的丰富性和准确性。载体的优势是辅导员和学生能获取更大的信息量，这不只是让沟通内容变得更简洁、易操作，还拓展了多种沟通渠道，使辅导员开展心理育人工作的时效性更强。有效的非现场沟通，能促进学生对自我的认同，特别是与辅导员的沟通交往中，学生能不断地形成对自我情绪、个性等特征的认识，并在不断沟通中修正对自我的认知，促进心灵的成长。

二、非现场沟通的优点

(一)便捷性

现场沟通往往受时间、空间等因素的影响和干扰，而非现场沟通以新媒介为传递信息的载体，有巨大的沟通空间和信息容量，且能跨地域、跨时间、跨文化。这种随时随地可进行的非现场沟通，弥补了现场沟通的缺陷，带给师生们方便快捷的沟通体验，使得师生之间形成一种双向互动、平等交流的沟通模式。这种沟通模式增强了学生交流的主体意识和积极性，让学生更愿意敞开心扉。

(二)距离性

非现场沟通没有空间距离的限制，辅导员与学生的沟通不是面对面的，模糊了辅导员开展育人工作时的说教性，可以有效缓解沟通时学生紧张的情绪和压力。非现场沟通可以使用幽默的网络语言和表情包，有助于提高沟通效率，增进学生自由意志的表达。据不完全统计，学生更愿意通过不受距离限制的非现场沟通方式向辅导员发起沟通。非现场沟通给学生创造了更多的机会去宣泄情感、释放压力。沟通结果也更容易得到学生的正向反馈，提高了辅导员心理育人工作的效率。

(三)非正式性

非现场沟通不限于场地、时间，辅导员与学生的沟通过程渗入了日常的生活情境。非现场沟通的非正式性消除了辅导员和学生在现场沟通中的身份地位差异，关系更趋于平等，拉近了彼此的情感距离。沟通的内容更能引起学生深层次的理解和感知，并潜移默化地被内化为学生的价值标准和行为准则。在非现场沟通中，辅导员可以是学生的良师、益友，更容易实现心理育人工作的内化过程。

(四)多样性

辅导员通过多种新媒介与学生进行非现场沟通,不仅能充分运用文字、图形、图像和声音来表达信息,还能通过视频、语音实现即时交流(见案例导入 6-1)。应用形式多样的新媒介使沟通成本大幅下降,网络技术使沟通更智能化。辅导员还可以灵活运用微信公众号、网站、论坛等方式开展沟通,生动形象的沟通方式既增强了沟通的吸引力,又提升了沟通的丰富性和有效性。辅导员更容易与学生建立良好的信任关系,学生也会更真实地表达自己的想法,最终能取得预期的沟通效果。

【应对策略】

三、辅导员进行非现场沟通的基本策略

随着大学生主体意识的增强,他们对非现场沟通的要求也在不断提高。为了应对新情况,辅导员要有意识地提高自己的非现场沟通能力。

(一)借助工具,巧妙沟通

辅导员在开展非现场沟通时,并非只有文字这一种形式,还可以借助表情包、视频、音频等工具。很多时候文字所呈现的情绪是单一的,但如果配上相关的表情符号和音频等内容,非现场沟通往往就能起到事半功倍的效果。辅导员尤其需要注意,当与学生的沟通有意见分歧时,一个调皮、可爱的表情包就可以起到化解矛盾的作用。

(二)基于实际,贴近生活

辅导员要主动了解和熟悉大学生的情绪,尝试了解学生行为背后所隐藏的利益诉求和情感需求。通过切入符合学生实际的话题,融入学生群体的多彩生活,拉近与学生的关系,汲取学生群体喜闻乐见的话题素材作为育人的资源,帮助学生将感性认识升华为理性认识。辅导员同时要注意了解每个学生的个性与爱好、处事方式,在进行非现场沟通时应该尊重每个学生的个性特征,"对症下药",不搞"一刀切"。

(三)精准把握,有效引导

要在精准把握学生群体心理特点的基础上,时时总结学生群体普遍关注的问题和感兴趣的事,将其转化为理论知识,用于指导日常育人工作。此外,辅导员应及时做出前瞻性的预测,将主导权掌握在自己手中,通过主导议题走向对学生进行有效引导,从而掌握沟通的主导权。

(四)平等尊重,讲究礼仪

非现场沟通中也应讲究礼仪,最核心的是注重适度原则。沟通中要把握分寸,认真得体,恰到好处才能达到更优的效果。不同的生活环境和文化背景决定了每个人都有

独特的沟通方式和交流状态,这影响着沟通的有效性和高效性。在能即时观察到面部表情和肢体语言的现场沟通中尚且会产生误解和冲突,更何况是非现场沟通。这便对非现场沟通的沟通礼仪有了更高的要求。辅导员在聊天、发邮件等行为中要充分尊重学生,维护学生的自尊,增强学生的自信。恰当得体的礼仪不仅能使学生打开心扉,让学生说出真实想法,而且能在学生心中树立辅导员的正面形象,为以后开展各类学生工作奠定基础。

(五)保护隐私,加强沟通

辅导员在进行非现场沟通时,不仅要保护自己的隐私,还要保护学生的隐私。每个学生都希望自己的私生活不被打扰,每个学生都希望能留有自己的一片净土,对于学生不愿透露的信息不要刨根问底,也不要进行恶意暴露。互相尊重、保护好对方的隐私才能保持长期且良好的沟通关系。

(六)及时调整,提高共情

提高共情对沟通交流和改善关系有很大的帮助。辅导员应设身处地为学生着想,站在学生的角度思考问题,深入了解学生的感受,及时在非现场沟通中捕捉学生情绪的变化,调整沟通方式和沟通状态,巧妙化解误会和尴尬。比如,大段且数量多的微信语音总是会给对方带来不便,辅导员可以使用言简意赅的文字。如果在忙碌时不方便发文字,辅导员可将输入法调整为语音输入,提高效率;如果输出信息量很大,辅导员应当在信息中标记序号或分点描述,并标记重点。在学生提出疑问后或感受到学生情绪冷淡或异常时,辅导员应尽快给出回应,调整话题导向,避免无效沟通。

(七)善用符号,增进交流

非现场沟通包含着微信、邮件等在网络上使用文字的沟通,特殊符号便是这些文字的重要组成部分。现场沟通中常用肢体语言辅助表达含义和情绪,而非现场沟通无法做到这一点。所以为了增强沟通效果,辅导员可以将肢体语言符号化,使用一些特殊符号或表情包来表达肢体语言。借助这些特殊符号或表情包,既方便、简洁地表达了情绪,也拉近了辅导员和学生的距离,让非现场沟通变得轻松而生动。

辅导员和学生之间的非现场沟通结束后,要使沟通内容最终内化为学生的价值观,外化为学生的行为,辅导员还需通过多渠道了解学生的想法和行为情况。辅导员对学生积极的改变要做出肯定和鼓励,对学生消极的改变要做进一步的沟通。辅导员或改变沟通内容,或改变沟通方法,或给予学生实际的帮助,让师生之间的非现场沟通达到预期效果。

四、辅导员如何处理非现场沟通与现场沟通的关系

(一)非现场沟通作为现场沟通的"引入"或"前期联系"

非现场沟通的优点和局限性都很明显。就非现场沟通的局限性来说,掩盖性、敷衍性是很明显的。所谓眼见为实,与重点关注学生的定期联系,每一次沟通首选现场沟通。现场沟通比较放心可靠,一定要避免采用非现场沟通"充当"定期联系的次数。

辅导员要利用和发挥非现场沟通的优势,做好学生的联系和谈话工作。首先,发挥的是非现场沟通的便捷性。无论是文字沟通,还是电话、语音沟通,都是十分方便迅速的。其次,借助的是非现场沟通的穿越性。即随时随地穿越时空,跨越距离,找到人。最后,发挥的是其在信息传递方面的准确性。表层信息通过媒介技术的传递,尤其是文字形式,丝毫不逊于现场沟通。

非现场沟通先作为"前期联系",而后转为现场沟通,是当今互联网时代非常自然的沟通方式。大多数人已习惯开会前在群里通知,对于个别人还会点对点地发消息告诉他,看到对方回复"收到"才放心,说明沟通内容已传达到位。对于大学生而言,他们平时要上课,不能被随意打扰。因此,辅导员也习惯于给学生发个消息,告诉他有什么事情,希望可以当面聊聊。学生看到后,可以反馈他的想法、有空的时间,双方进行一番交流后,再将面对面沟通的事宜定下来。这是对学生的尊重,也是辅导员和学生普遍习惯的沟通方式。

对于内向敏感的学生而言,先通过发消息的形式约他,给了他做心理建设的时间,他可以考虑是否答应面谈。如果答应来面谈,他也有了一定的心理准备;如果不想来,他可以找理由拒绝,隔着屏幕能起到很好的掩饰作用。学生在回复中表现出不愿来,其实不用强约,找机会下一次再约他,或者上门去看他。对于这样的学生,要多一些理解与耐心,尤其是对于存在心理问题的学生,他们往往畏惧人际交往,甚至有社交恐惧,那么,通过线上沟通慢慢加强彼此的联络,增进关系和感情,不失为一种好方法。同样,在非现场沟通时,学生如果仅有只言片语的回复,那么,辅导员需要投入更多的关注,要尽快找到合适的机会与对方面谈一次,尽早了解和排查他的心理状态。

非现场沟通作为"前期联系",作为现场沟通的"引入",发挥着不可替代的作用,但它不能代替现场沟通。或者说,辅导员不能满足于非现场沟通,不能轻信非现场沟通掌握到的情况,应该积极主动地促进现场沟通的实现。

(二)非现场沟通作为现场沟通的"辅助"或"后期补充"

辅导员平日里工作非常繁忙,对于很多"中间"部分的学生,即无明显心理问题或其他困难,尚有一定自觉性、自省意识,有向好态度的学生,只需适当给予一些关注和引导,就能帮助他们较好的成长。这样的关注和引导,倘若每人每次都采用现场沟通的形式,显然对于负责几百人的辅导员来说要求是很高的,甚至是不可能完成的任务。因此,通过现场沟通,基本排查锁定问题,确定帮扶目标后,辅导员可以通过非现场沟通作

为"辅助"的联络与沟通方式。

非现场沟通,作为"跟踪式"的关注、"补充式"的联系,有效节省了辅导员的时间和精力,有助于辅导员持续把握学生的日常动态,跟踪落实对学生执行的教育方案。不过,正式的、主要的沟通,还是应首选现场沟通。通过现场沟通,力争较为准确地了解和掌握学生思想和心理状态、情绪情感问题,同时,建立情感联结,互留联系方式,为进一步开展非现场沟通创造条件、打好基础。

非现场沟通,包括在幕后关注学生的日常思想动态,如查看对方的 QQ 个性签名、留意其微信朋友圈发布的内容等。很多时候,公共网络空间的表达,能够反映和呈现学生一部分的状态内容。从某种程度来说,其思想动态、生活状态或多或少能在网上呈现。

除了对学生公共网络空间的动态关注外,辅导员也可以与其开展单独的或小群体的非现场沟通。例如,不定期地通过微信联系对方,借助一些普通事务性工作联络之际,在线上与对方交谈,哪怕只是一小会儿,也是开展了一次沟通。这种随时随地开展的非现场沟通,不会太正式,能使学生感到轻松。

(三)非现场沟通作为特殊时期或特殊事件的替代方式

新冠肺炎疫情期间,全民宅在家里的情况下,通过线上连接,老师和学生跨越了空间距离连接在一起,非现场沟通的效果还是有目共睹的。大家起初可能不习惯,但很快也能适应。在疫情防控常态化及其他因素导致无法现场沟通的特殊时期,选择和适应非现场沟通,是一种不得已的替代方式,也是一种能发挥作用、达到工作目的的好方法。

对于重点关注的学生,采用非现场单独沟通,基本能达到沟通的目的。对于个别心理问题严重的学生,则可与其家长采取非现场沟通,嘱咐家长关心、关注孩子。对于共性特点或问题,譬如疫情高风险地区的学生,则可以建群,在群内开展一般性信息的传达、反馈;更进一步,可组织开展线上团体心理辅导。

五、非现场沟通的一般效果评价及改进策略

辅导员与学生进行非现场沟通时,不仅要发挥答疑解惑的作用,还要引导学生发现问题、解决问题,使学生在信念、情感和行动等方面进行积极的探索和建构。根据以新媒介为载体的非现场沟通的要素分析,评价非现场沟通有效性的维度可分为信息交换、思想交流、情感互动三方面,接下来将从这三方面来阐述并提出改进策略。

(一)信息交换方面

师生间的信息交换需要做到信息真实、全面、准确。非现场沟通的信息交换效果评价,可以从信息发送者的输出效果、信息内容完整性、信息传递方式通畅性、信息接收者对信息的反应情况等方面进行考量。辅导员要树立换位思考的思维架构,不仅要体会学生的看法,而且要预想好学生的信息接收路径。

（二）思想交流方面

师生间的思想交流需要双方达成观点的理解和认同。非现场沟通的思想交流效果评价，可以从双方观点的理解度、认同度、价值引领的效果等方面进行考量。辅导员在沟通时要跳出自我立场，进入学生的思想境地，体会学生如何看待事实，如何看待自己，避免进入"辅导员与自己对话"的陷阱。此外，还要全面提高沟通技巧，在沟通前制订好沟通计划，考虑好沟通内容、沟通背景和沟通渠道等因素，寻求最佳方式实现沟通目标。

（三）情感互动方面

师生间的情感互动需要双方达成情感的融合和共鸣。非现场沟通的情感互动效果评价，可以从双方情感的感知度、体验感等方面进行考量。辅导员作为沟通者，与学生沟通不是在进行辩论，而是本着真诚的情感态度与学生进行情感互动。辅导员要能感知学生的情绪，要通过有效沟通在一定的情感基础上建立信任的师生关系。

六、不同心理问题的非现场沟通适用方式

针对不同心理问题的学生，应恰当地使用具体的非现场沟通渠道和模式。

（一）一般心理问题学生

在非现场沟通过程中，针对一般心理问题的学生，可以适当地运用心理助人谈话技术，利用非现场沟通的便捷性、多样性等优点，比较轻松地应对和解决。当然，针对任何一个来进行沟通的学生，辅导员都需要先做出一个基本的判断，根据平时工作积累的经验，搜索他的信息，整合总体资源，进行模糊画像，给予分级预判；然后再针对学生的问题进行倾听、共情，并适时引导，从而解决问题，或者约定面询。要强调的是，如果预判分级比较高，沟通情况也不是很好，即使属于一般心理问题，也务必做出具体面询的方案，包括时间、地点等，进行后期的跟踪沟通。

（二）精神障碍类学生

关于精神障碍类学生，非现场沟通更多的是作为现场沟通的补充。但是在一些非常时期，非现场沟通也是主要的沟通方式。例如，在新冠肺炎疫情期间，由于疫情影响，阻隔了现场沟通的可能，产生了许多云端沟通方式；又如，全国开通的各类心理热线，辅导员与学生的云端沟通、辅导员直播间等都属于疫情期间的常态化沟通方式。因此，可以分为两类来看：一类是只能以非现场方式沟通，无法实行现场沟通的情况。那要严格按照现场沟通的设置，共同约定时间、沟通方式（电话、视频等）、沟通频率（一周一次）等，并形成电子文本，共同认可并遵守执行，双方均不得随意改变设置。另一类是可以实行现场沟通，非现场沟通作为重要的补充手段。一般来说，学生若遇到紧急突发状况，则需立即与辅导员进行非现场沟通。这个时候，辅导员需要平复学生情绪，用稳定化技术、放松性语言等使学生慢慢放松下来，并马上制订现场沟通的方案，在稳定学生

的过程中,及时寻求支持力量,必要时启动危机干预方案。

【本节小结】

随着以微信、QQ、微博、短视频 APP 为代表的新媒介的迅速发展,非现场沟通正逐步改变着学生的生活、学习甚至是思维方式。非现场沟通有着便捷性、距离性、非正式性和多样性的优点,辅导员在进行非现场沟通中需要把握好要点。辅导员要处理好非现场沟通与现场沟通的关系,非现场沟通作为"前期联系""辅助联系"以及特殊时期的"替代方式",发挥着重要作用。根据以新媒介为载体的非现场沟通的要素分析,评价非现场沟通有效性的维度可分为信息交换、思想交流、情感互动三方面。针对不同心理问题的学生,应恰当使用具体的非现场沟通渠道和模式。

第二节　非现场沟通的渠道分类及应对

【案例导入 6-2】

2020 年 9 月中旬的一天,某高校辅导员高老师接到一个紧急的电话,对方是一名女生,情绪低落,用带着哭腔的声音说想轻生,但是又有点害怕,因此,打电话来求助。高老师是一名持有心理咨询师资格证且经验丰富的辅导员,她一边温和地疏导学生情绪保持通话,一边紧急用笔和纸将一些相关信息写下来并及时向心理中心报告。在心理中心的指导下,高老师通过共情理解、情绪疏导等一系列通话,终于打开了学生的心结。原来,该学生是一名来自偏远地区的新生,本就对环境不适应,当天又和宿舍的同学起了矛盾,情急之下产生了轻生的念头。在与高老师电话沟通中,她逐步缓和了情绪,并愿意来咨询室进行面询,后通过面询,解决了该生心理问题的同时也解决了现实问题,成功避免了一起危机事件。

【关键词】

非现场沟通;沟通渠道;文本沟通;语音沟通;视频沟通

【要点解析】

在网络普及、智能移动通信设备日新月异的今天,微信、钉钉、邮件、电话等已经成为非现场沟通的几种主要媒介和渠道。近些年,辅导员在与学生的日常沟通中,常用的沟通渠道主要集中于文本沟通、语音沟通以及视频沟通等三种形态。案例导入 6-2 就是一个典型的语音沟通情境。

一、文本沟通

所谓文本沟通,就是以文字为主要载体,在人际间进行信息传递和思想交流。目前已发展了多种形式,包括电子邮件、传真、手机短信、各类社交软件的文字交流等形态。辅导员与学生之间文本沟通最常用的形式有:手机短信、微信、QQ、钉钉、电子邮件、微博等。在新冠肺炎疫情中,钉钉、QQ、微信的文字沟通以及各大微信公众号的推文等成了辅导员与学生之间沟通的主要形式,在辅导员开展心理疏导、思想政治教育等工作中发挥了重要的作用。

二、语音沟通

现实中,语音沟通是通过语音并借助媒介传输的沟通方式,常见的有座机通话、手机通话、网络语音聊天等。网络语音聊天的方式主要有微信、QQ、钉钉等社交软件的即时语音通话。当前高校中,学生使用最多的是微信、QQ 的网络电话。一般在网络电话没有接通或者通话环境不好或处于危机状态下,学生才会拨打老师的电话。

三、视频沟通

视频沟通是集图像和语音为一体的网络沟通模式,最大限度地利用网络方式,接近现场沟通的所有要素。现阶段,一般包含了视频会议、视频通话、平台直播等形式。

视频会议延续了电话通信技术的传递信息快速的优点,并且虚拟会议室,供多方跨越空间即时提出意见、交流研讨;另外弥补了电话通信的不足,使得视频会议双方甚至多方能够互相看到,对比枯燥的语音和乏味的文字,视频更加显得生动、有趣,让人印象深刻,有效地提高了信息的接受能力。视频会议在近两年来不断被高校运用到课堂教学和辅导员工作场景中,尤其是在新冠肺炎疫情期间,全国高校实行线上教学,云端思政、云端教学、云端咨询等各类线上工作,均运用到了视频会议。使用最多的是钉钉课堂、强国会议、腾讯课堂、ZOOM 会议室等各类视频会议室,极大地解决了由疫情造成的教学、思政工作中面临的挑战和不便。

视频通话通常指基于互联网和移动互联网端,通过手机之间实时传送人的语音和图像(如用户的半身像、照片、物品等)的一种通信方式。如果说普通电话是"顺风耳",那么,视频通话就是"顺风耳＋千里眼"。

平台直播是近两年来兴起的线上视频沟通模式,主要是团体沟通。比如,利用抖音、B站直播课程,可以探讨某个观点、辩论某个学术问题、进行思政宣讲等。这也是近两年很受大学生欢迎的一种沟通方式。

【应对策略】

四、辅导员如何利用好文本沟通

辅导员与学生的文本沟通一般分为两类。一类是以公开书信、辅导员日记、电子邮件、微信公众号公告等严谨的书面表达形式为主要的沟通形态,简称书面表达;另一类是以微信、钉钉、QQ 等即时文字聊天形式为主要的沟通形态,简称即时聊天。针对这两类形态,有不同的应对要点。

(一)书面表达的应对要点

1.要明确文本内容的逻辑,需要传递什么信息,希望达到什么目的、获得什么样的反馈等。书面表达的书信、邮件等文字成果既可供阅读,也能被保存,可以给学生提供更多的思考时间,仔细分析文字上所附有的意义,因此,要符合表达逻辑。

2.要准确、完整传达文本信息,避免歧义产生。书面表达的内容易复制,有利于大规模的传播,可以将内容同时发送给所有的学生,给他们传递相同的信息,因此,书面表达的内容讲究逻辑性和严密性,一旦传播有歧义的信息,就会使沟通变得无效,甚至出现错误沟通。

(二)即时聊天的应对要点

1.回应及时。一旦有学生发出沟通的邀请,如"在不?老师""老师,您好"甚至是一个"在吗"的笑容表情等,辅导员要及时地做出回应,"在,有什么需要帮助吗?"或者回应"在的"等表情,表示回应对方且愿意开始沟通。

2.回应真诚。文字沟通要真诚,回应中尽可能做到换位思考,设想对方所处的情绪状态和空间环境,虽然看不到表情,但是真诚可以通过文字传递给对方。例如,"我认真看了你的这段文字,真的挺让人感动的,你是怎么做到的?""你对老师这么信任,我挺开心的",等等,让学生感受到安全、共情、尊重。

3.回应要有技巧。网络中呈现的经常是一段段的文字,辅导员要先通过对方的文字判断其沟通的目的,是情绪的发泄还是需要老师帮忙解决问题,抑或想找一个信任可靠的人聊聊天?只有弄清对方的意图,辅导员才能"对症下药"。如果是情绪发泄,辅导员需要多倾听,更多地给予对方共情,表示你一直在陪伴他,在听他说,不打断对方的思路;如果是需要帮忙解决问题,辅导员就要巧妙地了解问题产生的原因、就事论事,双方共同寻找合适的解决方法;如果是随便聊聊,辅导员就可以通过文字多了解一些对方的信息,为将来的沟通做准备。

(三)注意避免文本沟通带来的不足

1.文本沟通的表述过程中可能产生偏差。辅导员与学生之间存在着知识水平、人生阅历和社会观念的差异,对相同的信息理解的角度是不同的。文本形式的非现场沟通很难准确表达情感,学生有时会带着自己的主观情绪去揣摩辅导员的想法,误解辅导员的本意。此外,辅导员在编写文本信息时,如果使用带歧义的语言或者词不达意,也会增加学生产生误解的可能性,产生沟通障碍,造成心理隔阂。

2.文本沟通在传输过程中容易受到阻延。辅导员和学生是通过文本的方式去理解对方的信息,缺乏即时的反馈机制。双方看不到对方的眼神、手势等非语言信息,无法确保发出的信息能被接收到,接收到的信息无法确保可以被完整、准确地理解。表达信息需要文本录入时间,接收信息需要文本阅读时间,这都给双方沟通留下了时间点上的空白,无法进行连贯的沟通,有时还会造成时间拖延,甚至贻误时机。

3.文本沟通会受到情境的限制。文本沟通没有具体的谈话情境和背景,为达到较好的沟通效果,辅导员需要花费大量的时间对文本去做构思、修改,为谈话背景做铺垫。文本沟通不同于口头表达,没有情境的、过于口语化的文字和半截话会影响学生的理解。比如,微信语音即使出现不规范的省略句,因为有语音、语调、语气做铺垫,也不影响学生的理解。而微信语音如果转成文本文字来看,则是缺乏条理、用词不够准确、背景也不够明晰的。

五、辅导员如何利用好语音沟通

语音沟通其实就是传统意义上的电话沟通和网络社交软件中的即时通话。现在高校校园里,学生很少直接拨打座机、手机等,大多用微信、QQ、钉钉中的语音通话功能进行即时沟通。辅导员在接听学生语音时要注意以下内容:

1.接听语音前要做短时间的准备工作。辅导员接听学生的语音时要调整好状态,以亲切、优美地方式打招呼,使双方对话能够顺利展开,通话时要保持良好的心情。学生即使看不见老师,但从欢快的语调中能够被老师感染,感受到接纳,留下良好的印象。并且,由于面部表情会影响声音的变化,所以即使在通话中,辅导员也要抱着学生就在对面看着我的心态去应对。另外,双方可以提前约定方便的时间通话,以免被其他事情打断。

2.接听语音过程中要有端正的姿态和清晰明朗的声音。辅导员应放下手边的事情,保持专注去接听,以恳切之话语表达,并适度控制音量,以免学生听不清楚、产生误会,或者因为声音太大,让学生误解为盛气凌人。

3.接听语音过程中要记录要点。如果事情比较复杂,则需要认真记录,如时间、地点、发生了什么事情、情绪怎么样、有什么诉求等,只有记录准确清晰,对后续的沟通才能有指导意义。要进行有效的语音沟通:确认对方的身份、了解来电的目的,关于某方面的问题是否能马上解决或给出建议,如果不能,则需记录下来并给定时间及时回电解答。

4.接听语音中要耐心倾听,适度共情。在对方表达意见时,要让他畅所欲言,尽量减少打断,注意倾听与理解、抱有同理心、建立亲和力是有效进行语音沟通的关键。对于借助社交软件进行的语音沟通,还需注意网络的畅通,确保通话能够顺畅完成,以免影响沟通效果。

语音沟通虽然是非现场沟通中使用频率最高的一类沟通模式,但是也存在以下一些不足之处:

1.语音沟通会缺失一些非语言沟通的重要信息。语音沟通中,人们看不到对方,主要从语音中获得信息、甄别情绪、判断现状,而在沟通中很重要的非语言因素被屏蔽了,如微表情、神态、肢体语言等。有些学生在电话中可能会紧张,表达能力不够,也会导致沟通信息缺失。因此,辅导员在进行语音沟通的过程中,一旦发现沟通不畅或者沟通没有达到预期效果时,要建议对方改为现场沟通,以便有效解决问题。尤其是一些可能出现的危机事件,辅导员一定要精准预判,当机立断,采取紧急措施,进行现场沟通。

2.语音沟通会进入预判的状态，而导致沟通效果不理想。很多学生在跟辅导员沟通的时候，是带着预判的目标而进行的。他们对于一件事情的诉求已经在心里形成，或者对某件事情的求助带着"辅导员肯定知道"的预设心理状态来进行，在沟通过程中，一旦辅导员没有达到他的预期目标，不仅会导致此次沟通效果不理想，还会影响该学生后续的求助意愿和求助热情。还有些学生会带着"辅导员就是这方面的专家"的预设目标来求助，如心理问题，但是当辅导员没有表现出他所期望的心理专家的业务水平时，对方可能会很郁闷甚至愤怒。因此，辅导员在进行语音沟通时，尽可能平和、谦虚，多传达合作、共同解决、共同面对、耐心陪伴等理念。

3.语音沟通的便捷性也可能成为导致沟通低效的因素。语音沟通虽然便捷，随时随地都能进行，但是很多时候对方可能正在处理别的事务，不方便接听，就会错失交流的黄金机会；或者是进行语音沟通的同时，还得进行别的紧急的工作，导致沟通效果不佳。因此，辅导员与学生在语音沟通时必须提高自身的主观自制力，自觉排除各类干扰以保障沟通顺畅进行。辅导员在与学生进行语音时，尽量做到关闭其他网络页面，以便集中精力在有限的时间内高效地解决问题。辅导员还应根据学生信息反馈的速度和态度，选择是否采取面对面交流或者更换其他交流工具。

六、辅导员如何利用好视频沟通

视频沟通虽然在非现场沟通中体现得比较直观、形象，但也有以下一些不足之处需要注意。

（一）视频沟通容易泄露隐私

视频沟通必须重视隐私问题，每个公民都享有隐私权。视频一打开，辅导员和学生双方在视频中的个人形象、聊天环境都成了沟通在视频中的延伸，会影响视频沟通的有效性。辅导员和学生在视频沟通时，要有隐私安全意识，切不可随意侵犯他人隐私，如对视频沟通的画面进行截屏、录音，传播沟通过程的音像资料等。

（二）视频沟通有掩饰性

视频沟通的特点使得参与视频沟通的辅导员和学生都以最好的形象展现在对方面前。他们会有某种程度的自我表演，会不同程度地脱离他们在日常生活场景中相对真实的一面。有时候本人也会惊讶于自我形象在线上、线下之间会有如此大的差别。视频中的沟通表现，突出展示了自我身份构建过程中更加理想化的一面，也会影响视频沟通的真实性。辅导员在跟学生沟通时，要准备充分，尽可能多地掌握一些信息，集中精力投入沟通，注意学生微表情、情绪变化以及用语等。注意仪容仪表，不过于浓妆艳抹，给学生以真实亲和的感觉即可。

（三）视频沟通技术依然有待发展

视频沟通需要硬件和软件设备的支撑。视频沟通时除了要有高性能的计算机、手机等硬件外,还需要有摄像头、麦克风、耳机等外部设备。其中,摄像头是视频图像获取的重要设备,摄像头像素能影响图像的清晰度,进而影响视频沟通的效果。视频沟通还需要借助于视频软件,不同的视频软件有不同的功能和特点,需根据视频沟通的需要,选择合适的软件。除软、硬件外,视频沟通还依赖于网络。近几年来,随着5G技术的发展,数据传输速度远高于以往时期的网络,提升了系统协同化、智能化水平。因此,辅导员要善于学习,只有将这些技术合理地运用到视频沟通中,才能够提高视频沟通的有效性。同时,要了解更多的视频沟通平台,辅导员应熟练掌握一至两个平台的使用技巧,以便促进沟通过程的畅通,更好地吸引学生使用平台。

【本节小结】

微信、钉钉、邮件、电话等成为非现场沟通的几种主要媒介和渠道。近些年,高校辅导员与学生的日常沟通中,常用的沟通渠道主要集中于文本沟通、语音沟通以及视频沟通等三种形态。这几种沟通方式各有优势和不足,需要辅导员认真学习,精准把握,提升技巧。

第三节　非现场沟通的对象分类及应对

【案例导入 6-3】

疫情期间,某高校辅导员张老师逐一联系了自己所管理班级的8名在鄂学生,并组建了一个微信群,每日分享疫情实时情况、互相问候、分享心情。大家齐聚线上,信息共享,彼此交流,有效缓解因疫情带来的焦虑和压力。尤其是当疫情形势日趋严峻,同学们明显情绪焦躁、低落、不安时,张老师及时组织了一次线上团体心理辅导。她让每个人用一个小时的时间书写一段近期的心路历程,然后大家进行线上分享,其中有关于爱的故事、关于做社区志愿者的经历,还有和爸妈吵架的苦恼、等待考研成绩的焦虑、工作可能会丢的不安……每个人选择了不同的分享方式,有自己朗读的,有直接让大家看文档的,也有即兴述说的……每个人分享后,大家都说出自己听到这些分享后的感受或应对的方式。不知不觉中,一个上午过去了,大家在书写和分享中找到了调节情绪的方法,一起走出那段阴霾。

【关键词】

非现场人际沟通;非现场群体组织沟通;非现场公共网络沟通

【要点解析】

新冠肺炎疫情期间,全国高校"停课不停学",思想政治教育工作主动适应形势,创新了许多线上的育人模式,包括云报告、云班会、云家访、云典礼等。与此同时,辅导员谈心谈话、心理个体咨询与团体咨询,也都采用并适应了线上模式。

参考传播学流行的分类方法,根据沟通的对象分类,将非现场沟通细分为非现场人际沟通、非现场群体沟通和非现场公共网络沟通。

一、非现场人际沟通及其特点

人际沟通指人与人之间一对一的单独沟通,是最常见的沟通形态。现场的人际沟通是人与人面对面沟通,非现场的人际沟通则是人与人之间通过文字、图片、音频、视频等方式进行的沟通。非现场人际沟通的特点是:

1.贴近性。如果大学生在线上沟通和现场沟通之间自主选择,很可能大部分学生会选择线上沟通。因为他们比较习惯与适应线上的沟通方式,既能使用合适的文字表达,也可以使用表情包,弥补了非现场沟通中无表情、肢体语言的缺憾。年轻的辅导员可能"天生"就会开展非现场沟通,因为他们和年轻的大学生一样习惯"网上冲浪"。

2.亲切感。新冠肺炎疫情期间,辅导员按照学校要求,开展线上谈心谈话,大多采用的是视频沟通。当连接上视频,辅导员看到学生在家里面的穿着打扮和房间的场景,学生也看到辅导员在家里面的模样,双方通常会有一种亲近又特别的感觉。这样的视频聊天,原先只有在比较亲近的朋辈、恋人之间才会出现,如今却能在师生之间发生。它打破了学生对于辅导员原有的神秘感和权威感,促进双方较为平等、近距离地交流。

3.便捷性。足不出户,便能沟通;随时随地,就能交流。非现场沟通能穿越空间、距离、屏障,直接从这一端通达另一端,隔着屏幕,就能见到本人。

二、非现场群体沟通及其特点

群体沟通,即一对多或多对多的沟通。根据群体的正式性与否,可分为随意群体沟通和正式组织沟通。随意群体沟通,其群体的形成具有随意性,如早年的网络聊天室。正式组织沟通,则是依托一定的组织、归属而建的线上群,群内成员因为同属一个组织而归属同一个群内,包括各种单位在职人员群、同学群、班级群等,以 QQ 群、微信群、钉钉群等形式存在。如今,正式组织沟通日益普遍。人们似乎在习惯了网络交流的匿名性、神秘性以及识别了网络交流的伪装性、风险性后,对于随意群体的线上交流渐渐失去了兴趣。而正式组织的群体沟通,却因组织的需要而不得不建立,甚至成为一种"基础建设",即一个现代组织成立、建设和联络最为基础的渠道建设。非现场群体沟通的特点是:

1."群"的沟通,具有专业化的部门分工、职务分工和岗位责任制、组织系统的阶层制或等级制等特点。群体沟通之所以普遍和流行,就是因为它满足组织的建设和联络的需要。组织是指人们为了达到某种共同目标,将其行为彼此协调与联合起来所形成的社会团体,是为了实现一定的组织目标而设置与成立的,出于组织内的需要,"群"作为一种线上联络方式而存在。

2."群"的沟通,具有建设方便、信息传播快、成本低廉等特点。一个组织在现场见面后,通常会建一个群,大家都加入其中,便于后续联系。有时还没有组织现场见面,就已经建好了群，组织成员入群后，可以获得信息，如何时、何地现场见面。

三、非现场公共网络沟通及其特点

从 21 世纪初的校内贴吧，到流行至今的 QQ 签名、微博、微信朋友圈，再到知乎，这是一类公共网络沟通。近年出现的微信小程序"朵朵校友圈"，是另一种形式的公共网络沟通。QQ 个性签名、朋友圈通常无法匿名，而贴吧、知乎、朵朵校友圈是可以匿名的。非现场公共网络沟通的特点是：

1.公开性和公共性。和群体组织相比，公共空间没有明确的交往边界。发言者更像是在公共平台进行公开表达，由于缺乏具体的语境支持，表达者需要用文字来补充语境。"路过"的观众看到后可通过留言、评论、跟帖的方式进行对话。对话的过程是公开的，除了对话的双方外，还有无数的"潜伏者"在"监视""偷窥"他们的对话。因此，讨论的话语不仅仅针对确定的对话人，还面向大量匿名的观众。

2.舆论性。正是由于在公开性的平台中发表公共内容，因此，一些具有争议的热点内容，就可能在公共空间"引爆"，成为公众话题。大量匿名的观众也可能别有用心地挖掘、搜集内容，去再度传播、扩散。"议程设置"不再完全来源于媒体，在公共网络沟通中便可有网民自己制造议题，并广为流传，尤其是当主流媒体由于种种原因做了"沉默的大多数"时，主流媒体之外的公共网络就会受到人们的关注，为大众提供更为民主的舆论空间，还有更多的知情权、质疑权，以及"民意"。

3.匿名性。参与公共网络沟通的人，通常是匿名的，以一个"网络身份"出现，不仅掩盖了性别、年龄、身份，而且隔离了人与人之间的感知，包括无法通过触觉、视觉、嗅觉等感知对方的存在，只能凭借对方已呈现的真假难辨的电子信息来进行想象。公共网络沟通中的人，分不清信息的提供者和获取者，每个人似乎既是信息的获取者，也是信息的提供者，加上匿名的特性，使得个人的言论自由在很大程度上得以实现。

【应对策略】

四、非现场人际沟通的应对要点

(一)确保安全稳定的技术条件

非现场人际沟通依赖于技术，需要保障技术的稳定。一方面，网络信号要畅通，这是线上沟通保持连贯性、顺畅性、清晰性的保证；另一方面，所用的智能手机、电脑的设备性能也很重要，如果设备性能较为一般甚至较差，往往影响对网络信号的接收，从而影响沟通软件的使用，导致沟通断断续续甚至无法进行。

新冠肺炎疫情期间，全国推行网课，一些西部偏远地区的孩子因收不到较好的网络信号而跑到较为空旷的广场、田间、山顶、村委会等上网课的照片，引发热议。虽然，这些孩子的学习热情值得赞赏，但同时我们也为其技术设备的落后而感到难过。当全国大部分地区享受互联网技术带来的便利时，仍有小部分地区并未被技术的阳光普照。

早在 20 世纪 90 年代,"数字鸿沟"理论进入人们的视野。在所有的国家中,总有一些人拥有社会提供的优质的信息技术,也总有一部分人出于各种原因没能拥有这些资源和条件。这种信息与通信技术在教育运用中存在的不平等,就是"数字鸿沟"。

因此,辅导员和学生进行非现场人际沟通时,首先要做好硬件方面的准备,其次要考虑学生的硬件条件,包括其手机、电脑的综合性能以及其所处地区。如果学生所处区域网络信号不稳定,那么,减少视频沟通,改为音频或电话沟通。另外,辅导员在用手机进行音频或视频的即时沟通时,要注意,一旦有电话呼入,会导致沟通的中断,所以可以用电脑代替手机进行音频或视频沟通(确保宽带或网速稳定的前提下)。

总之,辅导员在开展非现场沟通前,要选择较好的设备,建议学生也做好调试,一旦沟通过程不够顺畅,彼此也应给予理解,多一些耐心和包容。

(二)提供安静舒适的沟通情境

20 世纪 50 年代末,加拿大社会学家欧文·戈夫曼(Erving Goffman)提出"情境论":当一个人出现在另一个人面前时,便形成了情境,人对这样一种情况产生"情境定义",据此做出反应和行为。21 世纪初,在全球电子媒介日渐兴盛之际,美国传播学者约书亚·梅罗维茨(Joshua Meyrowitz)认为"情境"不再取决于"我们在哪里"和"我们和谁在一起",而是指能产生信息流通的任何情况,电子媒介创造出电子情境(electronic situation)。非现场沟通,无疑就是在传统的现实情境中,新增了电子情境,导致非现场沟通双方各处的现实情境和电子情境同时存在。电子情境具有穿透性,它"穿透"了传统的现实情境,同时与现实情境共同存在,甚至互相干扰。

每一次非现场沟通,要尽力保证电子情境的完整性,沟通双方都要专注地投入电子情境当中,减少现实情境中的人和事对其的干扰。这就要求现实情境中最好没有其他人存在、没有其他声音出现,最好在一个安静的、安全的、相对封闭的环境当中,减少他人、他事突然闯入的可能性。这也要求电子情境所形成的基础——传播渠道的完整和畅通,不要因为传播渠道不畅影响顺畅性,一旦顺畅性实现不了,电子情境就会受到干扰、中断或者终止。因此,沟通双方仍旧要当作现场沟通一样,保持投入和专注,确保非现场沟通的电子情境的专一性和完整性。

辅导员主动找学生进行线上沟通时,就要将身心都切换到线上沟通的模式中,保持专注、投入,也要建议学生认真对待,创设较好的沟通情境。所以,辅导员应与学生提前约定时间,让对方有心理准备、条件准备以及进入情境的准备。

(三)注重语言信息的表达

在现场沟通时,可以用微笑表达鼓励,用点头表达肯定,用眼神表达关切,用低头皱眉表达难过。然而,在非现场沟通时,有时语言很难恰如其分地表达这些感受,人们常常会感觉词穷,一时找不到合适的词来表达。

所以说,非现场沟通更加考验语言表达的技巧,更加挑战运用语言文字准确地表达情绪情感、观念态度的能力。从这个角度来说,非现场沟通更加注重语言信息的表达。

好的沟通需要共情,然而非现场沟通中的共情却比现场沟通要难得多。譬如,在文字形式的非现场沟通中,彼此无法感知对方的语气和表情。面对一些性格内向的学生,或不善于表达的学生、抑或有意识掩藏真实情感的学生,辅导员想通过屏幕或者电话去"观察""倾听"对方,是极具难度的,想深入沟通更是难上加难。

(四)注重非语言符号的使用

每次现场谈话结束,谈得好或不好,谈话双方是有较为明显的感觉的。然而非现场沟通,共情深度、沟通效度等很难达到现场沟通的程度,效果也很难评判。

在非现场沟通中,辅导员要传递一份热情,可能要用能表达两份热情的非语言符号,如语气、语调、笑容等,否则,线上传递效果会折损。那么,如何来表达这样的"热情"呢?表情符号、表情包不失为一种好办法,能生动地、形象地、幽默地表达一些表情、肢体符号,给文字信息增添了生动性,便于学生较好地理解文字信息的表意。有时,一些严肃的内容是容易引起误解的,辅导员如果担心文字的表达会让学生觉得过于严肃而难以接受,则可采用语音的方式,用柔和的、亲切的语气去表达。

辅导员要通过参加相关专业技能培训、阅读专业书籍、向有经验的辅导员学习等途径,提升用新媒体谈心谈话的专业知识技能,这是非常有必要的(见案例 6-1)。辅导员也应该在实践中思考,多实践、多总结,总结好的经验,反思遇到的教训,吃一堑长一智,不断提升自我。

【案例 6-1】 非现场沟通相比现场沟通,容易产生"误会",即便使用表情包,有时也不一定能传递准确的表情和情绪。网络对话里的各种绘文字(emoji)小表情,并不是总能让交流变得更融洽,不同年龄段的人群,对于同一个表情的理解,会有偏差,甚至完全不同,也容易产生误会。有一位员工与老板对话,老板发来"微笑"表情,员工就无法领会领导这个"微笑"到底是什么意思。

这个表情被官方定义为"微笑",但如今它的实际含义变成了"呵呵"。不是呵呵笑的"呵呵",而是表达讽刺、无奈、无语等负面情绪的"呵呵"。仔细看这个表情,像是皮笑肉不笑的脸,使人因捉摸不透对方情绪而感到恐慌。在较为年轻一代人的眼中,和"哦"这个字一样带有嘲讽或者敷衍的意味。然而在很多中年人或者老年人心目中,微笑表情代表的是友好善意的微笑,"哦"表示着礼貌的回复。

(五)分人分情况选择沟通方式

根据谈心谈话的主要内容、紧急程度、学生性格特点、学生所处情境与技术设备情况,选择合适的沟通方式。譬如,疫情期间,辅导员需要对重点关注对象进行谈话,谈话目的是:了解他们近期的身心状态,排查安全稳定风险。通过文字谈话或电话谈话,有时较难判断学生真实的状态,导致无法实现较好的谈话效果。因此,推荐将谈话方式的优先等级排列为:面对面谈话>视频谈话>电话谈话>语音谈话>文字谈话。当然,主要还是分人分情况,因人、因事选择合适的沟通方式。

五、非现场群体沟通的应对要点

群内沟通很难有指向性,沟通指向不明确,隐藏在群背后的成员究竟是何反应、持何观点、有何意见,都很难把握。所以,在群沟通中,说服他人是较难的,通常说个半天,也无法达成共识。那些保留意见的人依旧保留自己不同的意见。

【案例 6-2】 某学院制订了学风建设方案,包括"上课时查寝""周末集体自习"等主要举措,并通过扣分、签到等方式进行计分评奖。该方案在制订过程中,征求了班长、团支书和各班学生代表的意见,并发到年级 QQ 群里征求全体同学的意见,但仅收到了 3 位同学的意见,主要是关于实施中一些细节的咨询确认。解答完细节,见大家不再有意见,几天后,辅导员便在年级 QQ 群内,通过群公告的方式正式发布该方案,群内仍旧没有异议发出。没料到,当晚有学生在某网站,指名道姓地发帖:如何评价某某学院某辅导员硬性要求每周签到自习 6 小时?公告中"不论有课与否,非特殊原因都不要待在寝室"的措辞引起学生不满,学生认为太过强制。次日,在校内贴吧,亦有学生发帖,"嘲笑"大学还用高中的管理模式,认为大学里每个人都有自己的学习方法。

通过案例 6-2,不难发现在群内发布方案或通知事宜,很少有人会发表不同意见,但一转身,群内成员就将不同意见匿名"曝光"到公共网络平台,"吐槽"他们所认为的"不合理"。在非现场群体沟通中,辅导员应该注意些什么?

(一)容易产生意见的方案,不在群里部署

容易产生不同解读、引发不同意见的方案,最好通过口头传达,把制订方案的背景、目的、意义等传达清楚,获得学生们的理解。该类情况可以通过班长、团支书,传达到班级。哪怕学生有意见,也仅会在班级的范围内讨论和解释。

(二)容易引发争论的观点,不在群里发表

群里并不适合讨论不同的观点,当观点针锋相对、各说各有理时,总有人认为你说的没道理。辅导员作为官方的代表,有时和学生的观点不一致,容易引发个别学生站在辅导员的对立面,即支持学生的一方。这部分学生,不一定有胆量公然在群里表达意见,但却会截图发到公共网络平台上,以"不吐不快",彰显自己是"正义的化身"。

越小的群,交流越自由,沟通越充分。因此,能够让班长、团支书传达的通知,就不要在年级大群里通知;能精准到人的通知,就不在群里通知。群是一个开放的空间,好的消息,如表扬人的通报,能起到一定的正面鼓励、正向激励的作用,但也可能引发嫉妒或其他想法;坏的消息,如带有批判、惩罚意味的通报,或仅仅是发表不同意见,要尽量减少在大群里发布或表达,这对于被批评者来说压力是较大的,有时会伤及其尊严。其他一些涉及隐私的信息,包括成绩、学号、地址等信息,也不要在群里传播,以免侵犯隐私,或造成信息泄露。

(三)借助和发挥意见领袖的作用

群内的学生干部、积极发言者,发挥着群内意见领袖的作用。与他们建立好关系,使其在一些事件、观点传达时,能够站在辅导员这边,积极响应和支持,带好正向的节奏。在出现意见分歧甚至舆情时,尽早通过单独沟通或针对性的小群体沟通,获得这些意见领袖的理解,让他们在朋辈中发挥正确的舆论引导作用。

(四)发消息要谨慎,避免发错群

如今,微信既有私人通讯的功能,又是工作的沟通工具,使用时一定得谨慎。在一些企业中,偶尔会发生某位员工不小心将一些不合适的言论错发到同事群,而被领导问责甚至炒鱿鱼的情况。案例 6-3 就是幼儿教师不小心将本该发给私人的信息发到家长群里,引发家长不满,从而失去了工作。

【**案例 6-3**】案例发生在某私立幼儿园,这天幼儿园的一位老师把本该发给商家的消息"这件事情你们找园长即可,只要让出一定的利益,园长都会同意,我们老师只负责发动家长和学生参加",误发到了家长群里,大约过了 5 秒,这条消息就被撤回了。但是不妨有眼疾手快的家长把此段话截图下来又发了一遍,这就引起了家长的质疑与不满。原来是一家海洋馆找到幼儿园,希望幼儿园可以组织一次活动,带着小朋友到他们那里去观看表演,事成之后给学校一些返利。家长们不满学校的行为,一直要讨个说法,事情闹到最后,幼儿园园长出来道歉并且辞退了那位老师。

六、非现场公共网络沟通的应对要点

(一)捕捉"民意",了解学生状态问题

现在的大学生,作为从小接触网络的群体,越来越习惯在公共网络平台发表自己有关学习生活、人际交往、情感困惑等问题的观点。他们对于网络有很强的依赖性,涉及一些较为隐私或难以启齿的问题,他们更愿意在匿名的网络空间表达。因此,大学生在网上的匿名表达,很真实、很自然,是辅导员了解学生的重要窗口。

公共网络平台是"民意"的倾诉口,是个人情绪的宣泄地,网民之间互相安慰、交流、发泄、表达。在这里,辅导员可以看到大学生普遍的关注点、状态、特点以及问题焦点,对于辅导员把控舆论、舆情,具有关键的作用。

(二)要一分为二看待公共网络信息

目前,网络信息传播方面也已出台了一定的法律法规,对于网络违法违规行为,相关部门会给予劝止甚至处罚。但在法律允许范围内,辅导员还是应该鼓励和保障学生合理、合法地表达想法、意见和建议,尊重和保障其匿名表达的权利和自由。

藐视舆情或民意是大忌。辅导员发现学生有在网上发帖,首先应有所尊重,其次是

平等、真诚地沟通,而非一味地批评、压制学生,简单粗暴地责令学生删除网络言论。

(三)重视舆情,及时解决和消除影响

"热搜""十大"这些被推上风口浪尖的舆情,辅导员需要引起重视。有些会持续发酵,被校外媒体扩大报道,甚至进一步激化成为网络舆论。因此,及时把握舆情,一要"第一时间",早发现、早介入,快速化解可能激化的舆情;二要实事求是,要满足公众的知情权,建构信任,校方信息要及时公开。对能够在短时间内说清楚的事实,要快速向网民和社会发布;对涉及校方部门的工作失误或瑕疵,要勇于承认错误,要有责任担当,勇于向公众道歉;而对一些相对比较复杂、短期很难快速处理的事件,也要及时发出代表校方部门态度的信息,引导公众的舆论"审判"走向建设性的舆论讨论。

考虑到网络舆情的"网络"和"虚拟"属性,辅导员在回应和引导网络舆情时,应该充分利用网络这一载体,借鉴性、策略性地采用一些网络沟通的方式和方法。辅导员要充分借助网上的意见领袖(如论坛的版主、资深的论坛达人等)的力量,通过恰当的方式与他们进行沟通,将舆情事件涉及的客观情况以及处置思路和措施告诉他们,争取他们的理解和支持。

(四)根据高危信息采取现场联动

现在的大学生都是生活在"网络"上的一代,习惯了在公共空间发布信息。曾有新闻报道,一个年轻人直播自杀过程,后及时被网民发现,网民一边在网上进行安慰、疏导,询问具体自杀地点、细节等,一边迅速报警。警方紧急出动,成功救下一条生命。案例 6-4 是笔者亲身经历的一个故事。

【案例 6-4】小杜被诊断为重度抑郁,且曾有一次自杀未遂的经历,成为院系重点关注对象。有一年十一长假后,10 月 8 日应该返校,但他没返校,主动在室友群里报告自己在亲戚家住,室友信以为真,没有报给辅导员。到 10 月 11 日傍晚 19:30,辅导员询问室友,才得知小杜已有 3 个晚上住在亲戚家,辅导员立马警觉起来,联系其家人,了解到他和家人谎称回学校了。这时,辅导员打电话给他,该生挂断不接。晚 20:02,室友在网上发现其更新了 QQ 个性签名,写了一个"bye",顿时气氛紧张起来。辅导员建议其家人尽快报警,家人犹豫不决。

辅导员向派出所报警,派出所查到了该生在其家乡所在城市的某一个网吧,有上网记录。辅导员反馈给家人,让其家人立马去该网吧及附近小吃店查找,然而持续寻找了一个多小时,仍未找到人。辅导员要求立即在当地报警,其家人仍旧说怕影响孩子以后生活,不肯报警。辅导员不断强调该生于 20:02 在 QQ 个性签名上发布"bye"为寻短见的信号。晚 23:30,家人终于被说服并在当地报警,警方查出该生在某宾馆某房间,警方和家长立即前往宾馆找到了躺在床上计划绝食自杀、已经奄奄一息的小杜。

【本节小结】

根据沟通的对象分类,非现场沟通分为非现场人际沟通、非现场群体沟通和非现场

公共网络沟通。非现场人际沟通具有贴近性、亲切感、便捷性的特点,应对要点是:要确保安全稳定的技术条件、提供安静舒适的沟通情境、注重语言信息的表达、注重非语言符号的使用,分人分情况选择沟通方式。非现场群体沟通作为服务组织的线上沟通方式,应对要点是:容易产生意见的方案,不在群里部署;容易引发争论的观点,不在群里发表;借助和发挥意见领袖的作用;发消息要谨慎,避免发错群。非现场公共网络沟通的应对要点是:捕捉"民意",了解学生状态问题;要一分为二看待公共网络信息;重视舆情,及时解决和消除影响;根据高危信息采取现场联动。

参考文献:

[1] 车淼洁.戈夫曼和梅洛维茨"情境论"比较[J].国际新闻界,2011,33(6):41-45.

[2] 匡文波.网络传播学概论[M].北京:高等教育出版社,2001.

[3] 刘华丽,王喜荣.新媒介环境下高校思想政治教育效果研究[M].北京:知识产权出版社,2016.

[4] 孟建,裴增雨.网络舆情的收集研判与有效沟通[M].北京:五洲传播出版社,2013.

[5] 尼可·史汀顿.线上沟通这样才高效[M].黄睿睿,译.北京:九州出版社,2018.

[6] 沈芳.提升高校辅导员与学生沟通的有效性研究[D].上海:华东师范大学,2017.

[7] 王允,张岩松,等.人际沟通与社交礼仪[M].北京:清华大学出版社,2015.

[8] 吴满意.网络人际互动:网络实践的社会视野[M].北京:人民出版社,2015.

第七章

大学生团体心理辅导设计

第一节　大学生团体心理辅导的概述

【案例导入7-1】

　　新生入学,新班级的建设迫在眉睫。辅导员李老师想用一种不同于传统班会的形式来促进班级学生之间相互了解,增强班级凝聚力。有人向李老师提议可以借助团体心理辅导的形式来开展,那什么是团体心理辅导,如何在大学里开展团体心理辅导,开展时有哪些注意事项呢? 带着这些疑问,李老师非常急迫地想要学习大学生团体心理辅导的相关知识和技能操作要点。

【关键词】

　　团体心理辅导;疗效因子

【要点解析】

　　本节将围绕大学生团体心理辅导的含义和意义展开描述,让大家清晰地了解什么是团体心理辅导? 它有哪些优势以及如何应用?

一、什么是大学生团体心理辅导

　　为进一步加强高校辅导员队伍建设,推动高校辅导员队伍专业化、职业化发展,提升大学生思想政治教育工作质量,2014年,《教育部关于印发〈高等学校辅导员职业能力标准(暂行)〉的通知》(教思政〔2014〕2号)指出,对于工作1～3年的初级辅导员,明确要求他们"能够与大学生建立积极有效的师生关系,帮助学生调适一般的心理困扰"。也就是说哪怕是新入职的辅导员也应该掌握一定的心理辅导技能,而团体心理辅导是其中最常用的形式之一。究竟什么是团体心理辅导呢?

　　从形式上看,团体心理辅导是带领者根据事先的活动设计方案和现场的变化,围绕辅导目标开展的一系列活动。开展团体心理辅导时,团体带领者和所有参与者通常会围成一个"圆圈"而坐,方便成员之间相互交流和看到彼此的表情信息,增加内心的归属感和安全感。团体心理辅导的参与人数一般大于 5 人,一次辅导由多个活动或环节组成,所用时间因团体大小和团体目标不同而有所不同。

从内容上看,团体心理辅导指的是在团体的情境下,通过团体内人际交互作用,促使个体在交往中通过观察、学习、体验、认识、探讨、接纳自我,调整改善与他人的关系,学习新的态度与行为方式,以发展良好适应的助人过程。

从功能上看,团体心理辅导可以分为"成长性心理团体辅导"和"治疗性心理团体辅导"两大类。前者注重成员的自我体验、自我探索,促进个体的自我肯定和自我接纳,注重有效知识、观点的传播,建立积极正向行为,促进个体有效适应。而后者注重团体成员对个体经验的深层剖析,进行人格重塑与行为重建。很显然,辅导员更适合开展"成长性心理团体辅导",而"治疗性心理团体辅导"则属专业人士的工作范畴。

团体心理辅导更多的是指通过一系列事先设计好的团体活动方案,帮助团体成员在参与活动过程中获得心灵成长的过程,因此,本章将以"团体心理辅导"这一表述来区分日常的"治疗性心理团体辅导",其更侧重于成长性心理团体辅导。

二、团体心理辅导的优势

团体心理辅导在发展良好人际关系,增强集体归属感,体验团体中的互助互利,促进多元价值观与信息交流上,以及在自我发现、自我了解、自我成长等方面有着独特的优势,是辅导员日常谈心谈话工作的一个良好补充。

研究表明,目前众多高校推广的团体心理辅导不但可以提升大学生的自信心,增加他们对人际交往能力的自我效能感,还可以有效增强失恋学生的心理弹性,在大学生的学业、就业、创业等领域有着广泛的应用,而且对提高研究生的心理健康水平也卓有成效。近年来,各大高校通过朋辈互助的方式,开展新生适应、情绪管理、人际交往、自我成长等各类主题的团体心理辅导,取得了不错的口碑和反响。

相比一对一的心理辅导,团体心理辅导具有四大优势:(1)重体验,适用面广。团体心理辅导以活动为载体,更多以体验代替说理,重视情感在团体中的流动,尝试让参与团体的每一个人都能有所触动,团体心理辅导的主题不限,不同年级的学生都可以参与;(2)省时省力,效率高。相对于一对一的心理辅导,团体心理辅导一次可以和多人互动,常见的是十几人,特殊情况甚至是一个班级、一个年级或一个协会上百人的大团体。同样的时间可以辐射更多的人,节省时间和人力,而且借助于团体的动力,更容易实现团体心理辅导的目标;(3)形式多变,生动有趣,容易吸引年轻人主动参与。团体心理辅导方案里的活动,形式不限,可以是游戏比拼、角色扮演、才艺展示,只要围绕团体心理辅导目标来设计,都可以使用,比较符合年轻人的口味,增加他们参与的动机;(4)对人际关系适应不良的群体尤其有效。人际互动是在人与人之间发生的,团体心理辅导就给人际关系适应不良的人提供了一个可以真实检验自己不合理认知的人际环境,同时,团体越大就存在越多的不同人际交往互动模式,可以越多地呈现不同个体的人际交往特点,对于人际适应不良的人来说也就有更多学习不同人际交往技巧的机会。

可见,团体心理辅导可以为某些特定主题和人群提供一种更高效的心理辅导形式。这对于日常工作繁忙的辅导员来说是非常有效的一种工作方式。

三、团体心理辅导的疗效因子

可能很多人会好奇,团体心理辅导是怎样发挥其作用的? 美国著名临床心理学家、团体心理治疗大师欧文·亚隆(Irvin D. Yalom)在他的经典著作《团体心理治疗——理论与实践》一书中将团体治疗的疗效因子概括为 11 个,即希望重塑、普遍性、传递信息、利他主义、原先家庭的矫正性重现、提高社交技巧、行为模仿、人际学习、团体凝聚力、宣泄、存在意识因子。

虽然,团体心理辅导与团体心理治疗无论是在团体目标、工作深度还是常用方法等方面都存在着一定的差异,但由于都是借助团体的形式开展工作,因此在疗效因子方面也存在着一定的相似之处。比如,在普遍性这一因子上,在开展团体心理辅导时,带领者也可以根据参与者的反馈对团体中出现的一些普遍现象进行总结概括,让团体成员意识到自己身上的一些想法和表现(如我是不善于交际的),其实很多人都存在,不用刻意掩饰,以促进团体成员进一步真诚地开放自己,获得成长。又如,在传递信息这一因子上,带领者可以在举办减压主题的团体心理辅导时,介绍一些压力来源的心理学知识和一些简单的放松训练方法,帮助学生们缓解考前焦虑情绪。还有在提高社交技巧、行为模仿以及人际学习这些因子上,团体心理辅导依然可以起到一定的效果。因为团体心理辅导需要团体成员的参与,而在参与的过程中,人际互动是必不可少的。有些活动需要成员相互合作完成(如一起合作完成一幅画),有些活动需要独立完成后相互分享,促进彼此深入了解(如自画像活动),还有些活动可以看到其他人的应对方式(如人际困境的处理)等,团体成员在参与这些心理辅导活动时,可以观察到其他适宜的行为方式,模仿他人的人际互动,学习他人的一些闪光点,实现自我的突破和成长。再如,一些本来就以团体建设为目标的团体心理辅导,它的目标之一就是促进团体凝聚力的增强,如新生班级的团体心理辅导、寝室是我家的团体心理辅导等,通过团体活动的开展,加强团体的凝聚力。

可见,团体心理辅导可以让团体成员围绕不同的主题有所体验、有所感悟、有所成长。

【应对策略】

四、团体心理辅导在高校思想政治教育中如何应用

团体心理辅导是高校心理健康教育的工作形式之一。与传统以课堂教育、政治理论输出为主的、较为严谨的思想政治教育形式不同,它注重平等、尊重等氛围的营造,对于知识和理念以启发、引导、领悟为主,这两种教育方式各有所长,各有侧重,团体心理辅导刚好可以成为高校思想政治教育工作的良好补充,不仅可以用来解决常见的心理问题或提高大学生的心理素养,还可以在世界观、人生观、价值观上有所引领,实现心理

育人的目的。因此,团体心理辅导可以充分发挥其优势,将思想政治教育有机融合,达到更好的效果。

现在不少高校心理工作者和教育者已经尝试将团体心理辅导应用于高校思想政治教育工作的第一线,在班级建设、党建活动、人生价值观教育、理想信念教育、爱国主义教育等方面进行积极的探索。比如:新生入学之初,针对全体新生班级开展统一的"我的班级我的家"团体心理辅导活动,让班级学生在活动中相识、相知,为未来几年团结友爱的班级氛围奠定基础;有人以"不忘初心、牢记使命"为主题党日活动名称,设计了"那年那月"(回顾入党原因、入党情境,增强使命感)、"那人那事"(从历史事件和优秀共产党员的事迹里,体验初心和使命的含义,增强方向感)和"我的初心和使命"(结合自己的情况,强化初心和使命,增强责任感)这三个活动,以团体心理辅导的形式,开展组织生活,促进党员个人成长;有人运用"价值观拍卖会"活动,引导学生进行价值观探索,在"拍卖会"上,亲情、友情、爱国、爱党、为人民服务、金钱、自由等代表不同价值观的商品被陈列,每位团体成员将一生的时间和精力化作 1 万元,进行竞拍;有人运用"优点大轰炸"活动,选择不同的成员分别代表共产主义信仰、中国共产党、社会主义建设、国家政策等,让他们站在团体中间,接受其他人的优点轰炸,让学生们自己去思考"生在新中国,长在国旗下"的好处,强化爱国主义教育;还有人借助"你猜我猜,猜猜猜"活动,回顾党的重要历史、重要人物以及重要事件等历史知识,开展党的历史教育。

可见,借助团体心理辅导的优势,因地制宜地结合思想政治教育的主题,可以使得传统的思想政治教育获得耳目一新的效果。

【本节小结】

团体心理辅导是辅导员开展大学生心理健康教育工作的重要形式。它凭借独特的优势,让参与者在体验中完成自我成长,并可以灵活应用于思想政治教育的其他领域,在班级建设、党建活动、理想信念教育等多个方面发挥作用。

第二节　大学生团体心理辅导的设计与实施

【案例导入 7-2】

小王,家境贫寒,但从小自强不息,成绩优异。进入大学后,他发现身边的同学多才多艺,自己什么都不会,很自卑。辅导员小张老师发现年级里类似小王这样的贫困生有不少,该如何帮助他们,又不伤他们的自尊心呢?他想通过团体心理辅导来试试,该如何设计呢?

【关键词】

团体心理辅导方案的设计;实施;团体带领者;注意事项

【要点解析】

大学生团体心理辅导需要根据工作对象的性质和需要来设计具体的活动方案以及活动的次数，而且一定要有相关心理理论知识的指导，才能提高团体心理辅导活动的有效性。

团体心理辅导设计是指运用团体心理学的相关知识，系统地将团体活动加以设计、组织、规划，以便领导者带领团体成员在团体内活动，达到团体心理辅导与咨询的目标。一份完整的大学生团体心理辅导方案需要包括：活动主题、目的、参加对象及人数、活动时间及安排、活动地点、活动方式及内容、所依据的理论基础、方案评估方法、活动资源等内容，它是团体心理辅导开展的蓝本。

一、设计团体心理辅导方案时要考虑的因素：主题、对象、理论和成员

要想团体心理辅导发挥应有的作用，辅导员在创建的时候就不得不做系统设计和考虑，需要考虑的因素有主题、对象、理论和成员。

第一，选定合适的团体心理辅导主题。一个团体心理辅导无论是一次的还是连续多次的都必须要有明确的目标，而这个目标是由团体带领者想要解决的问题决定的。比如，期中考试后，作为辅导员，如果发现所带年级学风变差，想激发学生们的学习动机，那这个团体心理辅导的主题就是学习动机的激发，对象就是所在年级学生。但如果想解决的是学习困难生如何提高自身学业成绩，那这个团体心理辅导的主题就是如何提高学业成绩，除了要涉及学习动机的激发之外，还要增加一些学习技能的内容，对象只限于学习困难生。可见，目标不同，具体方案内容的侧重点就会有所不同。另外，在设计团体心理辅导方案时，辅导员应先选出大主题，如自我认识、情绪管理、学习心理、人际交往等，选定大主题以后再设计、命名小主题，组成一系列方案。一般这些小主题也都积极、生动、易于理解，具有吸引力。比如，针对贫困生自卑心理的团体心理辅导"生活的困顿无法阻挡内心的充盈"，通过"有缘相识""风雨同舟""走进心的世界""告别自卑，演绎精彩"和"相亲相爱一家人"等小主题，让团体成员看到这些主题时就大概能明白这个团体是干什么的，目标清晰，同时增加对之后活动的兴趣。

第二，根据团体心理辅导对象的特点选择活动。辅导员在进行团体心理辅导设计时还需要充分考虑工作对象的特点，不同的对象所采用的活动形式会有所不同。比如，同样是为了实现"了解自身优势，提高自信"的目标，面对普通大学生可以设计"戴高帽"等互夸活动，面对贫困大学生可以设计"感恩贫困"的活动，让团体成员能够真正接纳贫困，激发内在力量。又比如，面对大一新生和大三学生时，在团体心理辅导方案的设计中，考虑到个体年龄、对大学生活的熟悉度以及思想的成熟度，前者会多设计几个比较热闹的活动，让成员有更多的机会去参与不同的活动，与团体中更多的人接触，有更多的机会去体验不同的感受，而后者会更侧重于深入探讨团体心理辅导带给自身的深刻感悟，让成员能静下心来，反省自己，了解自己。

为减少受帮扶对象的心理负担，辅导员可以公开组织招募所在学院的贫困生，针对

他们常见的自卑、焦虑、抑郁、主观幸福感较低等心理特点,设计团体心理辅导方案的相应环节,开展一系列团体心理辅导。比如,可以通过"九宫格统合绘画法"帮助他们更好地了解自己以及当前面临的困境;通过"放松体验"活动,学会自我放松,让他们过度敏感、过度焦虑的状态得到缓解;通过"抛开你的烦恼"活动里的头脑风暴帮助他们了解对付自己当前困境和烦恼的方法;通过"导盲游戏"活动学会如何信任他人;通过"优点轰炸"活动帮助他们发现自己的优点,增强自信心,并学会运用自己的优点,扬长避短,重新融入集体。

第三,选择合适的心理理论作为团体方案的理论基础。都说理论指导实践,一个团体心理辅导要成功开展也离不开理论的指导。在高校教育体系里采用的基本都是结构化团体,团体心理辅导的具体方案设计会受到所使用的心理理论的影响。团体心理辅导设计者所遵循的心理理论,如建构主义、人本主义、团体动力学理论、人际沟通理论、生涯发展理论、认知行为理论、积极心理学等会对团体方案设计的总体构建和具体内容产生直接的影响。这些理论当中,积极心理学是当代新兴心理学,受关注程度最高,目前应用最普遍。研究表明,通过积极心理团体辅导活动可以提高大学生的幸福感,降低焦虑,可以提升团体成员的生命价值观,预防危机事件。在设计具体的团体心理辅导方案时一般只遵守一种心理理论,以免引起混乱。因此,高校的团体心理辅导可以积极心理学作为理论背景,灌注希望,探寻积极资源。

第四,控制适当的团体人数,组织招募合适的团体成员。在设计活动方案的时候,团体人数不同,团体活动设计方案的细节也会不同。团体规模过小,人数太少,团体活动的丰富性及成员交互作用的范围欠缺,成员会感到不满足、有压力,容易出现紧张、乏味、不舒畅的感觉;团体规模过大,人数太多,成员之间沟通不易,参与和交往的机会受到限制,团体凝聚力难以建立,并且妨碍成员有足够的时间进行分享交流,致使在探讨原因、处理问题、学习交流技能时流于草率、片面、表面,而影响活动的效果。因此,一般来说,以治疗为目标的团体辅导人数不宜多,一般为 6～10 人;以训练为目标的团体辅导人数居中,一般为 12～16 人;以发展为目标的团体辅导人数可适当多一些,一般为 20～40 人,团体内的小组人数以 6～8 人为宜。

团体人数确定后,团体带领者通常会通过网络、校园海报、自媒体平台、校园广播、校内报刊或通过学生干部逐级传达等方式尽可能广泛且快速地让符合要求的学生都知道此次团体的主题和具体事宜。对自愿来报名的学生,逐一安排入组访谈,明确了解团体成员入组前的目标是否和本团体相关。如果目标不一致,给予该学生充分的解释后,不予加入,以免影响团体心理辅导的效果,但可以转介他做一对一的心理辅导。对于一些符合入团要求但自己仍在犹豫是否要参加的学生,辅导员也可以予以适当的鼓励,通过引导,让他看到团体心理辅导在形式上的独特性,以及对解决其自身问题的优势,以激发他参与团体的动机。另外,通过班主任、任课老师等其他途径也可以介绍、动员一些符合条件的学生积极参与。在成员的选择上,辅导员还需要留意报名想要参与团体者的人格特点,一些极端偏执或存在自杀意念的学生,需要优先接受一对一的心理咨询,而非团体心理辅导。

俗话说"磨刀不误砍柴工",在团体心理辅导实施之前,各方面考虑得越周全,设计得越合理,准备得越充分,之后的团体心理辅导才会开展得越顺利。在团体心理辅导方案最初设计和创建的时候就需要考虑以上这些因素,合理安排各种有效资源,使得团体心理辅导的疗效发挥到最大。

二、团体心理辅导的实施:实践和评估

在团体心理辅导方案设计完毕和人员招募完成后,就将进入团体心理辅导的具体实施过程。在这过程中,辅导员还需要考虑团体心理辅导效果的评估事项。

首先,要合理安排团体心理辅导的实践过程。团体心理辅导过程可看作一个团体的生命成长历程。从时间进程上看,团体心理辅导可能会经历以下四个阶段。

第一阶段,暖身破冰,确立规则。在这个阶段里,一般用 1 次单元时间完成。该阶段的主要任务是通过若干个暖身活动,营造愉快、温暖、和谐、真诚的团体氛围,使得团体成员在团体中逐渐相互熟悉,并共同讨论确立团体规则,促使他们获得更多的安全感、归属感。很多热身活动常被用来拉近团体成员之间的内心距离,放下阻抗的有效手段,比如,破冰活动里的经典活动"大风吹",随着团体带领者指令的变化,每个团体成员怀揣着共同的目标在圈子里奔跑着找位置时,原先陌生人之间的那种距离感减少了,自然地拉近了彼此心目中的距离,消除了原来人际的壁垒,增加了对团体的兴趣和需要。如果把团体心理辅导比作一条鱼的话,那么建立关系的阶段就像是鱼头的部分,虽然不大,但统领全身,不可或缺。俗话说"没有规矩不成方圆",当团体氛围营造得差不多时,团体带领者就需要带领成员共同讨论,形成属于该团体的特有规则,以保护后续团体活动的顺利开展。

第二阶段,凝聚过渡,导入主题。这个阶段是从团体初步形成到进入主题工作的过渡阶段,一般用 1～2 次单元时间完成。在这一阶段里,需要围绕团体活动主题,选择某一种形式将问题情境呈现在团体成员面前,导入主题,将团体成员的注意力聚集到要解决的问题上来,可以运用歌曲、视频、游戏等多种形式来切入主题。比如,在"感恩父母"的团体活动里,可以通过播放歌曲《天亮了》(该歌曲讲述了缆车出事的刹那,一对夫妇用双手托起了两岁半的儿子,使他幸存下来的故事)引出"伟大的父母之爱"这一主题。

第三阶段,分享讨论,主题工作。这个阶段是团体心理辅导的核心环节,也是团体心理辅导发挥功效的主要工作阶段,一般用 4～6 次单元时间完成。在这一阶段里,设计的团体心理辅导最好能够层层推进,使得团体成员参与各种团体活动后的领悟也能日益深入。在充满理解、关爱、信任的气氛下,团体成员相互观察、共同研讨、加深体验、分享感受。如果有特殊需要,还可以考虑设计角色扮演、经典辩论等环节,处理团体成员的现实议题,使得团体疗效更直接。

第四阶段,处理分离,结束活动。该阶段一般用 1～2 次单元时间完成。经过多次的团体活动,团体成员之间已经逐渐建立了真诚、支持、亲密、信任的关系。团体成员在经历了多次欢声笑语和齐头并进后,面临离别难免会有焦虑和郁闷。在这一阶段,方案

里需要设计处理分离焦虑和总结提升团体主题的活动,让团体成员有机会去表达和总结,使他们的体验和领悟能够进一步升华。

值得一提的是,对于一次性的团体心理辅导,其实也存在类似的四个阶段,一般也由破冰活动、导入活动、主题活动(1~2个)、结束活动几个环节组成,利用每个活动把团体心理辅导的四个阶段在一次性团体心理辅导里都演绎一遍。如果有需要的话,一次性的团体心理辅导还可以增加后续跟踪评估环节。

其次,要开展团体心理辅导的效果评估。一个团体心理辅导完成,效果如何需要依赖于评估。有些团体带领者在团体心理辅导实施之前、实施过程中以及实施之后借助专业的心理量表进行施测,通过比较结果来评估效果;有些团体带领者会选择直接根据团体心理辅导目标的实现情况以及团体成员的主观感受来评估效果;有的团体带领者还通过评估团体心理辅导过程的每个阶段来评估团体心理辅导的疗效。比如,有学者认为一个成功的团体心理辅导往往要经历开始、转变、凝聚、工作、结束、评估这六个阶段,每个阶段需要满足成员不同的心理需求,具体如下:开始阶段,侧重评估是否满足了成员在团体里获得安全感的心理需求;转变阶段,侧重评估是否满足了成员被真正接纳和有归属感的心理需求;凝聚阶段,侧重查看团体心理辅导是否激发了成员改变的动机,让成员认识到人的行为是自己选择的结果,开始愿意对自己的行为负责;工作阶段,侧重评估是否已经成功鼓励成员借用团体的资源解决自己的问题;结束阶段,侧重评估成员是否形成了自己独特的体验和收获;评估阶段,侧重查看成员结束活动后的适应和改变情况,团体心理辅导的总体效果,以确定最终的疗效。

案例导入7-2中小张老师的烦恼,可以参考樊富珉、何瑾合著的《团体心理辅导》一书里"发现伟大的你——贫困大学生自我提高训练营"这一方案予以解决(见表7-1)。

表 7-1　发现伟大的你——贫困大学生自我提高训练营

单元	目标	活动流程
1.相逢是首歌	成员间初步认识;初建团队凝聚力和信任感;阐明团体契约;练习人际交往技巧	1.暖身:相识接龙、无家可归、松鼠与大树 2.滚雪球 3.盲行 4.介绍和商定团体契约
2.感恩的心	引导成员认识和接纳自我;用感恩的态度去认识和接纳身边的人和环境	1.暖身:信任圈、同舟共济 2.我是一个独特的人;我的素描 3.感恩人世间 4.手语操:感恩的心
3.贫穷贵公子	引导成员怀着感恩之心去认识和接纳贫困;了解优势,提高信心	1.暖身:行为放大镜、解开千千结 2.分享作业:自强不息的优秀贫困生榜样 3.分享作业:感恩贫困 4.练习:我的百宝箱
4.美丽心情	学习和实践理情疗法,改变不合理认知,培养积极理性的认知方式	1.暖身:午睡起来做午操 2.练习:理情训练

单元	目标	活动流程
5.潇洒走一回	提高成员应对压力的能力和时间管理能力	1.暖身:成长三部曲、互相按摩 2.压力管理训练 3.时间馅饼
6.花样年华	引导成员思考和规划未来,乐观面对分离	1.分享作业:十年后的我 2.练习:花样年华 3.红色轰炸,爱心小天使送祝福 4.合唱《阳光总在风雨后》

【应对策略】

三、辅导员作为团体带领者时的注意事项

（一）辅导员作为团体带领者时,需要明确哪些职责

1.团体形成后,辅导员要承担起团体带领者的角色,能够及时应对团体中的冲突,注意预防团体成员的脱落,维护好团体的秩序。

2.在团体心理辅导实施过程中,辅导员要充分考虑工作对象的特点、人数规模等情况,选择合适的场地和技术手段。

3.作为团体带领者的辅导员,在团体中还是重要的示范者,秉持共情、接纳、理解、换位思考等常有的态度,借助此时、此地的资源,以身作则,鼓励团体成员积极参与,投入活动。

4.在团体心理辅导正式结束前,辅导员一般需要提前告之团体成员,该主题团体心理辅导即将结束,并开始着手处理分离焦虑。处理可能出现的分离焦虑,对巩固团体心理辅导的成果非常有意义。离开之前,团体成员有机会能一起分享在团体中的收获,交流个人的心理体验和成长经历,使得他们进一步巩固在团体心理辅导中所学习到、领悟到的知识。

（二）辅导员作为团体带领者时,需要注意哪些事项

1.团体成员人数越多,团体的力量越不容易聚拢,因此,辅导员可以适当考虑增加助手,比如,心理委员、团总支等学生干部都可以经过培训后,参与团体心理辅导工作。

2.在方案实施的时候,需要时刻考虑安全问题,在团体活动过程中,辅导员要适时提醒成员注意安全,减少一些不必要的、激烈运动的环节。

3.对于在团体心理辅导中情绪失控的成员,需及时安抚,征询其意见后,决定是否留在团体里;团体心理辅导结束后,需要与其再进行一对一的沟通辅导。

4.不要一开始就表明自己的观点,要让团体成员充分表达后,再概括、升华;对于团体活动中特别沉默的成员,团体心理辅导结束后可以邀请其进行一对一访谈以了解具

体情况。

（三）团体成员之间比较熟悉，不愿深入交流时，需如何处理

1.在选择团体心理辅导主题时，辅导员要考虑大部分学生的需要，选择一些大部分团体成员都有内容可谈的主题，不要选择那些过于隐私的话题。

2.在最初制订团体规则时，辅导员要强调保密原则，要求全体成员承诺所有团体中所分享和讨论到的内容均留在现场，走出活动场地后，在任何时刻都不再谈论团体中发生的事情；强调真诚、尊重、不批判、不嘲笑的态度，鼓励大家发言，肯定发言本身的意义，营造安全、温暖、信任的团体氛围。

3.团体心理辅导开展过程中，应循序渐进，讨论的问题由浅入深，辅导员应鼓励团体成员积极发言并给予适当的回应。对于一些需要深入讨论的问题，可以分小组后在小组内进行讨论，以增加安全感。在全体分享时，辅导员可以邀请小组派代表分享小组成员的一些共识，而不指出每个人分享的具体内容，保护个人隐私。

可见，团体心理辅导方案的设计和实施是一项整体、系统的工程，需要辅导员在日常工作中进一步规范学习，加强理论学习和培训，多参加团体活动，获取团体体验，多开展实践，增加作为团体带领者的经验，以提高自己设计团体、带领团体的能力和胜任团体带领者的角色。

【本节小结】

一份优秀的团体心理辅导设计方案是保证团体心理辅导良好效果的前提，它需要提前考虑团体的主题、对象、理论、成员等多方面的因素。而且，团体心理辅导在实施过程中要遵循团体一般的工作阶段，规避一些常见的注意事项，才能保证该活动的顺利开展。

第三节 大学生网络团体心理辅导

【案例导入 7-3】

2020 年，新冠肺炎疫情突如其来，高校纷纷推迟了开学时间。面对疫情，很多人感到恐慌、焦虑。辅导员王老师想要安抚一下学生们的情绪，但是学生们分散在各地，而且疫情期间也不能聚集，她想通过网络组织一场团体心理辅导，具体要怎么操作呢？

【关键词】

网络团体心理辅导；优势；注意事项

【要点解析】

一、网络团体心理辅导产生的背景

互联网的发展改变了现代人生活中的方方面面,支付、交流等很多原本需要线下完成的功能现在都可以通过线上实现。心理咨询及团体心理辅导等专业服务也不可避免地受到影响,并有了新的发展趋势。首先,通过网络提供心理服务已经具备一定的受众基础。当代大学生对于网络的使用轻车熟路,各种网站、聊天工具玩得不亦说乎,客观上为开展网络个体心理咨询和网络团体心理辅导创造了条件。其次,通过网络提供心理服务已经具备足够的技术支持。随着网络视频技术和网络硬件设备的进一步发展,通过网络完成即时交流已经没有任何困难,这为开展网络个体心理咨询和网络团体心理辅导提供了必要的技术条件。最后,通过网络提供心理服务已经积累了一定的实践经验。一对一的网络心理咨询已经开始走进公众的视野。虽然它目前还处于探索阶段,但由于它不受时间和空间的限制,节约成本,近几年有越来越普及的趋势。心理专家们在一对一网络心理咨询实践中积累了一定的工作经验,逐步开始探索更复杂的网络团体心理辅导工作,如团队建设、支持陪伴、时间管理等主题。

2020年,由于新冠肺炎疫情的影响,很多人被恐慌、焦虑等心理问题笼罩,影响了正常的工作和生活,一些医护人员也亟须心理援助,但心理专家人数有限,而且大多集中在大城市,因此这促进了网络团体心理辅导工作的开展。为了更好地利用网络平台开展网络团体心理工作,使其一开始就能比较科学而规范地进行,中国心理卫生协会团体心理辅导与治疗专业委员会根据团体心理专业规范,遵照《精神卫生法》和《中国心理学会临床与咨询心理学工作伦理守则(第二版)》要求,结合网络与团体心理工作的特点,特别制定了《网络团体心理工作指南(试行)》,以指导专业人员规范地、科学地开展网络团体心理服务。与此同时,在中国心理学会临床心理学注册工作委员会专家组的悉心指导下,教育部华中师范大学心理援助热线平台在网络团体心理辅导方面做了有效探索,比如,组织一线医护人员的心理援助团体,通过分享最深刻的情绪反应来消除对焦虑、紧张情绪的误解以及由此引发的负面情绪;再比如,组织亲子团体,通过引导家长了解中小学生的心理特点、学习沟通方法等,让原本亲子关系紧张的家庭得到改善等。据相关报道数据,该平台在疫情期间组织网络团体心理辅导60多项,服务人群超过600人,参与者的满意度达93%,参与者的抑郁情绪和相关困扰得到了明显的改善,为武汉当地群众复工、复产、复学提供了有效支持。

同时,疫情期间各大高校也纷纷开始尝试将网络团体心理辅导应用于本校学生,研讨网络直播平台、团体招募与报名、团体成员如何入组、团体知情同意书等具体工作内容,借助线上团体心理辅导帮助学生缓解情绪困扰和人际交往矛盾,提高学习效率,提升自我调节能力,增强心理素质,助力学生健康成长与发展。

随着专家们和先行者们对网络团体心理辅导的深入探索,相信在不久的将来网络团体心理辅导会在专业伦理的规范下,获得长足的发展,成为高校团体心理辅导的一种新形式。

二、网络团体心理辅导的优势和不足

作为团体心理辅导的一种新形式,网络团体心理辅导为高校日常心理健康教育工作提供了新的渠道和手段。传统的团体心理辅导在约定的时间和地点下,由团体带领者将团体成员聚集在一起,围绕某个主题展开交流。网络团体心理辅导将此类活动搬到了线上,它有以下三个优势:第一,不受时间、空间限制,专家资源可以足不出户提供支持,极大地节省时间、人力、物力等成本;第二,可以提升一些由于害羞等无法参与面对面咨询或辅导的学生的参与动机;第三,适合在一些特殊的情境下使用,如新冠肺炎疫情期间,不适合当众聚集或无法实现面对面聚集时,网络团体心理辅导就可以成为一种特别有效的途径。

但是,网络团体心理辅导也有明显的不足:第一,辅导效果受网络条件限制严重。如果参与网络团体心理辅导的某个成员所处环境的网络不稳定或带宽不够,就会造成声像断断续续,严重影响辅导效果。第二,对团体成员的约束力不强。如果在网络团体心理辅导开展期间,有成员临时离场或关闭视频,或有其他非团体成员突然闯进画面,都会影响辅导效果。第三,由于缺少实体环境和在场感,团体成员接受辅导的动力会受到一定程度的影响。不像线下团体,可以直接观察和感受到每个成员的非言语信息,共处一个空间容易感受到现场的氛围,并产生共鸣。而网络团体因为隔着屏幕会损失很多现场感,团体成员接受辅导的动力和凝聚力在一定程度上也会受到损害。第四,对于情绪失控的成员很难进行有效处理。如果网络团体心理辅导开展过程中,某个成员突然情绪失控,出现危机情境,由于团体带领者和助理均不在该成员身边,因此,很难及时有效地处理危机,保障成员的安全。

可见,网络团体心理辅导的优势和不足都很明显。如何取长补短、合理利用是能否真正发挥网络团体心理辅导作用的当务之急。近些年有不少专家学者开始探索网络咨询和网络团体心理辅导的可行性及注意事项,并就网络团体心理辅导的伦理设置等相关内容进行了规范,试验各种网络团体辅导项目,在更大范围内复制项目经验,发挥示范辐射效应。

【应对策略】

三、网络团体心理辅导开展的常见问题及应对

(一)网络团体心理辅导开展前要注意哪些事项

《网络团体心理工作指南(试行)》里明确指出,网络团体工作特点与注意要点:因为网络团体环境的不确定性,可能会失去对团体设置的控制,缺乏实体的环境与在场感,对过度宣泄的团体成员的情绪难以控制,对愤而离开的团体成员无法支持并带回团体,以及网络的稳定性和设备技术问题,故此网络团体工作的设置非常重要,如入组筛查、

知情同意、保密协议、如何使用网络等。因此,在开展网络团体心理辅导前,入组筛查、知情同意、保密协议、软件选择、软件使用培训、全体成员提前调试设备等流程一个都不可少。网络团体心理辅导主要用于支持性团体、教育性团体、成长性团体等,一般不用于治疗性团体。对于原本就有心理创伤并且还处于症状期的个体,网络团体心理辅导就不适合,在入组筛查的时候就要排除掉,以免对他们造成二次伤害。

(二)网络团体心理辅导的破冰活动如何开展

网络团体心理辅导不像线下团体,可以借助成员的跑动,比如"大风吹""抢凳子"等破冰活动来活跃团体氛围,拉近彼此的心理距离。开展网络团体心理辅导时,团体带领者需要选择一些相对"静态"的活动,如"青蛙跳水"的数数活动、手指操、歌词接龙等作为破冰活动,让屏幕前的每个成员都有机会参与,以达到活跃气氛,完成团体成员初步互动的效果。

(三)网络团体心理辅导开展时要注意哪些事项

辅导员在开展网络团体心理辅导时要注意以下几点:第一,设计的活动需要有趣、精炼,而且每个人都能参与。网络团体心理辅导在设计方案时,切记所选择的活动不可冗长,需要让每个成员都能参与,否则成员可能会出现走神、玩手机等失控情况。第二,设计的分组讨论常见的形式有两种:一种是以天然的组织为单位,如以宿舍为单位进行分组;另一种是利用视频软件的随机分组功能,进行临时分组。两种方式各有利弊,可根据不同的主题进行选择。第三,充分利用纸笔功能有时会达到较好的辅导效果。团体成员在屏幕前根据活动指导语自行画图或写下文字,通过镜头进行分享和展示,以达到自我了解和相互了解的过程,比如"自画像"活动、"我是怎样的人"活动等。

辅导员在开展网络团体心理辅导时需慎重评估:一是明确自身的胜任力水平,是否具备相关专业资质,是否接受过相关专业培训,能否胜任网络团体带领者的角色;二是明确网络团体辅导的目标和对象,针对不同的目标和特定的对象,采取不同的辅导方式。如何将网络团体心理辅导的形式更好地结合班会主题来开展,值得进一步思考和实践探索。

【本节小结】

网络团体心理辅导是随着互联网技术发展起来的新兴事物。它有着与传统线下团体心理辅导不同的优势,曾经在新冠肺炎疫情期间发挥了重要的作用。但它也存在明显的不足,在设计和实施网络团体心理辅导活动时一定要扬长避短,以确保团体心理辅导活动的有效性。辅导员在选用网络团体心理辅导来开展工作时,更需要评估自身的胜任力水平,以确保辅导效果。

第四节　大学生团体心理辅导活动方案集锦

【案例导入7-4】

　　晓燕是班级心理委员,她发现班级里同学间很少互相来往,大家都以各自的寝室为单位,大学第一学期都过去一半了,同学之间还有好多人彼此不认识。她很想做点什么来改变这种状况,因此,晓燕来到了学院辅导员办公室向辅导员老师求助。

【关键词】

　　大学生团体心理辅导;活动方案集锦

【要点解析】

　　团体心理辅导是一种非常有效地增加团队凝聚力和组织活力的方式。团体心理辅导活动,强调团体的力量,让参加团体心理辅导的对象在活动中进行充分互动、感受与分享,使团体成员对组织产生归属感,并能有效提高参与者的心理健康水平。

　　团体心理辅导活动的开展大致要经历四个发展阶段:暖身、凝聚、分享与结束。首先要引导参与者营造一种温暖、安全、信任的氛围。其次采用本节第一部分的活动模式,让全班学生从"有缘相识"活动开始,打破原有的人际序列,产生新的分组。再次采用"交换名字"活动让学生彼此记住姓名。最后采用"旗人旗事"活动创建各小组的团队文化,增强组员的归属感和凝聚力。第一次团队建设班会结束时,建议发放"国王与天使"卡,创造彼此关心的氛围,增加学生间的亲密感,提升整个班级的凝聚力。案例导入7-4中,辅导员可针对晓燕的求助,参照以上步骤在班级开展心理班会。

【应对策略】

　　本节将介绍一些团体心理辅导活动的常用方案,方便辅导员根据需要选择使用。这些活动可分为七大类,分别是:团队建设、自我认识、沟通交往、情绪管理、职业规划、积极心理和网络团体。

一、团队建设

(一)我们共同的成员守则[口述,活动开始前提醒]

这是大家要共同遵守的守则:
1.我们同意以最大的热情、最真诚的态度参与游戏和活动。
2.我们同意未经过允许不打断活动进程或离开教室。
3.我们同意在课堂上听从指令。

4.我们同意彼此坦诚,认真观察和倾听。

5.我们同意不擅自打断别人的话。

6.我们同意除了活动要求以外,只谈论自己,使用第一人称句式。

7.我们同意发言时面对全组人或者全班人,而不是针对某一个人。

8.我们同意在他人发言时,给予他全部的关注。

9.我们同意对自己的感受和说法负责。

10.我们同意避免任何形式的暴力。

如果有人违反,那么,大家可以共同商议处罚措施,但尽量不要进行谴责。

(二)有缘相识[2人游戏,大概需要30分钟]

1.活动目的

(1)通过游戏体验主动交往的乐趣。

(2)了解非语言技巧在谈话中的应用。

(3)以游戏的形式分组。

2.活动道具

(1)多种颜色的心形"缘"字若干,每张纸分成彼此契合的两部分。["缘"字参考颜色:大红、橘红、粉红、嫩黄、粉蓝、浅蓝、果绿、浅绿]

(2)选择欢快的曲子做背景音乐。

3.活动程序

(1)播放背景音乐,在欢乐的气氛中入场,在门口随机抽取一张纸片。

(2)在指导者说完活动规则之后,根据自己所选的纸片颜色与形状,到团体中寻找能与自己契合的"有缘人"。

(3)找到"有缘人"后,两人坐一起,互相介绍自己,但是整个介绍过程不能有任何语言形式的交流。

(4)可以使用一切非语言的形式,如动作、表情、手势、画图、目光等。

(5)默默交流5分钟后,双方口头介绍一下刚刚采用肢体语言了解到的对方情况,是否与实际情况相符。

4.回顾总结

(1)当你用非语言的形式来表达自己的时候,表达是否准确?

(2)你是否能够很好地理解对方的非语言表达?

(3)在表达者和信息接受者之间是否有信息的丢失和误解,如果有,那是怎么产生的?

(4)怎样才能减少信息的误解和丢失?

5.说明要点

非语言形式的交流不同于语言形式的交流,它会产生歧义。比如,你指一下肚子,示意自己饿了,对方可能会理解成你肚子疼;你托着腮帮子表示困了,对方可能认为你不想理他。

合适的非语言交流可以帮助我们更好地理解对方的意思,而拙劣的表达方式有时候反而会阻碍我们的沟通。非语言交流成功的关键在于正确地理解彼此的背景和领会程度,对不同的人要采取不同的方法,才能达到沟通的目的。

(三)串名字[小组游戏,大概需要40分钟]

1.活动目的

在交往中,很重要的一点就是记住别人的名字,而大多数人往往为此苦恼,这一游戏可以帮助我们就这一问题从他人身上获得一些启发。

(1)团队成员间的进一步熟悉。

(2)训练提供有效的信息从而让别人记住自己的技巧。

2.活动程序

(1)各小组成员围成一圈。

(2)从任意一名学生开始介绍自己的班级、姓名,按照顺序轮流进行,第二名学生进行自我介绍时要说:我是×××后面的×××,第三名要连着说前面两名学生的名字,依次下去,最后介绍的一名学生要把前面介绍过的所有学生的班级、名字都复述一遍。

(3)按照一定的顺序进行第一名学生的轮换,直到每组有一人说自己已经完全把大家的名字都记清楚了,给予登记和奖励。

(4)当每位同学都能够熟悉各人的名字之后,进行"名字交换",换成各自右边邻近者的名字,由第一位记清大家名字的学生做主持人来进行提问,比如"张三同学,你今天早上几点钟起床的?"真正的张三不可以回答,而要由换成张三名字的同学进行回答。

(5)当不该回答时回答,或该回答时不回答的人就要被淘汰,直至剩下最后一个为优胜者。

(6)把两个小组串起来重复上述操作。

3.回顾总结

(1)经过这样一次活动,对于学生们来说,记住小组内同学的名字还是那么困难吗?

(2)当你记住了别人名字之后,是不是也同时加强了彼此之间交流的亲切程度呢?

(3)迅速记住人名的奥妙在哪里?

4.说明要点

这个游戏不仅可以帮助学生活跃课堂气氛,打破僵局,加速学生间的了解,还可以训练记住名字的技巧,在活动过程中学生会发现记住别人名字的奥秘。

(四)旗人旗事[小组游戏,大概需要40分钟]

1.活动目的

人类具有社会性,都渴望归属感。如果一个人不属于社会上的任何一个团体,那么这个人很难立足于这个社会。这个游戏就是让学生体会团体文化对他们自身的重要性,通过建立团队,增强学生的归属感和凝聚力。

(1)理解什么是团队文化。

(2)加强成员对团队文化的认同,增强团队凝聚力。

(3)便于引入激励机制,进行小组评分。

2.活动道具

每组一张海报纸、一盒彩色笔。

3.活动程序

(1)由指导者发给每组一张海报纸、一盒彩色笔。

(2)要求每组用30分钟的时间建立小组的队名、口号、标志和队歌,比比看哪一组的想法最有创意,最能体现本组成员的特色。

(3)请每组学生上台进行团队文化展示,时间为3分钟,表达模式为:我们的队名是……我们的口号是……我们的队标是……(解释队标的含义),我们的队歌是……(要求集体合唱)。

(4)之后的活动均以小组为单位来进行游戏和计分。

4.回顾总结

(1)你们创建的主题是什么? 是从哪里得到启发和借鉴的?

(2)在创建过程中,你们每个人的贡献情况怎样,谁的贡献最大?

(3)是否出现过意见不一致的情况,是怎样解决的?

(4)这个游戏对你们的启发是什么?

5.说明要点

(1)团队文化是团队成员的精神力量的集合,但是对于这种无形的精神力量,尽管人们不停地研究,还是不能很明确的进行定义。这就需要借助一些手段来帮助学生切身体会团队文化的奥秘,这个游戏就是一个契机。通过学生亲自开动脑筋创建的团队,其中蕴含的正是一种团队文化。它让学生明白,所谓的团队文化就是团队在活动中通过行为举止流露出来的精神力量。

(2)这个游戏体现了团队的力量,激发了团队的智慧,更能折射出"团队文化"。在游戏一开始,可能大部分学生都不知从何下手,那是因为大家没有理解团队的真谛,随着游戏的深入,学生会感觉越来越好,团队的概念会渐渐深入人心,任务就能很容易完成。

(3)只有团队成员积极向上、互利合作,才能形成团队特有的精神面貌,取得较好的成绩。

(五)解手链[集体游戏,大概需要30分钟]

1.活动目的

(1)体会个人力量无法解决的问题,体验团队合作的力量和快乐。

(2)学习从全局的角度出发来解决问题,体验个人对团队的信任与责任。

2.活动程序

(1)让全体学生围成一个大圈,手拉手散开来。

(2)记住你左右两边的人,放下拉着的手,随着音乐走动,互相串门。

(3)音乐一停,脚步即停,站在原地不许动。

(4)找到自己原来左手和右手分别握着的人,依然按照左右手分别握住他们的手,不要搞错左右。

(5)全体学生都彼此相握,形成了一个错综复杂的"手链"。在舒缓的背景音乐下,要求学生在不松开手的情况下,无论用什么方法,将交错的"手链"解开,恢复成一个大圈。

3.回顾总结

(1)开始时,你们是否觉得这是一个不可能完成的任务,思路混乱?

(2)当尝试着解开了一部分之后,你们的想法是否有所改变?

(3)最后恢复成一个大圈的时候,你是否感觉很神奇,很开心?

(4)你从中学到了什么?

4.说明要点

(1)在团队合作中,当面对一个复杂的问题时大家会感到无从下手,往往只能站在原地不动。但实际上,只要有所行动就会产生变化,而变化是成功可能性的来源。

(2)如果尝试获得一些效果,团队中的成员就会变得积极起来,大家都会为团队出谋划策,尝试一些新的解决办法。

(3)问题难以解决,往往是因为很多人只从个人的角度去考虑怎样解套,但想要取得最终的胜利,必须要学会从大局的角度来解决问题。

5.注意事项

(1)根据人数需要准备足够的空间,而且要有清晰的背景音乐来烘托气氛,产生动静分明的效果。

(2)强调学生要记住左手和右手分别握住的对象,不要搞错。

(3)鼓励学生采用各种方法,如跨、钻、套、转圈等,但就是不能松开手。

二、自我认识

(一)九宫格统合绘画[单人游戏,尽可能让学生都获得分享的机会,根据人数耗时不同]

1.活动目的

(1)有利于学生形象地介绍自己。

(2)在交流中发现共同的兴趣爱好,寻找志同道合的朋友。

（3）投射技术的使用。

2.活动道具

根据人数需要准备 A4 纸若干,保证人手一份。

3.活动程序

（1）让学生在 A4 纸上将画面分割为 3×3 格（或事先在 A4 纸上印制好 9 个格子）。

（2）指导语:"从右下角格子按逆时针顺序画到中心格,或者从中心格开始按顺时针顺序画到右下角格子,这两种顺序都可以,请依次按顺序一格一格地把脑海中浮现的事物自由地画出来。实在不能用画面表达时,也可以并用文字、图形和符号。"

（3）以上的指导语画法是用无命题的自由联想法,依据实际情况,也可以应用在命题画上。

（4）以"我"为题,依顺序一格一格地把脑海中浮现的事物自由地画出来,最后将自己的作品进行分享和交流。

（5）在学生画完 9 个格子之后,请他们给画面配上简单的文字说明,最好再用蜡笔上色。

4.回顾总结

（1）在和学生关系还不深入的初期,或者有着强烈焦虑和防备心理、缺乏幻想的被试有可能不能画满 9 个格子,这时可以告诉他们不画满也没有关系,以期唤醒他们的潜意识,在其积累了一定的潜意识意象后再操作本方法。

（2）画好后,根据绘出的画面、文字、图形和符号,询问学生联想到了什么,尽可能地挖掘、拓展其脑海中的意象,考察其认知及压力水平。

（3）最后,如果是无命题的自由联想,则可以询问学生"看整体你能想到什么来概括这些画面的题目吗";如果发现学生投射出来的具体生活事件、人际关系、情绪情感有较明显的心理疾病或危机倾向,则可建议学生预约心理咨询寻求进一步的帮助。

5.说明要点

"九宫格统合绘画法"是自由联想的绘画技法,是日本心理学家森谷宽之在 1983 年,从佛教的金刚界曼陀罗图典当中得到灵感而开发的绘画法。这一实用的心理分析技术能够有效弥补传统谈话交流方式的弊端,实施起来简便易行。相对于文字或者语言的了解方式来说,绘画来得更直观,开放式的图像表达,包含的信息量也更大,常常会获得意想不到的收获。

（二）左手和右手[集体热身,大概需要 10 分钟]

1.活动目的

（1）了解个人思维和行为方式的差异。

（2）创造融洽的气氛,使学生感到轻松,便于后续加大肢体接触程度。

（3）提升指导者亲和力,在短时间内拉近与学生间的距离。

2.活动道具

选择欢快的曲子做背景音乐。

3.活动程序

(1)左边"三点水",右边加上一个"来去"的"来"字怎么读?大家一般都会念"涞(lái)",指导者肯定了大家的答案,然后继续问道:那么左边是"三点水",右边是"来去"的"去"字怎么念?很多人不加思索便会念"去(qù)",事实上这是一个"法"字。

(2)在活动开始前,告诉大家这个游戏是要测试每个人的身体灵敏度和处事风格。

(3)请每位同学将左手张开伸向左侧人,手掌心向下;然后把右手食指垂直放到右侧人的掌心下。

(4)规则:当指导者喊到"3"的时候,左手设法抓住左侧人的食指,右手则应设法逃脱。

(5)练习一次,然后指导者喊"1、2、3"。在笑声中,请大家和两边的朋友认识一下。

4.回顾总结

(1)你的左右手刚才的"战绩"如何?那些成功抓住别人并且成功逃脱的人,是身体素质灵敏、富有行动力的人。那些被别人抓住而又没抓住别人的人更擅长思考。

(2)你是否发现游戏结束后,你和两边的朋友亲近了许多?这是为什么。心理研究表明,适当的身体接触能下意识拉近彼此之间的距离,物理距离和心理距离会相互影响。

5.说明要点

为增加气氛的活跃度,可以在宣布正式开始后,喊完"1、2"故意停顿一下,很多人会因为精神紧张下意识采取行动。

请所有学生像祈祷一般,将双手交握起来,看是左手拇指被押在右手拇指下,还是右手拇指被押在左手拇指下;再将双手交叉环在胸前,揽住自己,看是右手臂压住左手臂,还是左手臂压住右手臂。公布测试结果。〔可以搜索网络资源:双手决定你的性格〕

(三)性格牌〔集体游戏,大概需要30分钟〕

1.活动目的

(1)帮助学生在轻松愉快的气氛中去积极认识其他成员的特质。

(2)在发现群体性特质的过程中,增加对自我的了解。

2.活动道具

性格牌。〔纸质,罗列各种特征,学生人手一份〕

3.活动程序

(1)给每个人发一张性格牌,让大家拿着去寻找符合要求的那个人。

(2)请那个人在格子里面签名,每个名字只能出现一次。

（3）每个人可能有数项符合，但只能签最符合的那一项。

（4）以收集签名最多、速度最快者获胜。

4.回顾总结

（1）怎样才能最快找到符合要求的人？

（2）你需要采取怎样的方式才能让一个人更准确地说出符合他的那一项？

（3）你快速完成任务的秘诀是什么？（还要保证名字不重复）

（4）请说说你在这个活动中的体会。

5.说明要点

（1）有些项目的描述是可以从外表看出来的，比如，在一边说个不停，兴高采烈的没准就是性格开朗项的候选者，所以从外表散发的气质入手，可以更快地确定目标。

（2）与人沟通的时候尝试用多种不同的方法，比如，对于性格开朗的人你可能根本不用怎么说话，他就会什么都告诉你，但是内向的人则需要你的引导，那你就多问他几个问题，这会加快你沟通的速度，也会让整个过程变得有趣。

（四）猜变化[2人游戏,大概需要20分钟]

1.活动目的

（1）初次见面，互不熟悉，记住对方在交往中显得非常重要，这就要求有良好的观察力。

（2）训练初见时互相交流的技巧和记忆能力。

（3）如何给人留下深刻的印象，努力使对方记住自己。

2.活动程序

（1）交谈后，让一半的学生走出教室，要求室内的学生至少做一处改变，让室外的学生猜。

（2）给猜变化的学生5分钟的观察时间，然后再重复猜变化的步骤。

（3）做改变和猜变化的学生交换。

3.回顾总结

（1）如何对别人的主要特征留下印象？

（2）如何迅速判别发生的差异？

（3）这样的训练对"认人"能力有什么帮助？

4.说明要点

认识一个人很容易，但要在短时间内记住一个详细的特征就不那么容易了，在交往中要充分调动脑细胞，发挥自己的观察力和记忆力。

三、沟通交往

(一)寻找归属[集体游戏,大概需要 30 分钟]

1.活动目的

(1)让学生从理解自己开始,逐渐关注同伴,最后能够融入集体,体验归属感。

(2)在活动中自然产生"领袖人物",发现个人特长与潜质。

(3)活跃气氛,拉近学生间的距离。

2.活动道具

十二生肖签,每种 5 张。[纸质,学生人手一份]

3.活动程序

(1)进门时,每人抽取一张写有生肖属相的纸签,看完后,写上自己的名字,将纸签交回。

(2)每个人都对自己的属相心中有数,但在这个群体中,有多少人和你的属相一样呢?

(3)不用语言交流,不许发出该种动物特有的声音,只能通过肢体语言,找到与自己属相相同的人。

(4)按照生肖排序,通过成语或俗语壮大自己的队伍,比如,龙马精神,属龙的就可以和属马的合并到一起,连成一体。

(5)最后看看,你的队伍找到归属了没有? 是一群、一批,还是全体?

4.回顾总结

这是一个热身运动,在活动中你的身体语言表现力如何? 你是否成了"领袖人物"?

5.成语、俗语参考

龙腾虎跃、龙马精神、龙潭虎穴、龙争虎斗、兔死狗烹、鸡兔同笼、牛鬼蛇神、牛头马面、虎头虎脑、虎踞龙盘、声色犬马、羊落虎口、鸡犬不宁、马马虎虎、鸡鸣狗盗、车水马龙、犬马之劳、藏龙卧虎、降龙伏虎、杀鸡儆猴。

挂羊头,卖狗肉;山中无老虎,猴子称大王;风马牛不相及;牧马放牛;宁为鸡口,不为牛后;画虎不成反类犬。

(二)你说,我听[大概需要 30 分钟]

1.活动目的

人际交往中非常重要的一部分就是"说"和"听",这个游戏打破常规的交往模式,重点突出"好好说"和"认真听"的重要性以及其中的技巧。

2.活动道具

准备 10 个趣味故事供挑选。

3.活动程序

(1)A 的任务:[纸质,剪成条,A 人手一份]

你现在有 5 分钟的时间来准备一个能够讲 10 分钟的故事,这个故事可以是你从别人那里听来的,也可以是你自己编的。当你把这个故事说给对方听的时候,不管对方有什么反应,你都不能伤害他(她)!

注意:请不要把你的任务告诉对方!

(2)B 的任务:[纸质,剪成条,B 人手一份]

在开始的前 5 分钟,你要努力不去听对方说的故事,装作漠不关心的样子,你可以做任何事情分散自己的注意力,比如,跟旁边的人聊天、玩手机、剪指甲……但无论你选择做什么,都不能离开座位。

注意:在游戏还没有结束之前,绝对不能把你的任务告诉对方。

4.感受分享[纸质,打印表 7-2,人手一份]

表 7-2 感受分享

我在本次活动中表演的是 _____ :

请 A(说话者)写下	请 B(听话者)写下
1.整个说话过程你的心情变化	1.整个听话过程你的心情变化
2.整个说话过程你的身体变化	2.整个听话过程你的身体变化
3.整个说话过程你的想法变化	3.整个听话过程你的想法变化
4.整个说话过程 B 的变化	4.整个听话过程 A 的变化

5.总结讨论

(1)请扮演 B 的学生转换状态,用正常倾听的态度认真听扮演 A 的学生讲述故事;

(2)请相互倾诉你在这个过程中的感受和变化,尤其是前后的心情、身体和想法的改变,指导者可以邀请小组进行分享。

(3)解析:除了保持安静和关注以外,我们还需要用"心"倾听他人的心声。

(三)我说,你画[大概需要 30 分钟]

1.活动目的

(1)让学生学会全局思维、清晰表述、准确回应。

(2)学会多角度找原因,主动承担责任。

(3)体验有效的信息沟通要素,包括准确表达、用心聆听、思考质疑、澄清确定等。

2.活动道具

样图两张。[纸质,仅供"传达者"观看,最后电脑展示,请"倾听者"对比]

3.活动程序

(1)第一轮请一名志愿者上台担任"传达者",其余人员都作为"倾听者","传达者"

看样图一几分钟,背对着全体"倾听者",下达画图指令。

(2)"倾听者"根据"传达者"的指令画出样图上的图形,"倾听者"不许提问。

(3)用幻灯片展示实图,看"倾听者"根据"传达者"的指令是否画对了。

(4)第二轮再请一位志愿者上台,看着样图二几分钟,面对"倾听者"传达画图指令,其中允许"倾听者"不断提问,看看这一轮的结果将会如何。

(5)请"传达者"和"倾听者"谈自己的感受,比较两轮过程与结果的差异。

4.讨论分享

(1)你在这个游戏中作为"传达者"表现如何? 作为"倾听者"表现又如何?

(2)你觉得有效的信息沟通需要哪些要素?

5.注意事项

邀请"倾听者"谈感受时,要选择有代表性的,如画得较准确的和特别离谱的,这样便于分析造成不同结果的多种因素,从而找到影响沟通的主要因素。

(四)扑克大战[小组游戏,大概需要30分钟]

1.活动目的

(1)增强学生的参与程度,营造轻松愉快的氛围。

(2)团队沟通和协作能力的培养。

(3)训练习得的人际沟通技巧和方法。

(4)适用于新成员相互了解熟悉。

2.活动道具

扑克牌两副。

3.活动程序

(1)指导者让学生按组上台,每人抽取一张扑克牌,抽到大小鬼的学生做监督者。

(2)调整学生使每组人数均等。

(3)按照扑克牌的牌面分配数值,1~10分别代表数字1~10,J代表11,Q代表12,K代表13。

(4)指导者报数,学生根据自己手上的牌面数字进行组合,每个人手上的牌面数字都必须用到,可以使用"加减乘除"的运算方式变成指导者所报的数字,看哪个小组的反应速度最快。

4.回顾总结

(1)怎样才能更好、更快地组成所需牌面?

(2)在游戏中,哪一步是最重要的,是确定牌面还是挑选小组领袖?

5.说明要点

(1)在这个游戏中很可能会出现混乱的情况,拿有一些特殊牌面的少数人会特别抢手,但由于大家要组成的牌面不同,所以选择也会比较分散,只要善于利用资源,有效组合,获胜的概率就会大大提高。

(2)成员之间的交流和沟通显得非常重要,只有了解彼此手中有什么牌,才能决定如何组成指导者所报的数字,所以拿到扑克牌后组员之间必须要进行交流,不要到最后才发现其实可以更快的速度组成所需的牌面,而先头已经被别的组抢走了。

(3)在这个游戏中,每个小组确定一个"领袖"显得非常重要,有利于迅速找到小组的最优组合。

(五)合力破球[6 人游戏,大概需要 30 分钟]

1.活动目的

(1)增加熟悉度,活跃气氛。

(2)培养沟通技巧和团队合作精神。

2.活动道具

(1)每组六张签,嘴巴(1 张)、手(2 张)、屁股(1 张)、脚(2 张)。

(2)每组一个气球(多一个备用)。

3.活动程序

(1)将学生按一定的规则分成 6 人一组。

(2)每组进行抽签,抽到"嘴巴"的必须借着抽到"手"的两人帮助把气球吹鼓。抽到"嘴巴"的人整个过程都不能用自己的手触碰气球,抽到手的两人每人只能用一只手把气球扎紧。

(3)然后,由两个抽到"脚"的人抬起抽到"屁股"的人去把气球坐破。

4.回顾总结

(1)游戏过程中该如何协调才能合力把气球弄破?

(2)怎样的沟通和合作较为有效?

四、情绪管理

(一)默剧游戏——观察真相[小组游戏,大概需要 60 分钟]

1.描述

这是一个情景模拟训练,活动参与者要向指导者(学生担任)和其他参与者进行呈现,展示他们对情绪的阐释。

2.目标

(1)揭示和研究八类主要的情感类型。

(2)学习创建、计划、组织和判断呈现。

(3)尝试培养观察他人的习惯,了解事实真相。

（4）在公共场合表演和解说。

3.给参与者的提示［逐句解释，确保每个学生都能理解］

这一情景模拟训练关系到沟通技巧的测试。每一组学生要共同完成对某个情绪词语的定义及呈现，而且在呈现时必须以默剧的形式进行，不能够加入任何声音。

指导者的任务是计时，并对他们进行评估。在呈现的时候如果学生想要特殊的工具，可以和指导者商量。如果这些工具不能马上拿到，学生可以先假设它的存在。

呈现结束时，指导者们会对每个小组进行简短的评估，但是关于个人的评估不会公布。我们的规则是，针对个人的评估只会在私下进行。

在"给学生的测试单"和"给指导者的指示单"中，会对整个过程进行解释。

4.学生的测试单［纸质，学生人手一份］

5.指导者提示单［纸质，指导者人手一份］

6.身份卡［纸质，人手一份，自行抽取］

可以采用各种分类方式，分为8组，分别代表人类共有的八大类情绪（见图7-1三角形中的词）。

每组抽一人担任指导者的角色，负责评价和打分。

7.定义单［纸质，每组一份］

8.情绪卡［纸质，每组一份，可参考图7-1选择］

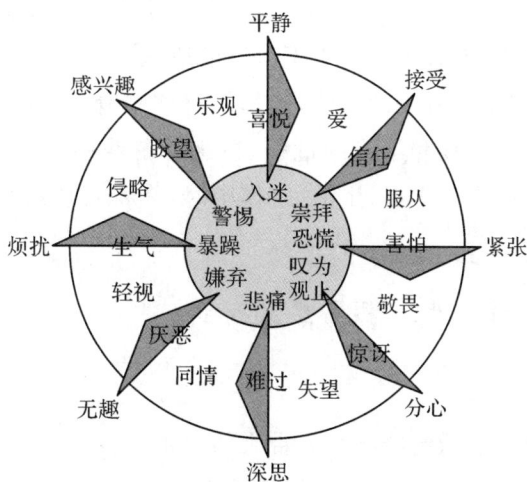

图 7-1　情绪卡

9.对表演的要求［口述，表演开始前提醒］

看过默剧电影的人应该都知道卓别林。这位默剧表演大师通过他那夸张的动作和面部表情让你很轻松就看懂了剧中人物的喜怒哀乐，并由此了解他们的生活境况。想一想没有对白的电影是如何让你了解剧情的呢？

事实上，现实生活中充斥了太多的声音，尤其是语言，常常让我们难以弄清声音背后的真相。因此,在表演过程中,每个小组都必须以默剧的形式呈现你们对情绪词语的定义,不能使用出声的言语,尽量不使用文字。

10.对观察者的要求[口述,表演开始前提醒]

忽略你耳朵收集的声音,仔细观察剧中各位演员的表情和行为。观察他的表情是怎么样的?他有什么动作?随着时间的推移,剧情的发展,他发生了怎样的变化?看你能否通过他人的面部表情和肢体语言猜测他们的感觉,你能辨认出多少种情绪?请你用词语将这些情绪记录下来,练习自己细致入微捕捉和解读他人表情的本领。

在生活中,你也可以经常这样的练习,尝试培养观察他人的习惯,将辅助你觉察和辨识他人的非语言性感觉信号,让你有机会了解更多的事实真相。

11.说明要点

我们平常表达的情绪非常复杂,通过学习命名和积累我们每一项细微的情绪能帮助我们觉察自我及他人的情绪所表达的含义。学习解释并管理自身的感觉,就像学习写字需要从识字和发音开始一样,需要从认知情绪开始。认知情绪是准确感知并理解情绪的能力,它包括对感觉进行命名和理解两个部分:

(1)对感觉进行命名,包括关注各种感觉,对它们进行区别、分类、定位。

(2)对感觉进行理解,包括解释各种感觉,确定其起因和结果,预测感觉的发展、变化。

也就是说,认知情绪既要"认真地感受各种情绪"又要"仔细地思考各种情绪",它是连接情绪并能对它做出分析的桥梁。如果这座桥梁足够坚固,我们就能很好地解读和运用情绪中的信息,反之,就有可能做出不恰当的决策。

我们如何能捕捉到千差万别的情绪,确切了解这些情绪的信息呢?

这是一个需要积累、实践和学习的过程,在这个游戏中,你可以学习一种简单的练习方法,当你有意识地运用于学习、生活、工作中时,你将发现认知情绪能够带来的巨大收益。

(二)情感病毒[集体游戏,大概需要30分钟]

1.活动目的

(1)感受糟糕情绪和快乐情绪给个人带来的差别。

(2)了解情绪传染的方式,理清个人情绪的来源。

2.活动规则和程序

(1)第一轮:

a.游戏开始前,所有人围成一圈,并且闭上眼睛,主持人在由学生组成的圈外走几圈,然后拍一下某个学生的后背,确定"情绪源",注意尽量不要让第三人知道这个"情绪源"是谁。

b.学生们睁开眼睛,散开,并告诉他们现在是一个鸡尾酒会,他们可以在屋里任意交谈,和尽可能多的人交流。

c.情绪源的任务就是通过眨眼睛的动作将不安的情绪传递给屋内的其他三个人,而任何一个获得眨眼睛信息的人都要将自己当作已经受到不安情绪传染的人,一旦被传染,他的任务就是向另外三个人眨眼睛,将不安的情绪再次传递给他们。

d.5分钟以后,让学生们坐下来,让情绪源站起来,接着是那三个被他传染的人,再然后是被那三个人传染的人,直到所有被传染的人都站起来了,你会惊讶于情绪传染的可怕性。

(2)第二轮:

a.告诉学生们,你已经找到了治理不安情绪传染的有效措施,那就是制造快乐源,即用快乐柔和的微笑冲淡大家因为不安而带来的阴影。

b.让大家重新坐下来围成一圈,并闭上眼睛,告诉大家你将会从他们当中选择一人作为快乐源,并通过微笑将快乐传递给大家,任何一个得到微笑的人也要将快乐传递给其他三个人。

c.在学生的身后转圈,假装指定了快乐源,实际上你没有指定任何人,然后让他们睁开眼睛,并声称游戏开始。

d.自由活动3分钟,3分钟以后,让他们重新坐下来,并让收到快乐讯息的学生举起手来,然后让大家指出他们认为的"快乐源",你会发现大家的手指指向很多不同的人。

e.最后,微笑地告诉大家,你根本没有指定快乐源,是他们自己的快乐感染了自己。

3.分享讨论

(1)不安和快乐哪一个更加容易被传染? 在第一轮中,当你被传染了不安的情绪,你是否会真的感觉到不安? 你的言行举止会不会反映这一点? 那么,在第二轮中呢?

(2)在游戏的过程中,当你有被人传染不安的预期时,会导致你真的开始不安,同样,你想让别人对你微笑时,会促使你接受和给予微笑。在日常生活中,你是否会遇到同样的事情?

(3)在一个团队中,某个人的情绪是否会影响其他人,是否会影响团队的工作效率? 为了防止被别人的负面情绪所影响,你需要做什么?

4.总结

(1)科学实验证明,当妈妈的表情呈现痛苦的时候,大多数婴儿都会变得不安,继而哇哇大哭,就如上述游戏中所指出的人的情绪是会被传染的一样。

(2)对于一个管理者来说,长年保持一张"扑克脸",很容易在办公室里形成一种郁闷、压抑的气压,不利于员工的正常发挥,继而影响公司的业绩;对于一个雇员来说,长期的阴沉情绪会让别人对你敬而远之,包括你的上级;对于一个学生来说,情绪管理是个人生活的重要部分。所以保持健康的心态,时常以轻松快乐的面孔对人,无论是对于职场中人还是对学生都是至关重要的。

(3)经常去一些快乐的地方,舒缓一下自己紧张的情绪,你会发现微笑其实很简单。

(三)BMH 扫描[集体游戏,大概需要 30 分钟]

活动内容:写一张 BMH 扫描记录,从行动(behavior)、想法(mind)、情绪(heart)三个方面对自己进行全面扫描(见表 7-3),不断整理积累你现存或正在形成的情绪模式,通过这个工具帮助你清理情绪模式的习惯反应,以便在下一个步骤中去学习运用或打破它们。

表 7-3　BMH 扫描记录

当……时	我的想法是……	我的情绪是……	我的行为是……
当有人挑剔我做的事情时	他总是挑战我,我要维护自己的成果	烦扰、生气、轻蔑、自卑	反驳其观点,保护自我价值
……	……	……	……

注意要点:从情商理论的角度来说,情绪模式、情绪反应本身并无好坏、对错之分,只有面对目标时,我们才能知道模式及反应是否适合推动当下的目标,也就是说,只有当连接了实际目标时,情绪模式及反应才有了好坏、对错的分别。而在连接目标之前,我们需要先了解自我及他人的情绪模式,由此,才可以分辨其利弊,是改变打破它们?或者是学习正确运用它们?

(四)抛开你的烦恼[大概需要 30 分钟]

1.活动目的

(1)了解学生们当前遇到的主要烦恼。

(2)通过头脑风暴的形式帮助学生们寻找应对各自问题和烦恼的方法。

(3)学习新的应对情绪的方法。

(4)练习在公开场合发表言论。

2.活动道具

(1)每人一张小纸条。

(2)空盒子或者其他用于装纸条的容器(一个)。

3.活动程序

(1)向学生宣布今天有一个机会可以"抛开"他们目前最大的烦恼。

(2)请大家想一个你最近遇到的最大的烦恼,将它写在纸条上,无须署名。写完后,把纸条丢进事先准备好的容器中。

(3)所有纸团都丢进容器后,请每位学生上来抽取一张纸条,并把上面的烦恼读出来。

(4)按照之前分好的八组分头讨论可能的解决方案。

(5)每组派代表宣读商议后确定的烦恼解决方法,请其他组提意见和建议。

4.分享讨论

通过这个游戏,你找到解决自己烦恼的办法了吗,或者仅仅是通过倾诉得到了宽慰?

大家心中的问题很多是其他人共有的,但你却不知道,因此,保持着焦虑状态。通过交流,很多烦恼就自然从心中消失了,或发现根本没有存在的必要。交流可以让大家都成为受益者。

五、职业规划

(一)新闻编辑部[大概需要 60 分钟]

1.活动目的

(1)体会小组协作过程,体验新闻记者、编辑和新闻主播等职业。

(2)在严格的时间限制下,如何应对川流不息的新信息。

(3)学习如何运用同理心来选择、组织和呈现信息。

(4)培养在公共场合演讲的能力。

2.活动程序

(1)准备"分组卡",每组 4～5 人,不能再多,"主管卡"数量和小组数量相对应。

(2)给予"参与者的提示",把几个小组尽可能分开。

(3)给参与者分发"身份卡""给候选人的指导",给各小组起名字。

(4)同时,交代给"主管"的任务:[当参与者阅读指导,并给小组起名的时间内,向主管单独口述]①议定允许各团队准备的时间,考虑到各种可能因素,一旦议定,无特殊情况不得更改;②分发新闻信息,包括电子邮件和新闻故事,按每条信息末尾给出的时间顺序给予,具体发放的时间间隔由主管团队商议决定;③最后一条新闻要保证在最后结束时间之前的 5 分钟给出,不要到最后 1 分钟才给出。

(5)分发"运行顺序",每个新闻小组一份。

(6)去除所有对于编辑部来说不合适的内容。

(7)在完成了"回顾总结"环节后,请新闻主管们给各小组评分。

(8)电子邮件、报刊等各类资料的剪辑,种类和内容都应尽可能丰富,供学生选择使用。

3.给参与者的提示[逐句解释,确保每个学生都能理解]

阿尔法电视台正在从报纸新闻记者中招募新人,到电视台新闻部工作。作为选拔程序的一部分,申请者要参加一个新闻广播的情景模拟——下午的新闻播报"新闻三点钟",一个 3 分钟的新闻摘要。问题是有太多的新闻了,而记者的工作就是选择和剪切,并且把新闻改写到适合 3 分钟播出。

你可以是一个申请人,或是电视台管理部门的主管成员,负责观察和评估小组。

阿尔法电视台的"给候选人的指导"解释了相关的情况,同时也指出,在广播后,主管可以评估各小组的表现,而对于个人的评价不在这个过程中进行。

4.回顾总结

(1)假设在成百上千观众的注视下,又有精确的时间限制,会引发情感的紧张和焦虑,你是如何应对的?

(2)所有的参与者都读过这些新闻了,又听到各个小组的播报,哪个小组给你留下了最深刻的印象?为什么?

(3)有一封电子邮件呼吁放弃对死亡和灾难的播报,你是如何看待的?你们的新闻小组对此做何反应?

(4)在那么多新闻中,你们是如何选出在3分钟内播报的新闻的,出于何种考虑?

(二)价值观拍卖[大概需要40分钟]

1.活动目的

(1)价值观在人们的职业生涯发展中起到极其重要的、决定方向的作用,甚至往往超过了兴趣和性格对我们的影响。

(2)当我们有矛盾冲突或妥协与放弃时,常常也是出于价值的考虑。

(3)价值观需要不断地审视和澄清,有助于我们做出适合的职业抉择。

2.活动道具

PPT展示价值观清单,见表7-4。

表7-4 价值观清单

价值观名称	成交价	获得者	价值观名称	成交价	获得者
1.三辈子都花不完的钱			14.博学多闻的知识		
2.天使的面孔,魔鬼的身材			15.如松、如柏的寿命		
3.长久平淡的爱情			16.环游世界的机会		
4.短暂却刻骨铭心的爱情			17.一呼百应的影响力		
5.共患难、共进退的朋友			18.服务奉献的心灵		
6.世界知名的头衔、荣誉			19.完美无瑕的人际关系		
7.无病无疾的健康			20.自由自在、与世无争的生活		
8.幸福美满的家庭			21.勇敢探索和冒险的精神		
9.稳定、体面的职业			22.广受他人喜欢的特质		
10.发挥所长的工作			23.世界第一大的公司		
11.无人能及的学历			24.受人尊重和认可的能力		
12.高潮迭起的人生			25.相濡以沫的夫妻情		
13.平淡奋斗的生活			26.健康聪明的孩子		

3.活动规则

(1)拍卖物品共 26 件。

(2)每人手上有 10 万元。

(3)起拍价 1 万元。

(4)每次加价为 1 万元的整数倍。

(5)最高出价者获得。

(6)若最高出价者为多人,则各自以"一句话"辩护,由其他同学投票选出竞得者。

4.分享讨论

(1)你所拍到的价值观是否是你真正想要的? 是出于竞争的压力,还是内心真正的渴望?

(2)是否还有其他更好的价值观是你想要竞拍却由于资金不够未拍到的?

(3)对于竞拍活动,你有何感想?

(4)未拍到价值观的同学,你所追求的价值观是否在其中? 对于所追求的价值观,你是否有去努力竞争? 你有何感想?

(三)生涯幻游[大概需要 40 分钟]

1.活动目的

这个游戏旨在帮助你去了解你希望成为什么样的人,找到努力的方向。

2.活动道具

(1)轻柔的背景音乐。

(2)引导词,由教师阅读。

3.活动过程

请教师为学生阅读引导词,阅读时必须缓慢和放松,放上轻柔的背景音乐,在标注(停顿)的地方要有停顿。

这有点像催眠游戏,你需要做的是幻想,不用说话,在心里记下自己的幻游经历。

引导词如下:

好,现在请你尽可能放松,在你的位子躺下或调整你觉得最舒适的姿势。

现在闭上眼睛:尽可能放松自己(停顿)。调整你的呼吸:呼气(停顿)、吸气(停顿)、呼气(停顿)、吸气(停顿)好,保持这样平稳的呼吸。

接下来,放松身体每一部分肌肉:放松(停顿)、放松(停顿)、放松(停顿)想象现在你已经乘坐上时空穿梭机,目的地是五年后的某一天。

想象你正好清晨刚醒来(停顿),是睡到自然醒还是被闹钟吵醒的? 现在是几点钟?你在哪?

观察一下四周是什么样子的(停顿)你看到什么? 闻到什么? 听到了什么?

起床后的第一件事情做什么?(停顿)

洗漱完,你考虑要穿什么衣服去上班,想象你正站在镜子前面装扮自己! 你最后决定穿什么衣服?(停顿)

当你想到今天的工作时你的感觉怎样? 是平静、激动、厌倦还是害怕?(停顿)

你现在正在吃早饭,有人和你一起吃吗? 还是你一个人吃?(停顿)

现在你准备去上班,出门后回头看看你住的房子,它是什么样子的。(停顿)

好,现在出发。

你用什么交通工具去单位? 有人和你一起吗? 如果有的话,是谁呢? 当你走时注意周围的一切。(停顿)

单位离家有多远?(停顿)

到达单位了,想象一下单位是什么样子的,它在哪里? 看起来怎么样?(停顿)

现在你走进工作的地方,那儿都有些什么人? 多少人跟你一起工作? 他们在做什么? 单位的人都是怎么称呼你的?(停顿)

你的办公室是什么样子的? 接下来你要做什么?(停顿)

想象下你一上午的工作都做了些什么? 你在用你的思想工作还是在做一些简单的事务性工作? 你是跟别人一起工作? 还是独自工作? 是在户外还是室内工作?(停顿)

上午的工作结束了,该吃午饭了,你去哪里吃饭? 跟谁一起吃饭? 你们谈些什么?(停顿)

现在回到工作中来,下午的工作与上午的工作有什么不同吗?(停顿)

你一天的工作结束了,这一天让你感觉到满足还是沮丧? 为什么?(停顿)

今天你还想去别的地方吗?(停顿)

在这一天当中,你还想做的是什么?(停顿)

现在,你回家了,有人欢迎你吗?(停顿)

回家的感觉怎样?(停顿)

你如何与家人分享这一天所做的事?(停顿)

你准备去睡觉了,回想这一天,你感觉如何?(停顿)

你希望明天也是如此吗?(停顿)

你对这种生活感觉究竟如何?(停顿)

过一会儿,我将要求你回到现在。好了,你回来了……看看周围的一切,欢迎你幻游归来。

4.回顾与分享

(1)喜欢你幻游的生活吗? 喜欢的话可以分享你的经历。

a.我在进行幻游时,印象最深刻的画面是 _____。

b.我在进行幻游后,与现在环境对比最大的不同点是 _____。

c.我在进行幻游后,最深的感受是_____。

d.我在进行幻游后,觉得我未来的生涯发展会是_____。我认为我未来会从事_____职业。

(2)如果你不想分享幻游生活,可以花些时间思考下列问题。

我五年后从事的工作的描述:a. 工作是＿＿＿＿＿。b. 工作的内容是＿＿＿＿＿。c. 工作的场所在＿＿＿＿＿。d. 工作场所周围的环境＿＿＿＿＿。e. 工作场所周边的人群＿＿＿＿＿。

我五年后的生活形态的描述:a. 婚姻状况□已婚□未婚□其他＿＿＿＿＿。b. 家中成员有子女＿＿＿＿＿人。c. 父母同居□是□否□其他＿＿＿＿＿。d. 居住场所在＿＿＿＿＿。e. 居住场所周围的环境＿＿＿＿＿。f. 居住场所周围的人群＿＿＿＿＿。

(四)天才猎头[分组游戏,大概需要60分钟]

1. 活动目的

(1)识别技巧训练,学会发现别人身上的优点。

(2)学习换位思考,了解别人的需要。

(3)体验产品开发、营销策划、广告创意等职业。

2. 活动规则和程序

(1)将学生分成人数相同的两组,一组为某个公司的雇员,一组为猎头,每组人围坐一圈,呈两个同心圆状,同时要保证外圈和内圈的成员要一一对应。

(2)发给每一个猎头一张"天才猎头工作表",给其两分钟看上面的说明。

(3)内圈的成员是某家广告公司的创意人员,他们的目的是推销某个产品,如牙刷,他们需要各抒己见参与提问:产品、时髦的名字、广告语、潜在客户群等。

(4)猎头们要仔细聆听,尤其是与其相对的人员的表现。

(5)所有人重新围成一个大圈,让猎头和他的顾客肩并肩坐着。

(6)给每一个猎头3分钟时间去介绍他的顾客,描述他的顾客的过人之处。

3. 讨论要点

(1)如果你是个猎头,发现一个人的优点并夸奖他是否会令你心情愉快? 当你使用褒义的语言去重新描述一个人的行为时,你是否会遇到困难?

(2)如果你是顾客,当你听到猎头对你的评价时,你是什么感觉,你认为这些评价是否属实,你是否在自己身上发现了新的东西?

4. 回顾总结

不识庐山真面目,只缘身在此山中。其他人对你的称赞往往会让你大吃一惊。"是吗? 原来我还有这种优点!"不要怀疑别人的眼光,认真地对待别人对你的称赞,你也许会发现一个新的自我和自己可以选择的职业方向。

六、积极心理

(一)国王与天使[2人游戏,活动开始前分发卡片]

1. 活动目的

(1)学习如何默默地关心他人,以及感恩那些帮助自己的人。

(2)增加彼此之间的了解和亲密感。

(3)创造彼此关心的氛围,提升整个团队的凝聚力。

2. 活动道具

(1)国王与天使卡片,一面写着"国王",一面写着"天使"。[国王与天使卡图案可以自行设定,留下写姓名的空白]

(2)选择欢快的曲子做背景音乐。

3. 活动程序

(1)指导者给每人发一张"国王与天使卡"。每个人在国王的旁边写上自己的名字,然后交给指导者。

(2)指导者将所有卡片收齐后,将全部卡片的背面向上,请每人抽一张。

(3)告诉大家,你所抽取的卡片上的人就是你在课程期间的"国王",你作为"天使"要在整个课程期间,暗暗关心他、帮助他。同时,在全体成员中,也有某个人是你的"天使",他正在默默关心你、帮助你。

(4)请大家在抽取卡片的"天使"这一面写上自己的名字,并牢牢记住"国王"的名字。

(5)将卡片交还给指导者。

(6)在课程结束的时候,会将所有的卡片信息公布。

4. 讨论要点

这个游戏的魅力在于反映生活。在生活中,你是否知道谁是你的"天使"呢?而他们始终在默默地关心你、帮助你。你可能也在默默关心他人、帮助他人,我们彼此都是对方的天使!

(二)导盲游戏[全体游戏,大概需要30分钟]

1. 活动目的

(1)学习信任他人。

(2)如何开展合作,进行非语言交流。

2. 活动道具

(1)眼罩。

(2)可以在室内以椅子(椅子腿要直,不带滚轮)等作为障碍,也可以在确保安全的前提下,请学生到教室外的过道内、楼梯(有扶手)上进行活动。

3.活动程序

(1)让学生1、2报数,分成两组。将其中一组带到教室外扮演视觉有障碍的人。

(2)在教室外的学生用眼罩蒙上眼睛,只能说话,不能偷看。

(3)在教室内的学生扮演言语有障碍的人。

(4)游戏规则:言语有障碍的人不能讲话,要用肢体语言引导视觉有障碍的人到周围的环境走动,让他熟悉他所接触的东西(如楼梯、房间、走廊、过道等),在走的过程中,尽量让对方相信自己,消除其紧张感并愿意跟随自己。

(5)教室内椅子摆成两个圆圈。视觉有障碍的人坐内圈,言语有障碍的人坐外圈。

(6)扮演言语有障碍的人领着视觉有障碍的人游一圈后,将视觉有障碍的人安坐在内圈椅子中,然后自己坐在外圈椅子中。

(7)等所有人坐好后,老师宣布:视觉有障碍的人可以摘掉眼罩,到外圈中找刚才引领自己的言语有障碍的人,找到对方后方可回座位。

(8)如果时间宽裕,可以换一换扮演的角色,体验不同角色的感觉。

4.回顾总结

(1)当你蒙着眼走路的时候会有什么感觉?

(2)作为引导者,被依赖、被信赖的感觉是怎么样的?

(3)请谈一谈如果信任缺失会对我们的生活造成怎样的影响?

(三)优点轰炸[全体游戏,大概需要30分钟]

1.活动目的

(1)让每一个人通过自我发掘、别人肯定来正确认识自己,发现自己的优点。

(2)学习正确运用自己的优点,扬长避短。

2.活动道具

人手一份带有自己名字的"闪光点"卡片。

3.活动程序

(1)每位学生先自行填写带有自己名字的"闪光点"卡片,再将卡片交给下一位学生,直到卡片回到主人手里为止。

(2)活动要求:每个学生轮流对中心人物的优点或所欣赏之处(如性格、外貌、处事方式等)进行称赞,只说优点,态度要真诚,努力去发现别人的优点,不能毫无根据地吹捧,那样反而会伤害别人。老师也可以把这个活动的形式改为当面称赞,如果学生能够配合完成,效果更好!

(3)活动难点:老师要引导学生展露真实的内心世界,启发他们寻找他人的优点。

4.回顾总结

(1)当别人都在称赞你的时候,你是什么感觉?

(2)你是如何发现他人的优点的?

发现自己的优点是树立自信的基础。"金无足赤,人无完人",我们在看到自己缺点的时候,更要看到自己的优点,特别是要让那些缺乏自信心的学生获得成功的体验,让他们坚信"我能行",强化学生的成功体验。

(四)放松体验[全体游戏,大概需要30分钟]

1.活动目的

(1)应用在每次课的最后,让学生学会放松紧张的情绪,懂得松弛之道。

(2)集体进行放松体验,缓解压力,掌握放松的要领和技巧。

2.活动道具

放松音乐磁带。

3.活动程序

(1)深呼吸,从刚刚紧张激烈的游戏中透过气。

(2)让学生体验肢体从紧张到放松的感觉。

a.手臂部的紧张。伸出右手,握紧拳,紧张右前臂;伸出左手,握紧拳,紧张左前臂;双臂伸直,两手同时握紧,紧张手臂部。

b.躯干部的紧张。耸起双肩,紧张肩部肌肉;挺起胸部,紧张胸部肌肉;拱起背部,紧张背部肌肉;屏住呼吸,紧张腹部肌肉。

c.腿部的紧张。伸出右腿,右腿向前用力像在蹬一堵墙,紧张右腿;伸出左腿,左腿向前用力像在蹬一堵墙,紧张左腿。

(3)让学生进行想象放松训练。

播放轻柔的音乐,根据主持人的指导语让学生进行想象放松:

我仰卧在水清沙白的海滩上,沙子细而柔软。我躺在温暖的沙滩上,感到舒服,能感受阳光的温暖,耳边听到海浪的声音,感到温暖而舒适。微风吹来,使我有说不出的舒畅感觉。微风带走我的思想,只剩下一片金黄的阳光。海浪不停地拍打海岸,思维随着节奏飘荡,涌上来又退下去。温暖的海风吹来,又离去,带走了心中的思绪。我感到细沙柔软、阳光温暖、海风轻缓,只有蓝色天空和大海笼罩我的心。阳光照着我全身,身体感到暖洋洋的。阳光照着我的头,我感到温暖与沉重。

轻松暖流,流进我右肩,感到温暖沉重。呼吸变慢、变深。轻松暖流,流进我右手,感到温暖沉重。呼吸变慢、变深。轻松暖流,又流回我右臂,感到温暖沉重。又流进我后背,感到温暖沉重,从后背转到脖子,脖子感到温暖沉重。

我的呼吸变慢、变深。轻松暖流,流进我左肩,感到温暖沉重。呼吸变慢、变深。轻松暖流,流进了左手,感到温暖沉重。呼吸变慢、变深。轻松暖流,又流回我左臂感到温暖沉重。

我呼吸变慢,变得轻松。心跳变慢,有力。轻松暖流,流进我右腿,感到温暖沉重。呼吸变慢变深。轻松暖流流进我右脚,感到温暖沉重。呼吸变慢、变深。轻松暖流,又流回右腿,感到温暖沉重。

呼吸变慢,越来越深,越来越轻松。轻松暖流流进腹部,感到温暖轻松;流到胃部,感到温暖轻松;最后流到心脏,感到温暖轻松。整个身体变得平静。心里安静极了,已经感觉不到周围的一切,四周好像没有任何东西。我安然躺在大自然中,十分自在。

(静默几分钟后结束)

4.回顾总结

(1)你如何让自己更好地进入放松状态?

(2)你认为放松训练的要领是什么?

5.注意事项

(1)放松的环境要保持安静,光线不要太亮,尽量减少其他无关刺激。

(2)学生可以找到任意一个放松的姿势,使自己处于放松、不紧张的状态,可以靠在沙发上,可以坐在椅子上,也可以躺在地板上。

(3)放松时,学生闭上眼睛并配合深、慢、均匀的呼吸。

(4)放松训练不是一朝一夕能够奏效的,必须经过数周乃至数月的练习,方能有效。因此,要持之以恒地坚持训练。

(五)找天使[集体游戏,大概需要20分钟]

1.活动目的

活跃气氛,帮助相互认识,或结束课程。

2.活动道具

在整个课程开始前分发给大家过的写有每个学生名字的"国王与天使"卡。

3.活动程序

(1)每个人手上都有一张别人的姓名牌,可以结合"国王和天使"游戏;

(2)请大家在屋内四处走动,寻找自己的天使。找到后,拥抱他,感谢他。

(3)直到所有人都找到自己的"天使",游戏结束。

4.回顾总结

(1)在整个培训课程中,你是否感受到了有人在关心你和帮助你?

(2)你猜到谁是你的"天使"了吗?

(3)你又是如何扮演"天使"的角色帮助他人的?

(4)在学习、生活和工作中你遇到过"天使"吗?

(5)这个游戏给了你哪些启发和思考?

5.讨论要点

让学生们拥抱和感谢自己的天使,怀着感恩的心结束整个课程的学习。

七、网络团体

(一)网络团体心理辅导的准备

网络团体心理辅导与普通团体心理辅导最大的区别在于采用了线上的形式,因此,在开始之前需要有充分的硬件条件准备,主要有如下几项:

1. 团体带领者检查电脑是否连接电源线,接线板开关是否打开,电脑是否处于通电状态,语音设备是否正常,如果有 PPT,还需要检查 PPT 是否可以正常播放,保证团体心理辅导实施过程顺畅(不建议带领者使用手机带团);

2. 建议设定一位辅助带领者,一方面可辅助团体心理辅导过程实施,及时观察群体状态并做出相应调整;另一方面可用于应对各种突发状况,在带领者掉线时及时跟进干预;

3. 在事先组建的网络组群中提前半小时预告网络团体心理辅导即将开始,请团体成员给电子设备充足电,找到安全舒适的场所做好开始的准备。

4. 在正式开始网络团体心理辅导之前,建议和成员进行网络个别访谈,告知大致计划和安排,确认是否能坚持参加,并签订保密协议。

(二)网络团体心理辅导的实施

高校实施的大部分是教育性质的、结构式的同质性团体心理辅导,网络团体辅导也不例外,需要对辅导目标、内容设定、对象选择有明确的计划,同时因为在网络上进行,时间不宜过长,否则容易导致疲劳、注意力分散,影响辅导效果,建议单次最长不超 2 小时。

本方案以"我的寝室我的家"为主题,邀请大一学生以寝室为单位报名参加,选择 8 个寝室共计 45 人建钉钉群,以钉钉"线上会议"操作模式开展团体辅导。带领者在办公室,参与者在各自寝室,具体团体心理辅导活动如下。

1. 我们共同的成员守则[口述,活动开始前提醒]

本活动内容可参考团队建设的第一项活动,着重强调保密要求,建议成员尽量不截屏、不发朋友圈,不得在网络团体心理辅导以外的其他场合暴露他人身份信息(包括所有可辨识身份的个人信息)。

2. "我在我家"团建活动[集体游戏,大概需要 30 分钟]

(1)活动目的:通过寝室文化团建,增强学生的寝室归属感和团队凝聚力。

(2)活动道具:选择欢快轻柔的曲子做背景音乐。

(3)活动程序:本活动内容可参考团队建设的第四项小组活动"旗人旗事",原本需要的材料(海报纸和彩色笔),可请学生现场选择寝室内其他物品代替,创造寝室专属的寝名、口号、寝歌、寝标等,制作成一面旗帜或一件可以展示的物品,建议将寝室成员也体现在标志物上。

(4)说明要点:提醒学生在设计时需考虑如何在钉钉群进行展示,下个活动中还要做寝室成员介绍。

3."我说我家"分享活动[以寝室为单位分享,大概需要50分钟]

(1)活动目的:帮助寝室成员更好地认识自己在他人心目中的特点,尤其是优点。

(2)活动程序:

a.每个寝室手工制作一项皇冠,每位同学轮流戴,戴上皇冠的同学只需要静静聆听他人对自己的称赞,其他同学轮流说出她/他的优点(性格、外貌、学习等)。必须说优点,态度要真诚,不能毫无根据地吹捧,这样反而会伤害别人。选定一人负责记录,总时间控制在15分钟以内。

b.每个寝室推选两人,或以逐一轮流的方式,进行"他者介绍",根据刚刚大家罗列的每位室友的优点,向其他寝室介绍自己的寝室成员,每个寝室的介绍时间控制在5分钟以内。

4."我爱我家"感受活动[大概需要20分钟]

(1)活动目的:引导成员分享自己的积极情绪,引领体会寝室生活点滴幸福,增强寝室生活幸福感。

(2)活动道具:a.轻柔宁静的背景音乐;b.歌曲《相亲相爱一家人》。

(3)活动程序:

a.2分钟时间,邀请每位成员体会刚刚被人称赞时的情绪和感受。

b.每个寝室至少推选1人进行分享。被称赞时候的情绪和感受,说出别人优点时的情绪和感受,以及怎样才能做一个乐于欣赏的人。

c.播放歌曲《相亲相爱一家人》,寝室成员聚集到一起,同时将手机摄像头对准全体,屏幕上会出现不同角度的成员集体照,老师会帮助截屏,留下珍贵的记忆,照片会在活动结束后上传钉钉群,提醒成员私藏勿扩散。

【本节小结】

本节提供的团体心理辅导活动方案以单次团体心理辅导为主,如果是系列团体心理辅导,除了考虑增加活动项目以外,还需要考虑每次活动的前后延续和衔接。方案中每个活动后给出的时间是根据以往团体心理辅导经验估计出来的,辅导员可以根据对象、主题和时长的需求自由选择组合,还可以增加视频观看、纸笔分享、理论讲解等内容。团体心理辅导活动分类汇总(见表7-5),后缀 * 的活动可以修改后在网络团体辅导中使用,团体心理辅导活动涉及的部分道具可以在网络资源上搜索,其他部分可以考虑自行制作或购置。

表 7-5　团体心理辅导活动分类汇总

分类	子类别	活动名称
热身活动		有缘相识(拼图)、寻找归属＊、马兰花、大风吹、快乐成长(鸡蛋—小鸡—凤凰)、大树与松鼠(好邻居)、雨点变奏曲、萝卜蹲(水果蹲)、Seven Up(拍七令)、红黄牌、看谁跑得快、小小动物园＊、口香糖粘什么、相见欢、别名相识＊、青蛙跳水、奇数偶数、成语接龙
主体活动	团队建设	成员守则＊、串名字(姓名滚雪球)、旗人旗事＊、扑克大战、合力破球、同舟共济、搭建高塔＊、齐眉棍、不倒森林、地雷阵(雷阵取水)、蒙眼正方形、人山人海(背坐起立)、同舟共济(诺亚方舟)、联合舰队(两人三足、十人九足)、袋鼠跳
	自我认识	自画像＊、九宫格绘画＊、性格牌、猜变化、目光炯炯(看你看我)、猜猜我是谁、我的苹果(核桃)、20个我是谁＊、我的生命线＊、假如生命只剩一天＊、墓志铭＊、走出圈外＊、第一印象＊、人际关系中的我＊
	沟通交往	铠甲战车(滚动的车轮)、你说我听，你说我做＊、我说你画＊、导盲游戏(信任之旅、沟通之旅)、人体拷贝、数字传递、解手链、左手和右手、动感按摩、心有千千结(解手链)、盲人方阵
	情绪管理	默剧游戏、情感病毒(情绪源)、BMH扫描＊、抛开你的烦恼(秘密大会串)＊、情绪连连看＊、情绪脸谱＊、情绪红绿灯、真情告白(真心话大冒险)、官兵捉贼
	职业规划	价值观拍卖＊、生涯幻游＊、新闻编辑部、天才猎头、超级一比一、海上求生＊、职业猜谜乐＊、家族职业树＊、生涯十字路口＊
	积极心理	国王与天使(找天使)、优点轰炸(红色轰炸)＊、放松训练＊、泰坦尼克号＊、信任坐(人椅)、星光大道、心心相印、珠行万里、圈之魅力、鼓舞人生、搭桥过河、三件好事打卡
结束活动		温馨道别＊、集体按摩舞(你拍拍我拍拍)、集体创作、结业式、勇敢宣告＊、歌唱美好生活＊(《友谊地久天长》《感恩的心》《明天会更好》《真心英雄》《相亲相爱的一家人》)

参考文献：

[1] Irvin D. Yalom, Molyn Leszcz. 团体心理治疗:理论与实践[M].李敏,李鸣,译.北京:中国轻工业出版社,2010.

[2] 樊富珉.团体心理咨询[M].北京:高等教育出版社,2005.

[3] 樊富珉,何谨.团体心理辅导[M].上海:华东师范大学出版社,2010.

[4] 胡梦弟.积极心理团体辅导对提升大学生自信水平的干预研究[J].柳州职业技术学院学报,2014,14(5):41-44.

[5] 胡月,樊富珉,史光远.积极心理学团体辅导对大学生幸福感和生命价值观的影响研究[G].第八次全国心理卫生学术大会论文汇编,2015.

[6] 华中师范大学心理学院.网络团体心理辅导,一种新的助人形式[EB/OL].(2020-06-01).http://psych.ccnu.edu.cn/info/1058/4329.htm.

[7] 黄文倩,张蓉,柳迎新,等.团体辅导提高研究生心理健康水平的效果研究:基于

积极心理学的理论[J].中国临床心理学杂志,2012,20(4):527-529.

[8]肯·琼斯.15个情商培训游戏[M].姚志刚,译.上海:上海远东出版社,2009.

[9]李晓凤.心理咨询与社会工作[M].武汉:武汉大学出版社,2005.

[10]林榕,邹振操.国内大学生团体辅导研究现状与进展:基于CNKI(1999—2017年)文献分析[J].长春教育学院学报,2018,34(2):11-14.

[11]乔舒瓦·弗理德曼,那塔莉·罗伊特曼.6秒钟情商[M].周国庆,译.北京:机械工业出版社,2017.

[12]宋英杰.团体心理辅导对失恋大学生心理弹性的干预[J].中国健康心理学杂志,2018,26(6):957-960.

[13]魏鹏程.基于积极心理学视角下大学生团体心理活动的实施及效果研究[M].沈阳:东北大学出版社,2020.

[14]吴才智,封静,时蕾.团体心理辅导对大学生社交效能感的影响[J].中国健康心理学杂志,2018,26(6):935-938.

[15]杨艺馨,雷浩,冯淑丹.积极心理团辅对改善大学新生主观幸福感的干预研究[J].重庆电子工程职业学院学报,2012,21(2):111-113.

[16]中国心理卫生协会,团体心理辅导与治疗专业委员会,中国心理学会临床心理学,等.网络团体心理工作指南(试行)[Z].(2020-3-28).https://www.sohu.com/a/383901622_692020.

致　谢

看着编辑发来的校样,有一种如释重负的感觉。这么多人、这么长时间努力而得的成果,终于可以面世了!

在此,我想感谢我们的当事人。因为你们的信任,让我们对人性有更丰富的理解、积累更多的助人经验,变得更有能力去帮助别人。相信你们的故事,一定会带给读者很多的启发与帮助。在此谨让我代表编者和读者感谢你们!感谢你们的信任,感谢你们的慷慨分享,让我们把你们的故事写进这本书里!

我想借此机会感谢所有的辅导员老师们。在浙大十几年的工作经历中,我经常和辅导员们打交道,深刻感受到这是一群非常可爱的人。你们有朝气、有热情,更有爱心。你们的投入和奉献精神常常让我很感动。你们的存在,才让我们的当事人获得了最好的帮助,我们在学生工作中彼此不能分离!

我想感谢学工线的领导们。感谢你们一直以来对心理工作的支持,你们的保驾护航是我们落实各项工作的保证!

我想感谢我的盟友们。因为共同的理念让我们走在一起,共同努力完成了一件又一件非常有意义的事情!

当然,我必须要感谢的是浙江省教育厅宣教处的丁晓老师。因为工作关系,我与丁晓老师认识已经十几年了,期间有太多次因彼此思想的碰撞进而共事的经历。我常常感动于她的热情,也欣赏她的睿智。在这过程中,我深刻感受到她作为一名行政管理人员,对学校心理工作的重视与支持,也感受到她对年轻老师和学生的关心与爱护。正因为如此,"高校辅导员心理助人能力培训项目"才得以顺利开展,《高校辅导员心理助人理论与实务》一书才得以写成!

最后,我要对所有有助于本书面世的各位,尤其是认真负责的编辑汪荣丽老师奉上最真挚的谢意!

朱婉儿

2021 年夏　于杭州